国家社会科学基金项目（编号：14XJL011）

光明社科文库
GUANGMING DAILY PRESS:
A SOCIAL SCIENCE SERIES

·经济与管理书系·

经济增长与环境保护关系研究
基于环境资源产权交易理论

刘宁杰 ┃ 著

光明日报出版社

图书在版编目（CIP）数据

经济增长与环境保护关系研究：基于环境资源产权
交易理论 / 刘宁杰著 . -- 北京：光明日报出版社，
2022. 11

ISBN 978 - 7 - 5194 - 6913 - 9

Ⅰ . ①经… Ⅱ . ①刘… Ⅲ . ①经济增长—关系—环境
保护—研究 Ⅳ . ①F061. 2②X

中国版本图书馆 CIP 数据核字（2022）第 216667 号

经济增长与环境保护关系研究：基于环境资源产权交易理论

JINGJI ZENGZHANG YU HUANJING BAOHU GUANXI YANJIU：
JIYU HUANJING ZIYUAN CHANQUAN JIAOYI LILUN

著　者：刘宁杰			
责任编辑：刘兴华		责任校对：李　倩　李佳莹	
封面设计：中联华文		责任印制：曹　净	

出版发行：光明日报出版社

地　　址：北京市西城区永安路 106 号，100050

电　　话：010-63169890（咨询），010-63131930（邮购）

传　　真：010-63131930

网　　址：http：// book. gmw. cn

E - mail：gmrbcbs@ gmw. cn

法律顾问：北京市兰台律师事务所龚柳方律师

印　　刷：三河市华东印刷有限公司

装　　订：三河市华东印刷有限公司

本书如有破损、缺页、装订错误，请与本社联系调换，电话：010-63131930

开　　本：170mm×240mm

字　　数：245 千字　　　　　印　　张：14.5

版　　次：2023 年 7 月第 1 版　　印　　次：2023 年 7 月第 1 次印刷

书　　号：ISBN 978 - 7 - 5194 - 6913 - 9

定　　价：89.00 元

前　言

环境保护是全人类共同关心的话题，而经济增长与环境保护之间存在着矛盾。本研究是国家哲学社会科学基金资助的"理论经济学"下的一个课题。我们通过实证分析获得"问题的提出"，然后主要基于信息费用与协商费用的分析框架，从环境资源交易的角度，探讨经济增长与环境保护之间的关系，采用经济解释、数理逻辑推导、基于 Netlogo 平台的计算机仿真技术等三种方法来获得相关理论假说。

环境保护与经济增长关系的主要研究成果集中在环境库兹涅茨曲线（Environmental Kuznets Curve，简称 EKC）的实践检验与理论解释上。EKC 它描述经济发展水平（人均 GDP）与环境资源消耗（通常用污染物排放量表示）关系的规律。本书研究的正是环境保护与经济增长的关系问题，因此，EKC 与我们研究的问题密切相关。

我国的一些环境资源产权还处于 EKC 的上升阶段，一些则已经处于 EKC 的下降阶段。但随着科学技术的发展以及新的产品、新的生产工艺的出现，新的污染物也随之出现，这些新出现的污染物同样使得 EKC 面临从上升走向下降的过程。在本书里，重点研究的问题是，如何使得 EKC 的顶点降低，如何使得它的跨度缩短。降低 EKC 的顶点和缩短跨度的本质是，在尽可能快地促进经济增长的同时，提高环境资源的利用效率。为此，首先弄清楚经济是怎样增长的，其次，证明明晰环境资源产权与界定、促进环境资源产权交易，是提高环境资源利用效率的最佳途径。所以，我们要研究经济增长的基本机理、要研究产权的基本问题、要研究环境资源产权交易与经济增长的关系、要研究环境资源产权界定和交易方面的制度创新问题。

第一，我们重新梳理了经济分析的基础，融合了新古典学派理论、奥地利

1

学派以及张五常教授于21世纪初发展起来的经济解释学派，构建了一个以"信息费用—协商费用—产权交易"为核心的三维经济分析框架。

在上述框架下，重新构建了一个新的经济（企业）增长理论框架。这个框架包含以下两个创新点：

1. 经济增长过程的本质。经济增长的定义是人均产出的提高，生产一个产品，本质上包含以下过程：首先要知道一个投入要素组合及要素之间的比例关系，这要花费信息费用，如果要合作生产或销售，则还要花费协商费用；然后，要投入各种生产要素，投入的数量是花费制造与购买费用。这三种代价（成本）中，最重要的是信息费用，只有能够承担这一信息费用，才能获取生产所必需的要素组合及其比例关系的信息。经济增长的过程，本质上就是不断克服信息费用和协商费用的问题，现实社会中各种制度创新和行为措施，其实质就是为了降低这两个费用。

2. 经济增长本质的结论中，最重要的是知识的增长。各种导致知识增长的机制可以划分为两种，一种是分散搜索机制，另一种是集中搜索机制。我们通过逻辑推导、数理推导以及基于Netlogo的计算机仿真实验，获得了一个重要结论：分散搜索机制比集中搜索机制更有利于知识的增加。

第二，本书阐述了分散搜索机制的基础是私有产权。关于这一方面，我们获得以下两个结论：

1. 分散搜索的基础是权利的私有。分散搜索有三个特征，一是各自自主地进行搜索，二是自己获取收益和承担错误，三是自己改正错误或者被迫改正错误。自主搜索即自主决策，承担错误的常见形式是亏本和破产。改正错误的方式也有三种，一是自己主动调整自己的行为；二是转行（卖出旧的资产买入新的资产）；三是破产清算——这种方式含有被迫的可能。改正错误的方式中，后两种都属于市场交易。科斯定理已经说明了，市场交易的前提是权利的清晰界定，物品的权利组中哪一个权利被清晰界定了，这个权利就有可能在市场上被自由交易——权利的所有者把权利卖给别人。所以说，没有权利的清晰界定，分散搜索的后两个特征是难以实现的。

2. 私有产权的形成和保护，是社会演化的结果，这种演化的内在动力是竞争，但政府在其中可以起很重要甚至是主要的作用。政府可以在某些容易明晰产权的地方，局部推进某些环境资源权利的私有化，推动这种产权的市场自由交易，由此带动其他环境资源产权的明晰化和市场自由交易制度的建立。

第三，关于环境资源产权交易与经济成长关系的三个主要研究结论：

1. 环境资源产权的私有化形式是环境资源容量的私有化。环境资源是一种不可分资源，因此，环境资源的使用权一定是共有的，不可私有化。但环境资源容量是可以私有化的。目前的环境资源管理手段有三类，一是排放标准、二是排污收费、三是排放权交易制度。前两种属于把环境资源容量共有的，而第三种，即排污权交易，则属于环境资源容量的私有化。

2. 我们在 Netlogo 平台上做了两个计算机仿真实验，得出的结论是：一是转让权在产权结构中很重要，导致企业衰落的一个致命的原因就是缺乏产权流动性；二是在协调企业成长和环境保护上，排污权交易与排污收费相比，结果比较好。

3. 通过案例分析，获得了一些有启发的结论：政府与市场的边界划分，主要取决于对费用（交易费用）的考虑；如果政府直接的监督对象是所有的排污者的话那么政府要维护排污权的监督费用会很高。如果通过一定的制度安排，培育出一些相互依赖、相互制约的市场交易主体，让他们相互监督，是减低政府监督费用的一个有效途径。允许各地区自行处理所分配到的排污权指标及交易制度，让各种制度相互竞争，最后自发地、演进地形成全国性的排污交易制度。

第四，关于环境资源产权界定与交易制度的四个主要研究结论：

1. 大气排污权的初始分配和交易制度。以土地面积把大气排污总量指标分配到各地区政府，然后由各地区政府之间自由交易，用这个制度去代替目前的财政转移支付制度。允许各地区自行处理所分配到的大气排污权指标，允许各地自行制定大气排污指标的交易制度，让各种制度相互竞争，最后有可能会自发地、演进地形成全国性的大气排污交易制度。在这个过程中，中央政府最主要的职责是度量确认，即度量确认排污者的排放数量。

2. 河流环境资源产权的界定与交易制度：①水质指标是政府要控制的最终指标，政府应该制定和实时公布水质指标和各个污染物排放量之间的函数关系，并把这个函数关系作为发放污染物排放量许可的重要条件之一。②河流污染物的流向有明确的路线图，可以据此制定污染物排监测机构：河流段两旁为不同行政区域的，则这一河段的河流环境资源产权由中央政府管辖；河流由河段组成，上游河段在 A 行政区域内，下游河段在 B 行政区域内，则连接处的环境监测点由 A、B 这两个行政区域的上一级政府管辖。③至于界定方式，最高一级的政府首先确定自己管辖的各个监测点的排污指标，然后制定监测点指标与排污量之间的函数关系，通过监测点指标之间的函数关系来分配给下一级政府所管辖的监测点的指标，然后逐级分配甚至直至个人；④交易的基本原则：排污权交易不能导致同一地点的排污量发生变化；任何监测点的检测指标在任何时候都不能被突破。

3. 关于非点源污染的环境资源产权界定。通过类似增值税的征收体系的办法来确定非点源污染的环境资源产权，即每一个厂商购进原料时，都向供货方索取一张非点源污染物质含量登记表，作为非点源污染物质进项额的依据。然后，在生产时，填写一张非点源物质去向表，说明有多少非点源污染物质已经经过确定的排污口排放了，多少非点源污染物质已经转移到产品中。最后，在销售产品时，向客户提供一张非点源污染物质登记表，作为非点源污染物质出项额的依据。这样，进项额与出项额的差，再减去已经排放的污染物质数量，就是该厂商排放的非点源污染物质数量。

4. 生态环境部门与地方政府关系重构。我们对两类政府与生态环境部门的职能进行了分析，一类是契约型政府，另一类是非契约型政府。界定和保护环境资源产权是各级政府最基本的职责。界定和保护产权是需要付出成本的，要看总成本的大小来确定管理关系，我们从信息费用的角度分析了成本低者论，即谁成本低就交给谁做。

本书是在国家哲学社会科学基金项目（编号 14XJL011）和我的博士论文基础上完成的。项目组主要成员有：刘宁杰、农卓恩、黄玲花、王玲、何望敬、林敏、麦琼丹、李昕、梁巍、刘云等，感谢他们的辛勤付出！同时，感谢我家人的支持和爱。感谢光明日报出版社。

刘宁杰

2021 年 6 月 17 日

目　录
CONTENTS

第一章　绪论

1.1　研究意义

　　人与自然是生命共同体，人类必须尊重自然、顺应自然、保护自然。我们要建设的现代化是人与自然和谐共生的现代化。必须坚持节约优先、保护优先、自然恢复为主的方针，形成节约资源和保护环境的空间格局、产业结构、生产方式、生活方式，还自然以宁静、和谐、美丽。主要措施如下：一是推进绿色发展。构建市场导向的绿色技术创新体系，推进能源生产和消费革命，构建清洁低碳、安全高效的能源体系。二是着力解决环境突出问题。坚持全民共治、源头防治，持续实施大气污染防治行动，打赢蓝天保卫战。提高污染排放标准，强化排污者责任，健全环保信用评价、信息强制性披露、严惩重罚等制度。构建政府为主导、企业为主体、社会组织和公众共同参与的环境治理体系。三是加大生态系统保护力度。实施重要生态系统保护和修复重大工程，健全耕地、草原、森林、河流、湖泊休养生息制度，建立市场化、多元化生态补偿机制。四是改革生态环境监管体制。完善生态环境管理制度，统一行使全民所有自然资源资产所有者职责，统一行使监管城乡各类污染排放和行政执法职责。

　　近年来，随着我国经济的快速发展，一系列不容忽视的环境问题涌现出来，环境问题不是简单的社会问题，中国经济的快速发展在一定程度上是以牺牲环境作为代价的。当前环境问题表明经济发展与环境保护的矛盾在不断激化，片面追求经济的飞速发展，完全忽视生态环境的保护，单纯追求经济效益的发展模式已经不适应社会进步要求。改变旧的发展模式，建立生态文明、绿色发展的理念日益成为人们的共识，引领社会各界形成新的发展观、政绩观和生产生活方式。

在人类面临气候危机的背景下，经济增长与环境保护和谐发展是一个值得研究的问题。建设生态文明，必须建立系统完整的生态文明制度体系，用制度保护生态环境。用战略的眼光，健全自然资源资产产权制度和用途管制制度，划定生态保护红线，实行资源有偿使用制度和生态补偿制度，改革生态环境保护管理体制。其核心问题是树立市场经济的核心理念，处理好政府与市场的关系，使市场在资源配置中起决定性作用。我们正是基于这样的思维，从环境资源产权交易入手，探讨经济增长与环境保护之间的和谐发展问题。

对环境和自然资源产权、排污权等进行市场化运作，以减少交易费用这一制度安排，曾有学者提出，但缺少具体的操作程序。排污权交易制度的基本理论，排污权的初始分配、排污权的界定及法律性质，资源环境产权交易市场的构建等问题都亟待进一步研究。我国的社会经济制度、自然环境和社会发展程度比发达国家更为复杂，在排污权交易的大范围推广中会遇到更多的实际困难，如何构建相对完美可行的制度及制定具体的实施细则都极具挑战性。

环境资源产权交易的具体运作已成为一个亟须探讨的命题，很多国家已尝试运用环境产权交易来应对环境挑战，我国在经济增长与环境保护和谐发展问题上需要借鉴。国内环境资源产权有偿使用和交易至今尚未广泛推行，因此，我们对环境资源产权交易的基本理论、制度安排、实施体系作出更为详细的研究论证具有现实意义和理论意义。

1.2　国内外研究现状及理论综述

1.2.1　循环经济理论

国内近几年在环境保护问题上讨论最多的是发展循环经济。1990 年，英国环境经济学家珀斯和特纳在其《自然资源和环境经济学》一书中首次正式使用了"循环经济"（circular economy）一词；1996 年，德国颁布《循环经济与废弃物管理法》，首次在国家法律文本中使用循环经济概念。

要发展循环经济，就必须遵循三大原则，那就是所谓的减量化原则、再利用原则以及资源化原则。

减量化原则（Reduce）就是减少物质和能源的投入量来达到某种目的，这就从源头上减少了污染量，甚至达到消除污染的目的。这种原则，改变了传统防治污染的末端治理方法，在开始的时候就消除或是减少污染，而不是等到污染已经产生了，才去想办法解决，是一种防患于未然的做法。比如，在生产中，就要研究如何实现用较少的原材料生产出同样的产品的技术。以汽车生产为例，制造轻型汽车代替重型汽车，既可以节省资源，又可以节省能源，同时又满足消费者的使用要求；采用替代动力源代替石油源作为汽车的燃料，则可以减少甚至消除有害的尾气排放量，也可以降低尾气的治理费用，更可以控制或缓解全球性"温室效应"；改革产品的包装、淘汰一次性物品，不仅可以减少对资源的浪费，同时也可以削减废弃物的排放量，等等；对消费过程而言，要引导和鼓励人们选购包装物较少的物品、购买耐用的、可循环使用的物品，这些"绿色消费"都有利于减少垃圾的产生，有利于资源和能源的节省。统计数据表明，美国1920年每天每户均排出1.225kg的固体废弃物，1970年为2.404kg，1980年则上升到3.6kg，如果加上工矿企业的废弃物，则已接近22.680kg。可见，如果人类改变了消费方式，选购包装物较少的物品、购买耐用的、可循环使用的物品，那么将大量减少废弃物的产生，对于减轻地球的生态压力具有重要作用。

再利用原则（Reuse）一方面要求产品能够以初始形态被反复使用，另一方面要求系列产品以及产品的零部件和包装物兼容。也就是说，当产品更新换代的时候，某些零部件以及包装物仍然可以再次使用。这个原则提倡物品可以被反复使用，而不是被使用一次就成为垃圾。对生产来说，生产者就应该在产品的零部件设计方面，充分考虑到相关产品的兼容性。例如使用标准尺寸设计，可以使计算机、电视和其他电子装置非常容易地升级换代，而不必更换整个产品；在生活中，人们可以将可维修的物品返还到市场体系供给别人使用或捐献自己不再需要的物品。这样既节约了有限的资源，也不影响消费者的需求。

资源化原则（Resource）要求产品在发挥其功能后能够再次变成有用的资源而不是无用的废物，也就是我们通常所说的变废为宝，废物利用。资源化原则其实可以说是末端治理的一种有效方法，将原本被认为是废物的东西再次利用起来，投入生产或是生活中，是一种减少污染的重要方法之一。

关于循环经济的相关研究概括如下。闵毅梅（1997）对德国的《循环经济法》做了介绍，李赶顺（2002）对日本"循环经济"发展战略的实施及其方法策略做了研究，黄永辉（2003）、蓝庆新（2004）、杨春平（2013）、王爱兰（2012）分别从不同侧面介绍了国外实施循环经济的状况和做法；清华大学的王兆华博士（2005）探讨了"循环经济理论的国际实践及启示"；王长安（2010）的"循环经济讨论综述"，涵盖了循环经济的内涵、原则、特征、结构、必要性与意义、困难与问题、措施与建议七个方面；陈兴华等人（2005）对环境法学的研究进行了一个综述，他从研究概况、研究特点、研究热点等展开，着重对研究热点的研究进展做了介绍。

关于循环经济模式和战略性对策，宋高歌（2005）则从产业链的角度研究发展循环经济的模式。齐亚彬（2005）则给出了资源领域如何发展循环经济的建议。胡树华等人（2005）则从区域的角度，提出了我国中部地区循环经济发展的现状、战略与对策。陆钟武院士（2003）提出"当前以小循环、中循环、大循环三者并重，长远看应以大循环为重点"。还有的人进一步提出建立循环经济"5+1"循环模式的结构模型（刘富贵，2005）。同济大学的诸大建（2005）给出一个基于循环经济的"对象—主体—政策"模型，指出目前在循环经济问题的认识上的一些误区。在对象上，把循环经济归结为传统的清洁生产和简单地进行垃圾回收；仅仅从物质回收和利用角度阐述循环经济，把循环经济的 3R 归结为资源化，结果忽视了循环经济在物质消耗和污染排放上的源头预防和全过程控制意义；在主体上，注重政府在推动循环经济发展中的作用，而忽视企业在发展循环经济中的主体地位，没有认识到政府的任务主要是进行政策支持和制度约束、创造市场并利用市场以价格信号来配置资源。在实践中政府往往代替企业或市场规划物质循环利用圈；在政策上，仅仅强调发展循环经济需要规划、法律等传统管制性手段的保障，而忽视了经济手段在循环经济发展中的激励和约束作用。目前，由于有些环节还没有建立有效的市场机制或市场发育不完善，需要采取各种措施积极创建市场，比如明确资源和环境产权、私营化、建立可交易的许可证制度与排污权以及建立区域性的补偿机制等都可以提高市场化程度。诸大建教授的这些见解是很全面和深刻的。

对策性文献很多，以下列出的主要是发表在一些主要刊物上的文献。这些文献仍然是献计献策性质的，可以划分为若干种类型。

第一种是关于循环经济模式和战略性对策的。如陆钟武院士（2003）提出当前以小循环、中循环、大循环三者并重，长远看应以大循环为重点。

第二种是制度建设的。如沈传河（2005）阐述了产权制度创新对发展煤炭循环经济的作用以及如何对煤炭产权制度进行创新。许多人对循环经济与环境产权的关系进行初步探讨，但目前为止的有关文献还只局限在环境产权方，是关于循环经济运行中各主体协调配合所涉的产权配置、处置与产权制度安排等理论问题尚未触及，更谈不上是关于循环经济中产权问题的系统性研究成果（韦前、荆艳芳，2005）。当然，关于环境产权的研究文献不少，这些文献事实上都与循环经济的研究相关。

第三种是一些激励政策，如税收。曲顺兰和路春城（2005）总结了我国现行税制中有利于循环经济发展的税收政策及其不足，提出了完善现行税制以促进循环经济发展的政策建议；骆祖春（2005）则从循环经济流程的视角剖析了当前税收制度存在的问题，并对现有税种的完善及拟开征新税种的设计提出了对策建议；冯海波（2005）也认为，我国现行税收制度无论在调节范围还是在调节力度方面都很难适应发展循环经济的需要，因此有必要建立与我国国情相适应的生态税制。

第四种是关于政府采购制度的。万秋山（2005）、赵英民（2005）等人都分别提出了政府绿色采购问题，指出应借鉴先进国家的经验，根据循环经济的原则制定政府绿色采购实施细则。

以"循环经济"在中国期刊全文数据库检索，2015 年 1 月至 9 月就有 2885篇文章，但竟然没有一篇是基于解释现象的。深度的研究文献很少，没有经过实证的，或者没有前提条件的和严格的逻辑推理的结论比比皆是，很多结论似乎放之四海而皆准，大多是大而空的感想型、说教型文献，这也正是很少有关于循环经济的论文能够发表在国内顶级学术刊物上的原因。

1.2.2　经济增长与环境保护的关系

经济增长对环境污染的影响，比较系统的研究由格罗斯曼（Grossman，1994）首先提出，他认为，经济增长对环境质量的影响可分解为三个方面：一是规模效应，即经济规模的扩大导致对自然资源损耗的增加以及由生产活动和消费所产生的污染物也增加。二是结构效应，即产出结构及消费结构的变化对环境质量的影响。三是技术效应，即技术进步对环境质量的影响。规模效应通常是负面的；结构效应通常有两个阶段，第一阶段是负面的，但第二阶段是正面的；技术效应通常是正面的。

环境质量与经济增长关系的主要研究成果是集中于倒"U"型的关系即所

谓的环境库兹涅茨曲线（Environmental Kuznets Curve，简称 EKC）的理论解释与实证检验上。环境库兹涅茨曲线于 20 世纪由格罗斯曼和克鲁格（Krueger）于1991 年首次提出，其理论解释，在近十年来也获得了许多进展。

洛佩兹（Lopez，1994）提出了一个依赖于产权的模型用来解释 EKC 的形成，穆纳辛赫（Munasinghe，1999）从一个边际成本与边际收益的角度获得了EKC，安德烈（Andreoni）和莱文森（levinson，2001）通过人们对稀缺物品的需求和生产该物品所附带排放的污染物的一个技术上的联系而获得 EKC，丁达（Dinda，2002）用动态的方法获得 EKC；此外，特里·L. 安德森（Terry L. Anderson）和劳拉·E. 哈金斯（Laura E. Huggins，2003）论述了私人产权（private property）对环境保护与经济增长良性互动的关系，威廉·A. 布洛克（William A. Brock）和 M. S. 泰勒（M. S. Taylor，2004）得出了一个绿色的索罗经济增长模型（Solow growth model），即在传统的 Solow 模型中加入了环境变量。

关于 EKC 的形成，有宏观视角与微观视角之区分。微观视角的模型，基本上都用到了一个具体形式的效用函数，如最简洁的模型詹姆斯·A. 德雷奥尼（James Andreoni）和阿里克·莱文森（Levinson，2001）给出的一个简单模型里，所用的效用函数是 $U = C-ZP$，C 是产量，P 是污染物排放量，Z 是一个参数。而宏观的视角，一般在一些现成的增长模型基础上发展起来，如在 Solow 模型基础上发展起来的绿色 Solow 模型。

上述研究的共同点是，都认同环境质量与经济水平之间的倒"U"型关系的存在，但也承认不同的国家或地区的环境库兹涅茨曲线的顶点（转折点）是不同的，而对于这个现象背后的决定因素则没有统一的认识。这一点正是本书所关注的主要问题，我们不仅要研究环境质量与经济增长之间是否遵循倒"U"型关系，更重要的是，我们要研究这种关系背后的决定因素是什么，特别是，作为政府，以战略的角度，如何以及能在何种程度上影响这种关系。

1.2.3　环境资源产权及其界定

美国产权经济学家哈罗德·德姆塞茨（Harold Demsetz，1967）认为，产权是一种社会工具，其重要性就在于能够帮助一个人形成与其他人交易时的合理预期，规定其"受益或受损的权利"。产权是使自己或他人受益或受损的权利。哪里有利益哪里就有产权。格罗斯曼（2002）认为，环境领域也有使自己或他人受益或受损的权利，也存在产权界定、产权交易、产权保护等问题。创建环境产权制度，前提和基础是确定环境产权界定制度。第一，只有稀缺资源才有所谓的产权一说，因为对于非稀缺的资源，取之不尽用之不竭，没有竞争，谁都可以拿，没有必要划分权利的归属，从而也就没有产权问题。比如，古代几乎没有环境资源产权一说，原因就在于，自然是有一定的自净化能力的，因此，环境资源在古代仍然是非稀缺资源。第二，产权是一组权利，这组权利可能受各种法律法规、文化、风俗习惯以及其他约束条件的影响。比如，在一个战火纷飞的地方，一个人对一个房屋拥有的产权，与在和平的环境里一个人对一个房屋所拥有的产权，显然是有很大的差异的，尽管其他所有法律、文化、风俗习惯都一样。也就是说，这个"其他约束条件"其实可以是任何东西。第三，由于这组权利可能受到各种约束条件的影响，所以，某一个权利能否实施、权利的利益（第一要素）以及其他四个要素能否实现，也会存在某种模糊的区域，这种模糊的区域越小，产权就越清晰，反之，产权就越模糊。有人认为"与其把产权看作对物品的有条件的拥有，不如把产权看作一定范围内的与物品相关的行为选择权。这样一来，'约束条件'的概念对理解产权就不是必需的了"。但是，"一定范围内"其实也是一种约束条件，所以，理解产权，我们无法绕开约束条件。换言之，"某物品的产权属于谁"这样的描述，从严格意义上是没有意义的，有意义的描述是：在某某条件下某某人对某某物品拥有某某权利。

对环境资源产权的界定与交易大家有了一定的共识。常修泽（2011）认为，我们可以通过碳产权来认识环境产权的真谛，碳排放指标也是一种稀缺的"经济资源"。于是，人类创造出一种新商品——排放权，也可称为碳资产或碳产权。以碳产权为轴心，一种新的经济模式——低碳发展开始出现。这种产权制度并非某一国家所独有，而是人类共同拥有的制度文明。左正强（2012）、崔金星（2012）、武广艳（2013）等人分别就环境资源产权制度功能、环境资源合理定价和有效配置、激励环境治理技术创新、促进经济持续有效增长和收入合理分配、建立排污权有偿使用与交易制度、环境财产权公法性私权、环境容量资源等问题进行了探讨。

国外文献中涉及中国或中国某区域环境与经济关系的主要文献也不多见，主要有：Qiang Wu 和 Paulo Augusto Nunes 等人（2005）利用成本效益分析对机动车污染的研究，Ming-Feng Hung 和 Daigee Shaw 对台湾省的经济增长与环境质量之间的互动关系研究，Hua Wang 与 Nlandu Mamingi 等人（2009）对中国工厂对环境法规执行过程中的讨价还价能力的研究，以及 chao yang ping（2010）对中国控制空气污染政策的有效性的研究，Hua Wang（2011）研究社会团体在环境保护上的贡献，等等。

保护环境，促进经济持续稳定地增长，发展循环经济是一个好的做法。在这里，政府起着重要的作用。而要充分发挥市场在资源配置中的决定性作用，特别是涉及多国多地区的环境保护问题时，采用环境资源产权界定与交易机制更好。把环境和自然资源产权、排污权等进行市场化运作，以减少交易费用这一制度安排，曾有学者提过，但缺少具体的操作程序。不容忽视的一点是，我国的地域经济、环境和社会发展程度相比其他国家要更为复杂，因此在排污权交易的大范围推广中难免会遇到更多的难题，这项制度的建立和实施都极具挑战性。排污权交易制度的基本理论基础，如排污权的具体定位及法律性质，排污权的初始分配、交易的市场建构等问题都亟待进一步研究和明确。

在采用适当的交易方式使排污权交易费用降低的前提下，由政府向社会所有个体公开拍卖排污权，并让排污权在社会上自由流通，这种方式比排污收费等方式的效率都高。但是，排污权交易市场在中国处于起步阶段。其原因是多方面的，其中，检测体系不够完善是主要的约束条件。

在两地之间的污染有关联的条件下，通过不同地区排污权的兑换的方式，异地排污权交易是可以产生的，异地交易的动机是利益的比较，如果从外地购买排污权，然后兑换成为本地排污权使用，其成本低于直接从本地购买的成本，企业排污权交易的积极性与其治理污染的能力或者成本有关联。另外，把排污权交易范围扩大到投机者，有利于排污权交易市场的发展。

本研究注意到了一个源自亚当·斯密（Adam Smith）的经济学思想——交易能够使交易各方获利，并借鉴国外的排污权交易制度，提出一个新的思路——将节能降耗指标层层分解到下级政府和企业的结构，改造成为一种可转让的节能降耗任务体系，以此为切入点，推进各种有利于节能降耗的制度安排的产生和改进，促进节能降耗和经济增长方式的转变。

1.3 问题的提出与研究思路

1.3.1 环境库兹涅茨曲线：一个简要的文献综述

前面的分析提到了环境库兹涅茨曲线，它是描述经济发展水平（人均GDP）

与环境资源消耗（通常用污染物排放量表示）关系的规律。本课题研究的正是环境保护与经济增长的矛盾问题，因此，EKC 与我们研究的问题密切相关，我们先对它的相关文献做一个简要的综述，然后再讨论我们要研究的课题的本质和研究内容。

关于环境库兹涅茨曲线的存在性问题。20 世纪 90 年代，格罗斯、克鲁格等人首先发现了环境库兹涅茨曲线，即各地区污染物排放量与人均国内生产总值之间呈现倒 U 型关系[1]，但他们没有给出数理模型来解释这一发现。

洛佩兹在 1994 年[2]，托马斯·M. 塞尔登（Thomas M. Selden）在 1995 年[3]，分别利用数理模型来否认这种关系的稳定性，认为不同的假设会得出不同的关系。

陈挺和王鼎（2013）给出了一个基于内生增长模型的环境库兹涅茨曲线存在性证明[4]。他们假设生产函数 $F=f(E)$，其中，E 为自然环境资源水平；他们假设污染总量是生产函数的线性函数 $W=\gamma Y$，其中假设 γ 在短期内为常数[5]，然后他们引入人造环境资本 KE，总资本 $K=KE+K_y$，投入 KE 将导致环境资源的增加；他们用 I 代表环境资源的产出，而 W 导致环境资源的减少，因此 $\dot{E}=I-W$；然后，人们将选择 KE 和 K_y 以便最大化他们的效用函数。

一些人尝试采用计算机模拟人类社会的方式来研究环境库兹涅茨曲线。农卓恩、陈军等人（2008）曾用基于 Agent 的计算机仿真方法来验证环境库兹涅茨曲线的存在性和转折点的影响因素[6]，得出了环境资源产权清晰程度与转折点有很大关系。环境产权越清晰，转折点出现得越早，同时转折点的高度越高；

---

[1] GROSSMAN G M, KRUEGER A B. Economic Growth and the Environment [J]. Quarterly Journal of Economics, 1995, 110: 353-378.

[2] LOPEZ R. The Environment as a Factor of Production: The Effects of Economic Growth and Trade Liberalization [J]. Journal of Environmental Economics and Management, 1994, 27 (02): 163-184.

[3] SELDEN T M. Neoclassical Growth, the J Curve for Abatement, and the Inverted U Curve for Pollution [J]. Journal of Environmental Economics and Management, 1995, 29 (02): 162-168.

[4] 陈挺，王鼎. 干预之下的和谐：经济发展与环境——环境库兹涅茨曲线的存在性证明 [J]. 中央财经大学学报，2013（10）：80-85.

[5] 他们认为"尽管一个经济体产业结构的不同，污染排放的规模 W 不同，γ 会随着时间变化而变动，但本文为了分析方便，假定 γ 在短期内是常数"。

[6] 农卓恩，陈军，翁鸣，等. 环境库兹涅茨曲线形成机制的计算机仿真实验 [J]. 广西科学院学报，2008（02）：110-113.

产权越不清晰，转折点出现得越晚，转折点的高度则较低。

关于库兹涅茨曲线转折的实证研究与地区差异。在 1994 年，格罗斯曼等人发现倒 U 型曲线的转折点与随污染物的不同而有所差异。比如，二氧化硫（sulphur dioxide）的转折点在人均 4053 美元，烟（smoke）的在 6115 美元，溶解氧（dissolved oxygen）的在 2703 美元，生物需氧量（BOD）的在 7623 美元，化学需氧量（COD）的在 7853 美元，硝酸盐类（Nitrates）的在 10524 美元，粪便大肠菌（fecal coliform）的在 3043 美元，总大肠菌类（total coliform）的在 3043 美元，铅（lead）的在 1887 美元，镉（Cadmium）的在 11632 美元，Arsenic 的在 4900 美元，镍（nickel）的在 4113 美元[①]。

曹峰（2015）用"工业化阶段"代替人均 GDP 对中国省市数据进行实证分析，得出整体环境质量在工业化高级阶段出现拐点，此阶段所对应的人均 GDP（2005 年不变价）为 10151 ~ 19032 元；废水的拐点也出现在此阶段，而废气和废弃物的拐点出现在工业化中期阶段的结论。[②] 这一结论也很值得解释，但他们没有给出解释。不过，他们的这一结论与张丕景等人（2009）对青岛的研究矛盾。张丕景等人研究得出的结论是"青岛市的废水、废气、粉尘和固体废物排放量等主要环境指标都与 GDP 呈现显著相关性，但只有废水排放量与人均 GDP 的关系符合倒 U 型关系，并即将达到转折点，但该转折点按购买力均价计算远高于西方国家，而废气和固体废物等污染物排放处于快速上升的通道，不符合倒 U 型关系[③]"。

唐国丽等人（2013）对广西北部湾经济区（南宁市、北海市、钦州市、防城港市）的实证分析结论是，废水、二氧化硫、环境噪声等指标都呈现 N 型特征[④]；肖彦等人（2006）对广西的研究发现，二氧化硫不符合 EKC 特征[⑤]；吴志远等人（2013）对广西钦州市的研究发现，2000—2011 年钦州市的情况不存

---

① GROSSMAN G M, KRUEGER A B. Economic Growth and the Environment [J]. Quarterly Journal of Economics, 1995, 110: 353-378.

② 曹峰. 基于经济发展阶段的环境库茨涅茨曲线及其数值分析 [J]. 经济问题, 2015 (09): 34-38.

③ 张丕景，胡燕京，朱琳，等. 青岛市环境库兹涅茨曲线实证分析 [J]. 青岛大学学报（自然科学版），2009, 22 (03): 82-86.

④ 唐国丽，陈业启. 广西北部湾经济发展与环境质量关系研究 [J]. 钦州学院学报，2013, 28 (11): 29-32.

⑤ 肖彦，王金叶，胡新添，等. 广西环境库兹涅茨曲线研究 [J]. 西北林学院学报，2006 (04): 9-12, 35.

在环境库兹涅茨曲线[1]；佟光芸、王海赛（2014）利用 1998—2012 的数据验证了哈尔滨 EKC，发现工业废气和工业废水都不符合 EKC 特征，而固体废弃物符合 EKC 特征并在人均 GDP 为 32053 元的位置出现拐点[2]；陈瀚、杨惠芳、邱丽君等人（2008）选取了衡阳市 1991—2005 年的工业废水、废气、工业固体废物年排放量中的 12 项参数，市区环境空气质量二氧化硫（SO_2）、氮氧化合物（NO_x）和二氧化氮（NO_2）、总悬浮颗粒物（TSP）、降尘和硫酸盐化速率年均浓度 6 项指标，湘江干流衡阳段监测断面十类污染物年均浓度值 40 项水环境质量指标，共计 58 项指标的统计资料进行 EKC 拟合，发现各种关系，既有 U 型，也有倒 U 型和 N 型，其中二氧化硫（SO_2）、镉（Cd）排放量与人均 GDP 的关系呈倒 U 型[3]。

通过数据来实证验证 EKC 是否成立的文献有很多，这里不再一一列举。虽然数据实证模拟得出的结论也五花八门，但大体归结为四类：一是环境库茨涅茨倒 U 形曲线关系对于所有环境污染物而言都成立；二是环境库茨涅茨倒 U 形曲线关系对于所有环境污染物而言不成立；三是环境库茨涅茨倒 U 形曲线关系对于部分环境污染物而言成立[4]；四是对部分地区而言成立[5]，对部分地区不成立[6]。我们认为，这类实证研究的结论无法证实或证伪 EKC 的存在性，这是因为，在逻辑上，你如果通过实证数据发现了倒 U 型曲线，人家可以说有可能会转而往上——即所谓的 N 型；而如果你通过数据发现倒 U 型尚未出现，那也不等于以后不会出现；类似的逻辑，某些污染物出现倒 U 型，某些不出现，已经出现的并不意味着就不会有反复。不出现的，也不意味着永远都不会出现。换言之，EKC 的存在性应该而且只能用逻辑来证明，我们将在后面探讨这一证明。

---

① 吴志远，王远干. 基于 EKC 理论的钦州市经济增长与环境质量的关系 [J]. 经营与管理，2013（05）：131-133.

② 佟光霁，王海赛. 哈尔滨市经济增长与环境污染的关系研究 [J]. 经济师，2014（11）：151-153，157.

③ 陈瀚，杨惠芳，邱丽君. 衡阳市经济增长与环境质量关系的探讨 [J]. 科技创新导报，2008（13）：129-131.

④ 李鹏. 环境库兹涅茨倒 U 形曲线在西部地区的现实考证——基于空间面板数据的研究 [J]. 经济研究参考，2014（57）：39-44.

⑤ 王良健，邹雯，黄莹，等. 东部地区环境库兹涅茨曲线的实证研究 [J]. 海南大学学报（人文社会科学版），2009，27（01）：57-62.

⑥ 张炳，毕军，葛俊杰，等. 江苏苏南地区环境库兹涅茨曲线实证研究 [J]. 经济地理，2008（03）：376-379，424.

1.3.2 本课题研究的主要内容、思路和研究手段

（1）经济增长为什么与环境保护有矛盾

①要回答这个问题，首先必须弄清楚经济为什么增长。回答经济为什么增长的理论是现代经济学中的经济增长理论。该理论最初的经典模型是"哈-多模型"，但哈-多模型里只有资本积累这一要素，强调资本积累有助于经济增长，但没有环境资源这一投入要素，所以没有能够解释为什么经济增长会与环境保护有矛盾。

接下来比较有名的模型是新古典经济学的"索罗-旺斯模型"，索罗-旺斯模型只有人均资本这一内生变量和技术进步这一外生要素，主要结论是技术进步是经济增长的源泉，但同样也没有环境资源的出现，所以也不能解释为什么经济增长会与环境保护有矛盾。

再下来是内生增长理论的一系列模型，比如卡西-库普曼-拉姆奇模型、佛兰克尔-罗默模型、把熊皮特方法引入内生增长理论的若干模型，他们的核心思想是，"增长是来自一系列随机的质量改进或者说垂直型创新带来的，而这些创新本身也来自具有不确定结果的研发活动"，这一核心思想里边也没有环境资源出现。直到1996年，斯多基（Stokey）才把环境污染引入经济增长模型中，他把环境污染引入模型的方法属于 AK 方法，即生产函数表示为 $Y = AKz$，其中，z 表示已有技术的不清洁程度，其取值为 $0 \sim 1$ 之间的实数，其值越大表示采用的技术越不清洁，从而生产时所排放的污染物数量就越多；而斯多基（Stokey）把人们的效用函数的一般形式由 U（C）改成了 U（C，E），其中 U 是效用，C 是消费，E 是环境质量，U 是 E 和 C 的增函数。消费 C 的增加当然取决于 Y 的增加，但是 Y 的增加又导致污染流 $P = Ys$（z）的增加，其中 s（z）是增函数。P 的增加导致 E 的减少。这样一来，人们就不能一味提高 Y 来增加 U 了，而是要选择适当的 z，使得 U 最大。但是这一模型的缺陷是导致经济增长不可持续，这与现实不符。后来，Philippe Aghion 和 Peter Howwitt 等人用熊皮特方法把环境污染引入经济增长模型中，其创新点是区分了有形资本和智力资本[1]，在这个改进的模型里，经济增长变成了可持续。

上述经济增长理论，虽然最终间接地引入了环境资源这一要素，但尚存在

---

① PHILIPPE A, HOWITT P. 内生增长理论 [M]. 陶然，译. 北京：北京大学出版社，2004：143.

许多缺陷，特别是没有"环境资源产权交易"的地位。

本研究将提供一个基于新古典经济学基础上的"信息费用–协商费用"分析框架，在这个框架的指导下解释经济增长，要点是把"环境资源"这一稀缺资源作为生产的投入要素之一，在这一过程里，我们将会更加清晰地描述"环境资源"这一生产要素的交易如何影响经济增长。

②阐述产权的一般理论。权利的清晰界定是市场交易的前提，这是科斯在其《社会成本问题》里阐述的核心思想，按照这一思想，环境资源产权的清晰界定，是环境资源产权交易的前提。但是，产权的界定是怎样完成的？弄清楚这个问题是必要的，这个问题其实是一个普遍问题，我们将基于这一看法展开我们的研究工作：首先解释产权的基本定义和产权状态；然后，解释尊重私有产权的观念是怎样形成的，并通过对一些私有产权形成过程的典型案例的分析，提出一些关于私有产权形成过程的一些理论假说，为我们最后设计环境资源产权界定提供理论支持；研究完私有产权界定之后，要接着研究私有产权交易中的一些规律，特别是权利的分离与交易的规律，这是很重要的内容。原因是，环境资源是一种特别的稀缺资源，其可分性很差，必然处于共有状态。因此，要研究在共有状态下，何种权利可以分离出来私有化，然后使之进入交易市场。

③小结：把环境资源作为一个直接生产要素引入生产函数之后，我们就容易发现，经济增长与环境保护产生矛盾的根源主要在于环境资源的共有性质。私有化了的生产要素，会通过市场的自由交易来使其达到利用效率的最大化，而未私有化的生产要素，处于共有状态，共有的人们对如何使用它，往往意见不统一。一些人认为应当多使用这些生产要素以获得更多的产出，另一些人则认为应该少用这些生产要素，宁愿少一些产出，这才表现为环境保护与经济增长的矛盾。因此，尽可能地把环境资源的产权私有化，是解决环境保护与经济增长之间矛盾的办法之一。

（2）解决这一矛盾的最佳途径为什么是环境资源产权交易

获得"环境资源产权私有化是解决环境保护与经济增长矛盾的办法之一"之后，我们将进一步来研究，期望获得"解决经济增长与环境保护矛盾的最佳途径是环境资源产权交易"这一结论。为此，我们计划对现行的各种环境管理办法进行对比分析。

现行的办法大体上可以归结为三种：第一种是排污标准，即政府制定一系列排污标准，然后强制执行，不满足这一排污标准的人将被处以行政处罚甚至负刑事责任；第二种是排污收费制度。排污收费制度由政府制定，然后强制执行，企业只要交了排污费就可以排污；第三种是排污权交易制度，由政府制定一个可排污总量并形成对应的排污权数量，然后通过某种方式把这些排污权分配给个人（企业或组织），然后允许他们买卖这些排污权，有排污权的人就可以排放相应数量的污染物。这种制度最早大约在 20 世纪 70 年代出现于美国①，最早的思想基础则来自科斯的《社会成本问题》②。第三种制度最接近本课题中的环境资源产权交易制度，我们将试图证明，这种排污权交易制度在处理经济增长与环境保护的矛盾上更加有效率。

（3）如何实现环境资源产权交易

首先，正如前面已经提到的，实现环境资源产权交易的关键是权利的清晰界定。清晰界定的含义是某权利要归属于个人（自然人或法人）。但清晰界定不等于完全界定。产权是一组权利，由于清晰界定权利的归属，需要花费成本，当这种界定成本大于界定所获得的收益时，人们宁愿让这个权利处于共有状态甚至无主状态。哪一个权利获得了清晰界定，哪一个权利就能够进入市场交易。因此，我们研究的重点始终是权利的界定问题，而不是交易制度问题。

其次，环境资源相当于是一个多维度的容器，它在每一个维度上都有一个最大容量，但是，各个维度之间的最大容量有可能相互影响。比如，河流资源这个容器可以排入生活污水、也可以排污工业污水，或者按照化学成分划分，目前国家的统计有两项，一项是化学需要量排放量，另一个是氨氮排放量。化学需氧量（COD）又往往作为衡量水中有机物质含量多少的指标。化学需氧量越大，说明水体受有机物的污染越严重。COD 其实就是一个容量指标，各种有机物的排放会导致这个指标升高。环境资源产权的界定，是界定为水体的质量（比如 COD），还是界定为有机物的排放权？诸如此类问题，我们将在"信息费用–协商费用"的分析框架下展开分析，以求找到若干有效

---

① 吴健，排污权交易——环境容量管理制度创新［M］. 北京：中国人民大学出版社，2005：26.

② 科斯指出："如果生产要素被视为权利，那么不难理解产生有害影响（如排放烟尘、噪声等）的权利也是一种生产要素。形式一种权利（使用一种生产要素）的成本或代价，往往是行使该权利所导致的其他方面的损失，即无法享受清新的空气、宁静的环境……在市场中交易的东西不像是经济学家经常认为的那样，是物理实体，而是采取确定行动的权利和个人拥有的、由法律体系创立的权利"。

地实现路径。

其三，我们将重点分析大气污染、河流污染、非点源污染，以求找到相应的产权界定途径。这三类污染的特点各有不同。对于大气污染，我们认为其影响是全球性的。由于本研究不研究跨国问题，所以，仅仅认为其影响是全国性的。在这个基础上，我们重点构建大气排污权的初始分配方法，打算以地方政府为交易主体构建大气排污权的全国交易制度，并用它来替代现行的财政转移支付制度；对于河流污染物排放权，我们构建一个分级监测制度，并以地方政府为主体进行排污权的初始分配，交易制度则在流域内进行；对于非点源污染，则考虑采用类似于增值税的方式对个人的非点源污染量进行估算，并以此基础让市场自主进行这类排污权的交易。

其四，除了产权界定和交易制度之外，尚需要研究相应的保障制度的改善，比如环境行政管理部门（生态环境部、环保局）的执法制度和环境产权纠纷的司法裁决制度，这些保障性质的制度需要创新，以便适应环境资源产权交易制度。

1.3.3 关于研究手段和技术的两个说明

经济学分析框架。本课题属于理论经济学下的项目，因此，我们自然是要采用理论经济学的研究方法，在整个研究过程中，我们主要采用新古典经济学的分析框架。具体而言是基于张五常教授的"经济解释"的分析框架，重点分析成本（代价）这一约束条件的变化，然后根据需求定理来推断人们的行为，并以此来进行制度设计方面的探讨。但在某些较为基础的分析上，我们还融进了奥地利学派的分析思想，或者是演化经济学的思想。

计算机仿真实验。在验证某一个理论假说时，我们尝试采用一种新的方法，即基于 Agent 的计算机仿真实验，我们主要是在 Netlogo 这一开放的计算机仿真实验平台上进行实验，验证我们的各种理论假说。

Agent 是指一种仿真系统中具有自主性、自适应性的"智能"个体。之所以在"智能"这两个字上打双引号，是因为它其实是一个程序段，只不过这个程序段构造了一批类似于现实社会中的"人"。他们执行某些统一的行动规则，但由于面临的具体约束条件存在差异，它们会表现出千差万别的行为；另一方面，我们也可以给这些不同类的人群规定不同的行为规则，以此来验证遵守不同行为规则的种群的行为会有什么差异。

基于 Agent 的计算机仿真系统有很多的编程平台。本课题采用了 Netlogo，它是一个多主体建模仿真集成环境，特别适合对随时间演化的复杂系统进行建模仿真，由美国西北大学连接学习与计算机建模中心（Center for Connected Learning and Computer-Based Modeling，CCL）开发，目的是为科学研究和教育提供易用且强大的计算机辅助工具。NetLogo 的前身是 StarLogoT，在它的基础上特别增加了进行科学研究所需的功能。1999 年 Uri Wilensky 在美国国家科学基金的资助下开始开发 NetLogo，2002 年 4 月发布了 1.0 版本，2003 年 12 月发布了 2.0 版本，2005 年 9 月发布 3.0 版本，2007 年 9 月发布 4.0 版本，我们采用的是 5.1.0 版本。

我们用计算机仿真做的实验验证主要包括：私有产权的形成、产权可交易性对国有企业的影响、经济增长中集中探索机制与分散探索机制的影响比较、排污权交易与排污收费、排污收费与排污标准、排污权与排污标准的比较分析等。

1.3.4 可能的创新之处

（1）阐述了一个基于信息费用和协商费用视角的经济增长理论，这个理论框架是本研究的一个创新，是本研究的基础性工具和视角。

（2）不存在技术进步情况下的环境库兹涅茨曲线存在性证明。资源环境产权制度影响环境需求曲线的参数，明晰环境产权和界定有利于环境库兹涅茨曲线的转折点的尽快到来。因此，我们必须加强环境产权的界定，明晰环境产权，减少环境污染，推动环境保护与经济的和谐发展。

（3）两个基于 Netlogo 的计算机仿真实验：公有性质导致协商费用很高，产权流动性与搜寻费用对企业的影响；排污权交易对企业成长的影响。

（4）确定环境和自然资源产权界定与交易的内容、方法和体系。曾有学者提出，但缺少具体的操作程序，目前国内还没有人能系统地完成。本研究结合我国经济发展与环境保护和谐发展需求从战略的视角给出了一些制度安排和政策建议。

第二章 经济增长理论综述

2.1 经济增长的一般理论

2.1.1 古典经济增长理论

(1) 亚当·斯密在《国富论》中经济增长的论述

"劳动生产力上最大的增进，以及运用劳动时所表现的更大的熟练、技巧和判断力，似乎都是分工的结果。"这是经济学的鼻祖亚当·斯密在其经典名著《国民财富的性质和原因的研究》中的第一句。亚当·斯密的关于经济增长的理论，也可以由这句话表达。

分工的原因是交易，这是亚当·斯密在随后的第二章（即第一篇第二章）开门见山明确给出的。他写道："引出上述许多利益的分工，……是不以这广大效用为目标的一种人类倾向所缓慢而逐渐造成的结果，这种倾向就是互通有无，物物交换，互相交易。"而且"分工起因于交换能力，分工的程度，因此总要受交换能力大小的限制，换言之，要受市场广狭的限制。"

那么，什么东西影响市场的广狭呢？前辈提到了货币，指出货币通过降低交易过程中的信息费用来促进交易①。不过，在第一卷的第五至第十一章，前辈陷入了"劳动价值论"的泥潭里，很少见到经济增长的影子了。到了第二卷第一章，前辈开始论及资本②，第二卷第二章转而谈货币与国民财富的关系以及货币产业问题，指出收入或者真实财富并不等于货币，而是货币能买到的消费品，又指出了银行业的自由竞争对货币产业健康发展的作用，结论目前还是成立的。但前辈在第二卷第三章"论资本积累并论生产性和非生产性劳动"中，认为非生产劳动不增加价值，是一个漏洞。非生产劳动在现代国民经济核算里属于服务业的范畴，是第三产业的产出，是一种服务，服务是一种无形的产品，与有形产品没有本质的区别。一些有形产品，比如机器，是可以作为资本，但也有一些无形产品，比如知识或者信息，也可以作为资本。不过，在这一章里，亚当·斯密关于资本积累对经济增长的贡献的结论是正确的，他提倡节俭的观点也是正确的。

亚当·斯密在《国富论》的第三卷（共四章）开始全面论述经济增长问题。第一章提出财富的自然发展，重点解释产业间的发展联系规律；第二章则指出了禁止贸易对农业发展的阻碍作用；第三章讲的是都市的演进；第四章讲述都市对农村改良的贡献有三，一是为农业提供了市场，而是提供了农村耕地的购买者，三是使得农村"有秩序，有好政府，有个人的安全和自由"，这其实

---

① 亚当·斯密没有提到"信息费用"这个词，但在整章（第一卷第四章）的论述里都体现了这个词的思想。例如，"但在刚开始分工的时候，这种交换力的作用，往往极不灵敏。假设甲持有某种商品，自己消费不了，而乙所持有的这种物品，却不够自己消费。这时，……，而酿酒家和烙面师也不能作屠户的顾客。这样，他们就不能互相帮助。然而，自分工确立以来，各时代各社会中，有思虑的人，为了避免这种不便，除自己劳动生产物外，随时身边带有一定数量的某种物品，这种物品，在他想来，拿去和任何人的生产物交换，都不会被拒绝。"这一段中的"为了避免这种不便"，就是货币降低信息费用的功能了。

② 亚当·斯密的资本定义为："他所有的资财，如足够维持他数月或数年的生活，他自然希望这笔资财中有一大部分可以提供收入；他将仅保留一适当部分，作为未曾取得收入以前的消费，以维持他的生活。他的全部资财于是分成两部分。他希望从以取得收入的部分，称为资本。"（第二卷第一章），但这个定义似乎比第五章所描述的资本要大："资本有四种不同用途。第一，用以获取社会上每年所须使用所须消费的原生产物；第二，用以制造原生产物，使适于眼前的使用和消费；第三，用以运输原生产物或制造品，从有余的地方运往缺乏的地方；第四，用以分散一定部分的原生产物或制造品，使成为较小的部分，适于需要者的临时需要。第一种用法是农业家、矿业家、渔业家的用法；第二种用法是制造者的用法；第三种用法是批发商人的用法；第四种用法是零售商人的用法。我以为，这四种用法，已经包括了一切投资的方法。"

是降低了信息费用。

在第四卷中，亚当·斯密用八章的篇幅来批判重商主义，用一章来批判重农主义，其实，都是强调自由贸易对经济增长的促进作用。第五卷是论述政府的作用和职能以及对经济增长的贡献。

归结起来，亚当·斯密的经济增长理论是：分工促进经济增长，分工的程度取决于市场规模，一切有利于市场自由贸易（无论是国内贸易还是国外贸易）的制度（包括货币和政府）都有利于经济增长，政府的职责是国防、司法服务、维持公共机关与公共工程。

（2）李嘉图的论述

李嘉图的经济增长理论与亚当·斯密没有太大差异，但他提出的利益分配影响经济增长的视角是一个进步，特别是在其代表作《政治经济学及赋税原理》中提出的"比较优势贸易理论"更是影响深远。

2.1.2 新古典经济增长理论

（1）哈罗德—多马模型

这其实是哈罗德（Harrod，1939）[①] 和多马（Domar，1946）[②] 分别发展出来的模型，虽然推导过程略有差异，但大体可以归结为 $G = s * c$，其中，G 为经济增长率，s 为储蓄率，c 为产出-资本比率。这个模型的基本含义是，经济增长取决于资本的增长和产出-资本比率，资本的增长取决于储蓄率，储蓄完全等于投资，投资完全转化为资本，产出-资本比率假设不变。在给定的假设下，模型的推导当然没有问题，模型的逻辑也很清晰：产出-资本比率 Y/K 保持不变。那么，新增的产出与新增的资本相比，当然等于总产出与总资本之比，即 $\Delta Y/\Delta K = Y/K$，该式显然可改写为 $\Delta Y/Y = \Delta K/K$，该式左边是经济增长率，右边可分解为 $(\Delta K/Y) * (Y/K)$。其中，在储蓄等于投资，并且投资完全转化为资本的假设下，$\Delta K/Y$ 就是储蓄率——即产出中留作投资的比率的意思[③]，而后者 Y/K 是产出-资本比率 c。这个模型阐述了资本积累对经济增长的作用，但

---

① HARROD R. An Essay in Dynamic Theory [J]. The Economic Journal, 1939, 49（193）：14-33.

② DOMAR E. Capital Expansion, Rate of Growth, and Employment [J]. Econometrica, 1946, 14（02）：137-147.

③ 推导过程是：如果储蓄等于投资 I，并且投资完全转化为资本，那么 $sY = I = \Delta K$，$\Delta K/Y = s$。

它成立的条件很苛刻。在这个模型里，没有其他的生产要素，没有劳动力，也没有技术进步，资本也是一个抽象的东西。而其实资本是具体的很多东西的组合，一方面，到目前为止，经济增长的数理模型仍然没有能够把资本这个抽象的东西细化开来。另一方面，"只有资本这个生产要素"这一假设也使得这个模型避开了边际产量递减规律的约束，但稀缺资源世界里边际产量递减规律约束是普遍存在的，这也使得这个模型只能在其他生产要素尚未稀缺的范围内才具有解释力。

（2）索洛-斯旺模型

索罗[1]（Solow，1956）和斯旺[2]（Swan，1956）所发展出来的模型与哈罗德—多马模型相比，从投入要素上看多了一个劳动力。一般开头考虑资本和劳动力两个因素，不过最终还是归结为人均资本一个因素。而且重要的是它考虑了边际产量递减规律，在没有技术进步的前提下，要素的投入开始的确能够使得经济增长，但由于边际产量递减规律的约束，使得当经济到达某一个位置（称为均衡点）之后，再也不能增长了，简要思想图示如下：

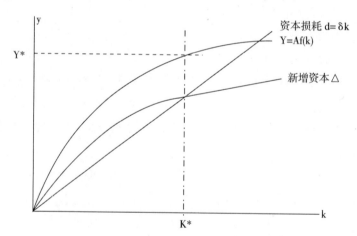

图 2-1　具备边际产量递减规律的模型

上图中，产量 y=f（k）是人均资本 k 的增函数，但边际产量递减[3]，这个特性导致了当人均资本大于 K^* 之后资本损耗 d 大于新增资本 △k，从而使得人

[1]　SOLOW R M. A Contribution to the Theory of Economic Growth [J]. The Quarterly Journal of Economics，1956，70（01）：65-94.

[2]　SWAN T W. Economic Growth and Capital Accumultation [J]. Economic Record，1956，32（02）：334-361.

[3]　图形上是曲线继续上升，但上升的幅度越来越平缓，用数学表示则是 f（k）对 k 的一阶导数大于零，但二阶导数小于零。

均资本减少；而当人均资本小于 K* 时，新增资本大于资本损耗，导致人均资本增加。最终，人均资本必然稳定与均衡点 K*，产量稳定在 Y* = f（K*），点（K*，f（K*））被称为稳态点，这一个结论的含义有两个：一是在技术没有进步的前提下，各种经济体（国家），无论初始条件多么不同，只要资本积累不断增加，最终经济将会收敛到一起①；二是技术进步是经济不断增长的源泉。显然，如果生产函数不具备边际产量递减这一特性，就不会存在稳态点（见下图）。

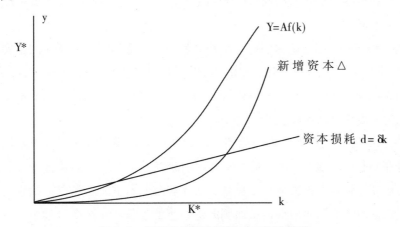

图 2-2　不具备边际产量递减规律的模型

索罗模型利用了边际产量递减规律，得出了长期经济增长的必要条件是技术进步这一重要结论，意义非常重大。但是索罗模型把技术进步作为外生变量来处理，它没有能够说明技术进步是如何发生的，而且，这样的处理，就等于认为资本的增加与技术进步无关，这是不符合实际的。为了克服索罗模型的这一缺陷，后来出现了所谓的内生增长理论。另外，很多人误以为索罗模型中的外生变量"技术进步"A 就是指"科学技术的进步"，这是不对的。事实上，A 是一个未能解释的其他因素的综合，统称为"技术进步"，但由于这个称呼容易与"科学技术进步"混淆，我想不如直接称之为"其他因素"，它的主要内容是我们后面将要阐述的信息费用和协商费用。

2.1.3　内生增长理论模型

内生增长理论的核心是试图解释技术进步是怎样产生的。

---

① 这一含义可能成为很多国家"追赶战略"的理论依据，但很多事实证明追赶战略是不成功的。

（1）内生增长的 AK 方法：认为资本积累是经济增长过程的核心。边际产量（报酬）递减规律的根本原因是要素之间的技术比例关系，如果要素之间的比例保持不变，边际递减规律就不会产生。鉴于这一原理，一些增长模型让资本之外的其他某些因素随着资本的增长而自动地增长，这些模型统称为"AK 模型"。其中，弗兰克尔-罗默模型被认为是现代内生增长理论的一个起点，在弗兰克尔（Frankel，1962）的模型中①，技术进步被假设为资本和劳动力的一个函数，而在罗默（1986）的模型中②，经济增长率与经济规模（模型中表现为企业数）正相关。

（2）熊彼特方法：认为创新在经济过程中起关键作用。熊彼特的主要贡献是在"创新理论"上，塞格斯托姆、阿男特和迪诺波勒斯（Segerstrom，Anant and Dinopoulos，1990）最早把熊彼特方法引入内生增长理论，他们的模型把经济增长过程看作产品连续改进的过程③。

（3）AK 方法与熊彼特方法的整合。20 世纪末出现了很多把资本积累和创新融合在一起的模型④，认为资本积累和创新都是长期增长的关键投入。基本逻辑是创新导致资本的边际产出提高，从而刺激资本积累，而资本积累的增加使得成功创新者的利润增加，从而刺激进一步的创新。在这个过程中，技术溢出和物质资本的积累和人力资本的积累所导致的规模效应继续发挥作用⑤。

（4）AK 方法和熊彼特方法的各种扩展。除了把能源、自然资源、环境问题引入模型之外，还往创新的异质性、产品市场的竞争性、把研发分为研究和开发、技术进步的方式、代理问题引入模型中，以解释竞争与增长之间正相关关系，又比如引入开放，等等，这里就不一一列举了。

---

① FRANKEL M. The Production Function in Allocation and Growth：A Synthesis ［J］. The American Economic Review. 1962, 52（05）：996-1022.

② ROMER P M. Increasing Returns and Long-Run Growth ［J］. Journal of Political Economy，1986, 94（05）：1002-1037.

③ SEGERSTROM P S, ANANT T, DINOPOULOS E. A Schumpeterian Model of the Product Life Cycle ［J］. The American Economic Review, 1990, 80（05）：1077-1091.

④ AGHION P, HOWITT P. 内生增长理论 ［M］. 陶然，译. 北京：北京大学出版社，2004：78-101.

⑤ ROBERT E L , Jr. On the Mechanics of Economic Development ［J］. Journal of Monetary Economics，1988, 22（01）：3-42.

2.1.4 内生增长与环境污染问题关联模型

在内生增长文献中，一般的效用函数是 u（c），c 指当前的物质消费流，但在考虑环境污染问题时，加入了环境的质量 E，效用函数变为 u（c，E）。污染流 P=p（y，z），其中，y 为产出水平，z 为污染强度，p（y，z）是 y 和 z 的增函数。

然后考虑约束条件。第一个约束条件是环境的临界生态阈值，如果环境质量低于这个阈值，将导致非常高的成本，换言之，人们达成共识，环境质量不能低于阈值。其他的约束条件，包括有形资本、智力资本、环境质量的初始条件，非再生资源的存量，等等，具体是哪些约束条件，就看研究者放什么因素进入模型。然后利用最优化数学方法，推导出增长率的函数式来，再看该函数表达式有什么经济含义，这是整个思路。不过，要获得经济含义，一般要给出一些具体的形式，特别是生产函数 y 的具体形式，目前常见的两种形式是 AK 方法和熊彼特方法。

AK 方法对污染的分析。假设产出 Y＝AKZ，Z 在此处键入公式。表示产出所使用的技术的不清洁程度，A 为常数，K 为资本。这个产出函数的意思是：使用更清洁的技术的代价是降低单位投入产出水平。污染流 $P = Y^{z^\gamma}$，其中 $\gamma>0$。$P = Y^{z^\gamma} = AKZ^{z^\gamma}$ 受到临界生态阈值的影响而不可能无限扩大，但 K 是可以无限扩大的，因此，Z 必然趋向于 0。另一方面，借助于最优化产出的数学方法，可以得出一个消费的增长率的函数表达式①，这个表达式随着 Z 趋向于 0 而趋向一个负数，从而说明污染阻止了经济的长期增长。

熊彼特方法对污染的分析。熊彼特方法区别于 AK 方法的核心是在于前者把 K 分为了有形资本和智力资本。只要智力资本 B 的增长速度快于有形资本 K，并且足以抵消 Z 的下降，那么，在生产函数中出现 Z 这一个与环境污染有关的要素，开创了把自然资源与环境纳入增长理论框架的先例。

2.1.5 小结：把环境资源作为一个投入要素

古典的经济增长理论是有思想的，特别是分工、市场交易、资本积累对经济增长的贡献的思想。新古典理论把资本积累、技术进步、边际报酬递减规律

---

① AGHION P, HOWITT P. 内生增长理论 [M]. 陶然，译. 北京：北京大学出版社，2004：143.

在经济增长中的作用数理模型化，指出长期经济增长的必要条件是技术进步，这是很有意义的，但把技术进步与资本积累硬生生分割开来，留给了内生增长理论发展的空间；内生增长理论沿着新古典理论开辟的道路进一步拓展，把资本积累和技术进步之间的联系，特别是技术外溢导致的外部性问题融入增长的数理模型中，是一个令人钦佩的进步。

在内生增长理论中，我们看到了把环境污染纳入生产函数的常识，这个常识与本书密切相关我们可以沿着这一思路进一步展开研究。另一方面，我们也可以从张五常的地区竞争框架中发现一些把环境污染问题纳入经济增长的思路。

2.2 经济增长理论：基于信息费用和协商费用的视角

2.2.1 信息费用的概念

使用"信息费用"或者"讯息费用"这个概念的经济学大师不少，比如张五常、阿尔钦以及德姆塞茨等，信息费用的题材曾两获诺贝尔奖。1982 年史德拉（G. J. Stigler）获奖，是因为他分析讯息费用的存在使同样物品之价在市场有差异，顾客要花费找寻价格较低的。2001 年获诺贝尔奖的乔治·阿克尔洛夫、迈克尔·斯彭斯和约瑟夫·斯蒂格利茨，他们的贡献是在不对称信息（asymetric information）上的分析。

现有的研究文献一般把信息费用和交易费用这两个概念分开，但是本书试图取消交易费用的概念，统一使用信息费用。

首先，现有研究文献认为，信息费用是收集信息所付出的代价，而交易费用是指人们为了交易而付出的代价——包括寻找交易对象、订立合同、执行交易、洽谈交易、监督交易等需要付出的代价。科斯首先在他的《社会成本问题》里表露了交易费用的理念，在科斯之后，威廉姆森（Williamson）等许多经济学家又进一步对交易费用理论进行了发展和完善。威廉姆森（Williamson，1977）将交易费用分为事前的交易费用和事后的交易费用。张五常把交易费用定义得更广，认为交易费用是鲁滨孙世界里没有的费用。鲁滨孙世界是指一人世界，一人世界有生产、需要信息，但就是没有交易。

但我认为，在多人世界里，如果没有信息费用，也不可能有交易费用。

首先，没有信息费用的意思是所有信息对大家而言都是透明的，从而寻找交易对象也显然不需要付出代价。签合同的目的其实是为了防止对方不守信，而如果信息费用为零，交易的对方是否守信，是否能够及时交货、货物质量是否合格等信息都是免费获得的，我们瞬间即可找到守信的人，显然也没有必要与他签订合同，至于执行合同、监督等步骤都完全不需要了，这样一来，也就没有科斯、威廉姆森层面的交易费用。

其次，以锁头为例，锁头的存在是防止小偷的，在鲁滨孙世界里不会有——防止野兽只需要门闩就可以了。因此，买锁头或生产锁头的费用是交易费用。但如果信息费用为零——小偷也就不敢存在了，因为盗窃的定义里就含有"不让别人知道"的含义，在信息费用为零的世界里，不可能存在不让别人知道的事情，因此小偷也就不存在，从而交易费用也就不存在了。所以，我认为，可以把信息费用与交易费用合并。合并之后，对于锁头，我们可以这样看：人们弄清楚谁拿走自己东西的难度就是信息费用，当这个费用大于购买或生产锁头的成本时，人们就选择买锁头或自己生产锁头，把自己的东西锁起来以避免被别人拿走。

本书采用如下定义：为达到一个目标，人们需要获取某些信息，获取这些信息的难度，就被称为信息费用。信息费用包含搜寻费用、度量费用、监督费用等。搜寻费用是指弄清楚做什么、怎样做所花费的代价；度量费用是指度量合约标的物数量所花费的代价；监督费用是监督合约执行所花费的代价，后两种费用在一人世界里不存在。

对于这一定义，有几点需要说明：

（1）信息费用是成本的一部分。信息费用概念是为了推测人的选择，而人的选择是针对达到某一特定目标而言的，不同的目标的成本是没有比较意义的；在同一个目标之下，比较达到同一目标的不同途径所付出的成本，才是有意义的。其中，信息费用是成本的一部分。比如，一个人要买一公斤的水果，他有无数条途径，假设其中两条成本比较低，一是去楼下的超市买，价钱是 20 元一公斤，二是到郊外的苹果树下向果农买，价钱是 10 元一公斤，又假设可以去郊外的路费很低可以忽略不计，那么，他应该选择什么途径呢？其实，还有一个费用他必须考虑，即寻找有苹果卖的超市和寻找苹果树下有苹果卖的果农，都是要花费代价的，这种代价就是信息费用。如果寻找超市很容易，比如只花费 1 元的代价，而寻找苹果树下愿意卖苹果的果农，要花费 12 元，则 20+1 小于 10+

12。经济学推测此人会选择去超市买苹果，这里边的12元是信息费用。

（2）运用信息费用时要转化看问题的角度。我们有时候可以用最优方案作为目标，然后只比较寻找该方案所花费的信息费用，就可以推测竞争的结果了。比如，张三和李四两个人竞争提供理发服务。假设张三有丰富的理发经验，李四对理发一窍不通。竞争结果是谁会取胜呢？我们可以将其转化为这样的问题：张三和李四都能提供同样好的理发服务，但张三本来就会理发，所以要弄清楚如何提供最好的理发服务所花费的信息费用几乎为零，而李四则要从头学起，花费的信息费用很高。所以，竞争下张三胜。

（3）从一个个具体目标去看信息费用。我们人类世界有千千万万的人，每人都有各种各样不同的目标，每一个目标都有一个信息费用。所以，一个世界的总的信息费用毫无意义，因为按照定义，总的信息费用永远等于无穷大。但对一个具体的目标而言，信息费用有变化。以生产一个手机为例，在100年前，无论是哪个厂商，其生产一个手机的信息费用几乎都是无穷大——没有人懂得如何生产。但随着技术进步，很多人已经懂得如何生产手机，生产手机的信息费用其实就是购买生产技术费用。

（4）信息费用与制度有关。计划经济，全国的事情由一个中央计划委员会来制定计划，其他人都按照中央计划行事，这个制度会导致信息费用大增；改成市场经济，由千千万万的人各自决定自己该怎样做，信息费用会大减。这一结论背后的逻辑不简单，这里暂时不展开论述，后面再进一步阐述。

2.2.2　信息费用的结构

在现实社会里，要实现一个目标，通常总会考虑人与人之间的关系。人与人之间的关系可以分为三类：一是竞争关系，二是交易关系，三是合作关系。比如，我到一家商店买面包，与面包店老板是交易关系，而我与买同款面包的其他人是竞争关系，倘若那买面包的钱是我与张三一起出的，则我与张三的关系是合作关系。其他两种关系在这里暂且不谈，先谈交易关系。由交易关系出发，我们可以得到信息费用的三个结构。首先你得找到交易的对象并与之签约，这个过程所花费的信息费用被我们定义为搜寻费用，与他签约时要考虑如何度量标的物。比如你买面包，是用"个"度量，还是用"公斤"来度量，度量方法不同，所导致的度量难度是不一样的。最经典的例子是雇用一个秘书，如果用劳动时间来度量其工作量，则很容易，而要用"提供的服务量"来度量则很难。也就是说，后者的度量方法会导致度量费用较高。如果用劳动时间来度量，按劳动时间算薪酬，则就要防止秘书出工不出力，因此就要监督其工作质量，监督的难度就是信息费用，难度越大，监督费用就越大。用提供的服务量来算薪酬，倒是不需太多的监督——监督费用很低，为了高薪酬，秘书会努力提供服务，但服务的度量费用会很高。

（1）搜寻费用。我们从交易关系出发找到一种信息费用叫作搜寻费用，这是寻找交易对象所预计要付出的代价（或者难度），但搜寻费用可不止于此，我们探求自然规律和社会规律的难度，也属于搜寻费用的范畴。这样定义，就使得它可以在鲁滨孙的一人世界里出现：鲁滨孙要决定是否出海打鱼，就要弄清楚今天会不会有台风，为此他要搜集各种天气信息。其实，最大的信息费用来自对未知的知识和技术的探索，那是如何生产的问题；其次才是对市场信息的探索，即生产什么产品，到哪里去卖，卖给谁等问题。

（2）度量费用。所谓度量，是指度量成交的数量是多少。这个度量过程预计所付出的代价，或者说度量过程的难度，就是度量费用。度量费用只出现在多人世界，不会出现在鲁滨孙的一人世界。因为要交易，所以才有度量。我雇佣秘书，签订劳动合约时，就要确定按照什么付薪酬。对于秘书，通常是按劳动时间付薪酬，因此要对秘书的劳动时间进行度量。雇佣推销员时，通常给一定的底薪，这部分是按劳动时间度量，底薪之外还有提成，提成就要按照销售量度量。我们去买苹果，通常按重量单位度量，但买宝石时，不会按照重量度量。如此种种的行为差异，原因就在于节省度量费用的考虑。

（3）监督费用。监督费用也只能在多人世界里出现，也是与交易合约有关。雇佣秘书，度量了工作时间，对工作质量就要进行监督，否则秘书可能出工不出力。按照销售量支付推销员的薪酬，就要对成本进行监督控制。总之，交易的对象通常是多维的，总有一些维度难以度量，按照度量结果付酬，对没有度量的维度就要监督，否则对方就有可能偷工减料，不按合约的要求执行。

2.2.3 信息费用的来源或影响因素

总的来说，信息费用的根源是人的无知，这似乎是奥地利学派理论体系隐含的基础假设①，倘若人是无所不知的，那也就不会存在信息费用了。说"人无知"，并不是说完全无知，而是说不是无所不知，知多者，即信息费用低也，知少者，信息费用高者也！也就是说，一个人做某件事情的信息费用大小，取决于他在这个事情上的知识或者技能，这一微观层面的信息费用，取决于个人的具体情况。下面要分析的是信息费用的影响因素，是从宏观层面上考虑的，即社会总的信息费用，取决于什么因素。

（1）科学知识的积累。科学的特点是其知识是可积累的、可验证的、可继承的，后人可以站在前人的基础上去探索。五十年前的造桥技术被写入书本，成为科学知识，后人要造一座桥，就比前人容易了。即在造桥这个事情上信息费用下降了许多。

（2）制度对信息费用影响很大。农村三日一圩的制度，使得卖的人和买的人聚集在一起，降低了乡民们买卖中的信息费用。当然，什么样的制度可以降低信息费用，取决于具体的约束条件。比如，在人烟稀少的地方，三日一圩可能过于密集了，导致赶圩的人买的找不到卖的，卖的找不到买的，没有达到降低信息费用的目的。而在人口十分稠密的地区，其实应该每日都是圩。比如城镇就是每日一圩，在大城市中心，人口更加密集，可能二十四小时都是圩。什么制度有利于降低信息费用，那是很复杂的事情，我们人类其实也是在不断地探索，有很多成功的经验，也有不少失败的例子。比如，1978 年在中国农村出现的"承包制"，大大降低了农民在生产过程中的信息费用，使得农村的温饱问题得以解决。但把"承包制"移植到国有企业改革中，结果是失败②。

（3）技术进步有利于降低信息费用。这一点与（1）似乎有类似，但其实我们强调的重点不同。这里强调的重点是，技术的进步，使得搜集信息的能力提高了，从而降低了信息费用。比如，计算机的发展、互联网技术的发展，就极大地降低了我们搜集信息的成本。

（4）交易对降低信息费用有很大的作用。首先，交易时一定会传递某种供求信息；其次，交易的人们总会进行一些交流，交流会传递知识，从而使得知识的接受者降低了信息费用。

---

① 奥地利学派的出发点只有"人会行动"，这显然认为"人无知"。在基础假设上，奥地利学派比新古典更往前一步，已经回到动物层面上去了，至少新古典的理性人假说还认为"人会选择"，并非完全无知。

② 中国国有企业大规模的"承包制"改革开始于 1988 年前后，但到了 1992 年，全国范围内基本认定"承包制"失败，转而搞"股份制"。

2.2.4 协商费用的概念

合作才会存在协商，协商所付出的代价是协商费用。为了理解这个定义，我们需要举一个例子。

考虑张三与李四两人已经合作开酒店，但是他们今天产生了分歧：明天是不是增加蛋糕的产量。之所以产生这个分歧，是因为双方掌握的信息不同，张三发现最近这几天蛋糕早早就卖光了，而李四没有掌握这个信息。那么，这个原因所导致的分歧，一般来说是很容易协商取得一致意见，因为张三只要把信息告诉李四就可以了。问题是，这里面的一些费用是归于信息费用还是协商费用。比如，李四倾听张三讲出"这几天我们酒店的蛋糕早早就卖光了"这句话所花费时间0.5分钟，以及李四花费3分钟询问几个员工后决定相信张三的话，然后再花费1分钟与张三商谈，共花费这4.5分钟的代价，有多少是属于信息费用，多少是协商费用？我们建议把花费时间收集信息的那3.5分钟时间代价划归信息费用，而随后的1分钟商谈列为协商费用。也就是说，凡是为获取信息而付出的代价都列为信息费用，而协商行动中除了收集、处理、分析信息之外的其他行动所需要的费用归为协商费用。

我们再次给协商费用下一个完整的定义：人们在合作时需要协商，协商是指大家都同意才能行动的那种商议行为，取得一致意见的难度或付出的代价就是协商费用。

2.2.5 协商费用的结构

（1）聚集费用。现在我们开始深挖协商费用的内部结构和对应的影响因素。协商的第一个步骤是聚集起来。聚集的方式很多，面对面的聚集是最传统的方式，视频聚集、电话聚集、通信聚集等方式也是聚集。聚集的目的是协商，没有聚集就不可能有协商，但是聚集是要花费时间、精力、金钱的。

影响聚集费用的第一个因素是总距离。古代的聚集费用很高，100公里的路程，步行大约要花费三天的行程。南宁到北京的铁路里程是2500公里，古代的羊肠小路按照3000公里计算，需要走三个月。影响聚集费用的第二个因素是人数，通常这个因素是影响力最大的因素。第三个因素是这些人他们居住的分散程度，比如都生活在同一条河流的一边，则一艘船可以同时载走很多人，节省不少的聚集费用，但如果人各一处，各自上路，总的聚集费用就很高。第四个因素是距离的结构，即每一个参与协商的人聚集在一起所走的路程是一个数，多少人就有多少个这样的数，这些数的分布就是距离的结构。一个最直观的情况就是，如果所协商的事情是必须全体人都到齐才能决定，那么，距离最远的那个人就很重要，他不到，其他人只能干等。第五个因素是移动的速度及其结构。显而易见聚集的快慢，除了与距离有关之外，还与人们移动的速度有关。

（2）分工费用。协商的目的是解决合作中的问题，合作中的主要问题之一便是分工（分权）协作问题，具体来说是确定谁做什么最合适。比如最古老的合作是合作捕猎——围猎，谁负责敲锣打鼓，谁负责从东边包抄，谁负责埋伏，等等分工协作问题是需要协商才能做出决定的。这个协商过程所付出的代价，我称之为分工费用。这个费用与什么因素有关呢？显然，与人数也有关系。其次，与合作的新旧程度有关。仍然以围猎为例子，初次的合作，由于对个人能力方面的信息不了解，协商可能花费较长时间。但随着合作次数的增加，逐渐了解各种协作方案的效果，最佳方案的寻找性协商就简单得多了。甚至到最后，这个部分的费用会逐步降低到零也是有可能的。

分工费用与分工的程度正相关。分工越仔细，分工费用就越大，分工越粗糙，分工费用就越低。

归结起来，其实这部分费用是通过对信息的处理而获得最佳方案（使得总的协商费用最低为最佳方案）所花费的时间，而时间有价。它与协商者们的智力，特别是与智力较低的那群人的智力，有很大关系。因为如果有一帮人，他们的智力比较低，即使智力比较高的人找出了最佳分工协作方案，也还要花费时间设法让那些智力低者理解，那些人智力越低，花费的时间就越多。当然，智力低者虽然难以理解由逻辑计算而获得的最佳方案，但通过实践可获得最佳方案，抑或随合作次数的增加而减少。

（3）分配费用。在古代的围猎中，其实分工协作的安排还涉及一种负担分配问题。比如，虽然我比较擅长追赶猎物，但追赶猎物比较辛苦，自私的我就有可能与其他合作者分担与分配，比如要求轮流干这个角色，或者要求在分配猎物时获得多一些的份额等。这个原因导致的协商，就叫做分配费用。显然，这部分的协商费用似乎不一定会随着合作次数的增加而减少。

如果没有外部的参照，则协商可能会没完没了，但在现实世界里有两个因素使得协商不大可能会没完没了。一个是参照系，比如历史的或者现实其他地方的做法；另一个是外部竞争机制，外部竞争越激烈，这个部分的协商费用就越低，外部竞争机制起作用的关键是可退出机制和租值的大小。

所以，竞争机制在这个问题上不起作用。一般而言，参照系总是起作用的，但事实上没有明确的参照系，所以这个问题的协商费用很高，最后，采取投票表决的方式，少数服从多数，问题一下子解决了，这是制度的改变导致协商费用的下降。不过，说一些题外话，在这种领域搞少数服从多数，虽然是可以把协商费用降低下来，但这并不是一个最好的处理方法，因为这种处理会导致信息费用的增大。通俗地讲，一些对投票结果不服的人可能会偷工减料地工作，而要阻止这种行为，就要查出谁偷工减料，从而提高监督费用。最好的处理方式不是这样一种简单的方式，而是根据具体的情况、不同的人、不同的能力、业绩得更加清晰的考核措施之上而形成的方式，这是企业人力资源管理部的工作。

（4）重大问题费用。就像合作开一艘巨轮一样，分工费用是为了决定谁当水手、谁当船长、谁当大副、谁当瞭望员等而付出的协商费用。分配费用是合作者们为决定买船的资金的分担和这艘船运行下来获得收益如何分配而付出的协商费用。但是，合作者们还要决定一些方向性的重大问题，比如这艘船要驶向何方、去运什么东西等重大问题，这些重大问题可能不是船长说了算。古代的围猎，去哪个方向，也可能是集体协商决定。现代社会里的股份公司，重大问题由股东大会决定，这些决定重大合作问题而付出的代价是协商费用中的一种重要的费用，就叫做"重大问题费用"好了。

方向的选择通常很复杂，与人们所掌握的信息有关，也与人们的各种约束条件有关，甚至与人的偏好有关。所以，方向费用的大小，可能与合作者们所掌握信息的差异程度、约束条件的差异程度、偏好的差异程度有关。

由于合作的可退出性越好，最终留在合作体内的人的差异就越低，由此我可以推出一个推论：可退出性越好，重大问题费用越低。一个重要的例子是上市的股份制企业，由于股东退出很容易——把股票卖出就是了，所以股东们很少因为方向性的不同意见而大打出手；但作为对比，一个国家内的居民，由于退出的成本很高，重大问题费用很高，表现出来就是难以达成统一意见时大打出手、游行示威等。

另外，其他方面不变的情况下，重大问题越多，重大问题费用就越高，这是显而易见的。我们为了降低这部分费用，可以把更多的重大问题分给不同的人单独决定。理论上，如果所有问题都有人独裁，则重大问题费用也就降低为零了。

　　最后要强调的是，影响重大问题费用的一个重要因素是合作体的人数，人数越多，重大问题协商费用就越大。

　　（5）各种协商费用之间的关系。协商费用由聚集费用、分工费用、分配费用、重大问题费用等四个部分组成，这些费用的影响因素有所不同。那么，这些费用之间的关系究竟如何呢？回忆一下上一章我们讲的信息费用的结构中，度量费用和监督费用有负相关的关系。协商费用中，是否也存在类似的有趣的关系呢？

　　首先考察分工费用与重大问题费用的关系：分工越仔细、越全面，难度就越大，亦即分工费用越高；但分工仔细、全面之后，留下来给合作者们共同商议决定的重大问题就少了，从而重大问题费用就低了。可见，二者之间关系呈负相关。

　　分配费用与重大问题费用之间也有类似的负相关关系。分工费用与分配费用之间，当分工费用达到某一程度的时候，把更多的关于工作分派与利益分配的权利和责任分给某人独裁的时候，需要合作者们集体协商的分配问题也就减少了，从而分配费用就减少，即二者之间也有这种负相关关系。

　　人数越少的合作体，分工就越粗，很多事情留通过集体协商来解决，为什么呢？就是因为人少，重大问题费用比较低，因此，留更多的事情不分，可以降低分工费用和分配费用。

　　聚集费用如果很大，合作者们就有可能会进行更全面的分工，从而分工费用就增大，反之，如果聚集费用很低，就不会追求那么仔细的分工。

2.2.6　协商费用的来源或者影响因素

　　（1）行动方案不清楚。回到前面提到的一个例子：两人的协同作战，知道敌人只有一发子弹，第一个人冲过去的人会死，第二人就可以冲过去杀死敌人，自己活下来，如果两个都不冲过去，敌人援兵来后两人都死。谁先冲过去呢？协商是一种办法；谁官大谁决定，又是另一种办法；抽签是第三种办法；比年纪，年纪大或年纪小者先冲过去，是第四种办法；看性别，男的先冲，是第五种办法。理论上应该有无数种办法，不一定无休止地协商下去，或者换句话说，那些没有发展出费用更低的方法来代替无休止协商的种群已经灭绝得差不多了，所以我们看到的种群都有一定的办法来避免无休止的协商。

可见，为什么要协商呢？其实，协商就是为了找到解决问题的最好办法。协商往往只是在尚未确定哪一种办法最好的时候产生的，当一种方法已经被很多的实践证明是最好的方法时，这种方法会被社会直接采用。比如在这个例子里，如果两人部队里的上下级关系，往往是官大者决定，这是军规，军规其实是经验的总结，军规其实就是那个"最好的方法"。一个方法如果不是好方法，那么即使被"规定"出来，最终也是要被取消或者束之高阁、不被执行。

（2）责任不清。以佃农与地主为例，他们的关系可以看作交易关系，即佃农租用了地主的田地，抑或地主把自己的土地某一时期的使用权出售给了别人，租用别人田地的人就叫作"佃农"。但也可以看作地主与佃农的一个合作：地主出土地，而佃农出劳动力，双方合作生产农产品。其实这个合作里不只是劳动力和土地两种投入品，因为仅仅这两项投入是生产不出什么产品来的，还要投入技术、管理、种子、肥料、水、灌溉设施、交通设施等等各种生产要素。因此，地主就要与农户协商，哪一种要素由地主投入，哪一种由农户投入。经过协商确定为某一方负责投入的要素就不在协商的范围，没有被确定的要素就有可能需要协商。至于何种要素由谁负责投入，一般是谁投入所花费的信息费用比较小就由谁负责。

租期有两种，一种是长期，比如五十年或更长，另一种是短期，比如几年。两种情况下双方考虑的问题是不一样的。

如果租期很长，则称为"永佃制"。清朝时，户部就规定："人民佃种旗地，地虽易主，佃农依旧，地主不得无故增租夺田"。其实就是地主只按照一个固定不变的租金获得收益，其他什么都不管，其他几乎所有权利都归于佃户。这种情况很少有什么协商的空间了，与其说是一种合作，不如说是一种交易，可以看作一种分期付款的土地买卖关系。这种关系不一定是依靠官方法律来维持，在很多地方，对于把土地出租给佃农很长时间之后再试图改变的地主，是会受到村规民约的制裁，受到人们的指责的。也即是说，可能绝大部分人认为，你长期租给了别人，别人在土地上已经投入了很多有利于土地长远质量的东西，你再收回，是不公平的。从经济效率上看，地主的变更行为如果不受到制裁，可能会导致导致土地租佃者减少长期性的投入，从演化的视角看，一直坚持允许地主这样做的种群，可能已经在竞争的历史长河中消亡了。

如果租期不长，则情况就不一样了。比如，就会面临土地的质量和配套设施的投入由谁负责的问题。这种情况下，佃户一般不愿意在土地上建设永久的配套设施，也不重视土地的长远质量的维护，而只是重视土地的短期质量的改善。但地主就比较重视长远质量的改善。问题是，土地的短期质量与长期质量是互有关联的。如果不顾长远利益，比如种速生桉树，这种植物搜刮土地的肥力很厉害，几年下来，土地会变得很瘦弱。这样一来，对土地的长远质量就不利了，但如果规定种一年就要休息两年，对土地长远质量当然有利，但佃户又不干了。这就要通过协商，规定土地的改善性投入以及配套设施投入的责任如何分配，凡是规定清楚了的责任和相应权利，就不需要协商，从而避免了协商费用的付出。但是，总会存在没有完全规定清晰的责任与权利，或者说，完全清晰地规定所有的领域需要花费的成本太大。总之，只要碰到这种责任与权利边界不清晰的情况时，就需要协商。

（3）某些权利难以划清。任何物品，只要是稀缺资源，就有人去争夺。因此就会产生人与人之间的关系，这种关系其实就是一系列与物品相关的权利。比如一套房子，权利就是居住（使用权）、卖出（转让权）、出租（使用权在某期限内的转让）、收益权（使用、卖出或出租，以获取收益），我们买一套房子，其实就是买这些权利。如果这些权利的全部或部分难以划归于个人，则这些权利是不得不共有，出售或购买这件物品时就需要共有人协商，这就是协商费用的根源之一。

以大气污染为例，在人类的大部分历史里，大气环境是一种非稀缺资源，因而不是经济学关注的对象。但随着工业化的进程，大气污染越来越严重，逐渐使得大气环境这个资源成了稀缺资源——即人们要获得清洁的大气环境需要付出代价了，这就使得大气环境进入了经济学的视野。但大气环境是一种难以划分权利的东西——它只能是共有的，共同使用的，这就产生了巨大的协商费用。

（4）共同受益，并且个人买不起。最明显的是国防服务，理论上我可以自己购买一支军队来保护我自己的家，但显然事实上绝大部分人是买不起这样的服务的。即使买得起，也不愿意自己买，因为是共同收益——那就是有"正的外部性"，感觉应该大家一起买，准确地说是，买得起的那些人一起买。

城市消防服务是现代社会的地方政府的一个重要的工作。城市里的楼房，住户众多，其中一家着火，会殃及池鱼——别家也遭殃。因此，着火之时，整栋楼房的住户都会想请消防队来灭火，但是，楼房住户众多，灭火服务大家都受益，但耗费巨大，单个住户难以承受——买不起。因此，必须一起购买，即"灭火服务"便是整栋楼的住户的一个公共买品，但请哪家灭火队、花多大的价钱购买等问题，都需要住户们进行协商，但协商不容易达成协议，于是便产生了协商费用。

（5）制度安排。制度，是影响协商费用的最主要因素。比如开会，就是一种制度，通过面对面的交流，可以大大降低协商费用；如果不开会，而是通过书信，一对一地交流，则费用会大增。同是开会，如果采用辩论说服全体同意制度，则协商费用仍然很高，但如果采用投票制度，过半数票则通过决议，则协商费用又会大大减少。

（6）人数。人数，应当是最显而易见的因素。参与协商的人数越多，协商达成一致意见的难度越大。

在中国的大学里，一个行政班的学生通常有许多共同物品。比如，一些学校有最低成班人数的规定，比如是至少30人才能成一个教学班，那么，如果这2门课只有某专业才可能选，但这个专业只有一个50人的行政班，则这一个班要一起选才可以成功组成一个教学班。这样一来，在这2门课中选一门，就是整个班的共同物品了。这时，通常开一个全体会议或至少三分之二以上人员参加的会议，通过讨论、投票，参会人员多数票赞成，就可以解决，协商费用通常不会太高。但如果是一个国家的人民来选择，按照这个制度，则协商费用将非常高，因为人太多。

事实上，现代政府就是一种应对这种由于人数众多而导致的协商费用大增的情况而建立的一种制度。政府有广义政府与狭义政府，本书所讲的政府是指广义的政府。广义的政府是指国家的立法机关、行政机关和司法机关等公共机关的总合，代表着社会公共权力。政府可以被看作一种制定和实施公共决策，实现有序统治的机构。它泛指各类国家公共权力机关，包括一切依法享有制订法律、执行和贯彻法律，以及解释和应用法律的公共权力机构，即通常所谓的立法机构、行政机构和司法机构。

立法机构的作用是制定法律——即规则。通常是通过各地居民选出代表参加会议，讨论、表决通过各种法律来约束公众和行政机关的权力和职责——可以决定购买或出售何种共同物品；而行政机关，即狭义的政府，是在法律的约束下，依法履行其职责，即去对那些共同物品履行其决定权，从而降低了国民（居民）的协商费用。而司法机关则通常是履行监督的职能——监督行政机关是否依法办事。

（7）技术。技术，也是一个重要的因素。过去的协商，需要通过书信、面对面交谈等方式进行，花费时间比较长，耗费也大。而现代通信技术，使得协商者可以通过电话、视频进行，费用大减。

（8）经济。经济的发展，导致人们之间的聚集程度增加——聚集可以降低信息费用。聚集到一起的人们，会有更多权利边界不清的情况，导致共同物品的数量增加，从而增加协商费用。

比如城市生活污水处理。古代人口稀少，聚集程度低，生活污水可以由自然界自然净化；但到了现代，人们为了经济的需要而聚集在一起形成巨大的城市，生活污水无法被自然净化。城市污水的处理服务就成了一个共同物品——应该是一种共买品。

你在自家门外的任何地方倒污水，别人闻到古怪气味难受但你不用为此而付钱，是负的外部性。按照微观经济学的逻辑，这时社会成本大于私人成本，社会最优产出低于由市场确定的均衡产出。

为了降低这巨大的协商费用，各种制度应运而生。其中，最主要的制度就是成立了政府专门管理环境污染的机构——生态环境部门。中国的生态环境部门，中央政府称为生态环境部，省市的则称为环保厅，县一级则为环保局。

2.2.7　协商费用概念的重要意义：一个初步的说明

引入协商费用，可以使得看问题的角度更加精细化。比如，我们在下文里谈到的公有产权和私有产权的划分，其实是一个比较粗糙的划分，就算是在公有之前在增加一个共有产权的划分，后面再加一个国有，整个产权体系也就划分为无主、共有、公有、国有四个，仍然属于离散型的，粗糙的。但引入协商费用后则可以在理论上使得产权的划分变成一个任意人数、任意维度的划分，最终归结为协商费用的大小问题，成为一个连续函数问题。

2.3　新的经济增长理论框架（模型）

2.3.1　基本思路

在本节里，我们将要建立一个新的经济增长理论框架（模型）。在这个框架里，我们把人均经济水平看成是信息费用和协商费用的函数，信息费用纵坐标，协商费用是横坐标，这个坐标平面上的任何一点代表一个新的产品，各个点之间可能有联系，即制造一个产品，可能需要其他的产品作为投入要素。随着新产品的不断被生产出来，经济自然就不断增长了，而这其中，市场机制用来降低信息费用，而政府机制则用于降低市场难以处理的含有很高的协商费用的事情。换言之，我们这个经济增长模型由点和有方向的矢量构成，见下图：

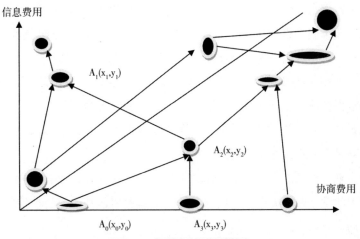

图 2-3　新的经济增长模型

上图的坐标平面上的点代表一个产品，它有两个主要坐标，一是信息费用，二是协商费用，点之间由有方向的矢量链接。比如，要生产 A_2，就需要投入 A_0 和 A_3，而要生产 A_0，就要付出 X_0 的信息费用和 Y_0 的协商费用。越是往右上方的点，信息费用和协商费用（简称"两费"）的和就越大。经济增长的过程其实是平面上的一个个点被攻破的过程，随着一个个点被攻破，人们积累的资源逐步增加，人们又有能力攻破下一个"两费"更大的点。如此，经济不断增长。

换言之，我们可以这样看问题：经济增长的过程其实就是如何降低克服信息费用和协商费用的过程。克服"两费"的办法，无非是通过两个方面的途径，一是降低它们，二是积累资源支付它们。后者是一个积累的过程，没有什么好研究的，下面就重点研究前者，即如何降低它们。

2.3.2　政府如何降低协商费用

（1）企业降低协商费用的办法。以两人（股东）合伙开办一个小商店为例，这是一个很小的合伙制企业，两人可能要商议企业中遇到的所有问题，由于只有两人进行协商，协商的聚集费用很低，而其他的费用则不一定低。但由于他们可以很容易散伙，所以，当协商不下，难以取得统一意见的时候，可以散伙了事。散伙了，也就没有协商费用了，这是企业降低协商费用的第一个办法。

当企业的股东人数达到三人时，如果其中一人与其他两人的意见不合，可以采用此人退出该企业的办法解决，企业可以不解散，这是企业降低协商费用的第二个办法。

当企业的股东人数成千上万的时候，聚集费用很高。这时，股东们可能同意进行分权，股东们先选出董事组成董事会，然后把一些权力分给董事会来决定，这样就降低了聚集费用。这是企业降低协商费用的第三种办法。

对于企业中一些常见的、反复出现的问题，比如收入分配问题、分工问题，开始是可以由全体股东召开股东大会决定，如果股东大会把关于某个问题的决定之效力延长至未来的若干时期，那么，在这段时期内关于这个问题就不需要再协商了，这就是企业降低协商费用的第四种办法。

对于企业中的其他合作问题，比如工作上的协作问题，通常是由上一级部门或本协作组的领导最终决定，用这种办法，协商费用通常很容易被控制在可以接受的范围内。

（2）案例分析：小区物业管理中的协商费用。城市里的很多居民住在同一栋楼里，电梯或楼梯是共用的，楼的承重墙是共用的，楼顶是共用的，楼外的走道是共用的，室外的自来水管道是共用的，室外的排水系统是共用的，室外的电力系统是共用的，小区内的公共治安、公共秩序的维护，如此等等的共用部分，出现问题如何解决，就要大家协商解决。如果这栋楼的居民很多，协商费用就可能很大。

比如电梯坏了，修理电梯的问题就需要协商。请谁来修理、谁去请修理公司、修理费如何分摊等问题，似乎看起来不难协商，但万一有一户人家不愿意出钱或者没有钱，问题可就不那么容易处理了。住在低层的住户可能没有积极性出钱修理电梯。

现在最常用的解决办法是政府干预了这个事情。政府要求居民在从开发商手中购买住房时就一次性交了一笔钱给政府代管，然后需要修理时再向政府申请用这笔钱支付修理费用。政府的干预是否有效呢？我记得一家电视台报道过的一个案例，电梯坏了三年了都没有钱修理。原因是向政府申请时，政府说按规定要这栋楼的全体住户签字才可以，但个别住户这几年都不在家，无法找到他们来签字，另外有一些住户不愿签字。可见，政府的干预在这件事情上是解决不了协商费用问题的，最终还得回到原点——住户们要协商取得一致意见才可以修好电梯。

　　我也看到了另一个可能存在的解决这类事情的办法：房地产公司在售楼合同里承诺对房屋实施终身维修，这就从根本上解决了这个问题。不过，这样的房地产公司其实很少看到。为什么这种解决办法没有成为主流呢？换言之，什么样的产品的免费维修期比较长呢？或者说，影响产品免费维修期长短的因素是什么呢？这是一个科学问题。我们先采用归纳法来求解，看得到什么启示否？网上搜寻，发现如下两个帖子。

　　中国易修网（2012-3-30）："几年前，家住涧西区的吴先生购买了一台彩电，当时商家承诺'终身免费维修'。近期，这台电视机频频出现画面抖动、无故自动关机的现象。当吴先生拿着发票、质保卡等找到该品牌的维修部，希望商家兑现'终身维修'的承诺时，对方却表示必须支付维修费。为此，吴先生向市工商局12315中心投诉。经工商部门调查，该厂家已停止生产此型号产品，由于维修零部件缺乏，再加上近年来该企业效益不佳，终身免费维修的承诺根本无法兑现。该工作人员说，对于多数企业来说，终身免费维修不太可能。从企业经营成本来讲，如今产品更新换代速度快，有时一年或者半年就会推出新产品。如果每款产品都要为终身免费维修而储备大量零配件，企业的压力非常大，恐怕大多数都难以承受。"

　　摘自北京商报2014年3月13日微博："40家红木家具企业签署自律公约，向四大行业乱象宣战。红木家具因特有的收藏价值而显得与众不同，经典的产品甚至可以世代相传，但如何维修这种传世精品一直困扰着家居行业。2014年3月10日，在居然之家红木大会堂，北京家居行业协会红木委员会联合40家红木家具企业共同签署《红木委员会自律公约》，首次承诺对红木产品提供终身免费维修服务。一直以来，红木家具企业处于各自为政、相对松散的局面，对于家具的售后服务缺乏统一规定，一些家具三包政策也把红木家具视为特例排除在规范之外，红木家具的售后处于无人管状态已久，消费者购买家具后如何保修，成为红木收藏者最大的痛点。北京家居行业协会红木委员会会长杨波表示，红木委员会成立后，为了规范红木市场秩序，协会一直在思考这个问题，最后经协会会员企业一致通过，决定首推终身免费保修服务。所谓终身免费维修服务是指红木家具企业及经销商承诺以企业生存期为期限，为顾客提供终身免费维修服务。这意味着，只要销售红木家具的企业存在一天，就要为消费者的产品负责一天，让消费者彻底消除后顾之忧。"

从商家的角度看，高档家具与电器的最大区别是，高档家具维修时需要的配件的价值可能相对家具而言比较低，免费维修的负担比较容易确定（我估计可能主要是人工费），而电器维修时可能需要更换昂贵的配件，这就使得商家对电器进行免费维修时的负担难以确定——那是商家觉得信息费用比较高的意思。

从消费者的角度看，购买终身免费维修的产品，价格通常是要贵一些的。因此，自然就有这样的一个疑问，即商家承诺的终身免费维修是否能够实现？这个疑问的含义是信息费用问题，即顾客如果弄清楚这个问题的信息费用如果很高，他们就不会选择终身免费维修的产品；如果这个信息费用不高，则消费者中可能会有一些人选择终身免费维修的产品，这取决于消费者面临的约束条件。

从消费者的角度思考，如果有一家房地产公司承诺终身免费维修其售出的房屋及房屋内的公共设备比如电梯等，当然房屋价格也会贵一些，这样的房屋会不会有人买呢？从房地产公司角度看，如果有人买这样的房屋，有没有房地产公司愿意卖呢？

对于打算买一栋楼中的一套房子的消费者而言，这是信息费用与协商费用的权衡问题：买终身免费维修的房子，就节省协商费用，但增加信息费用；买不终身免费维修的房子，节省信息费用但增加协商费用。

对于房地产开发商而言，仅仅是信息费用的问题，即对未来的看法。对未来比较乐观的、愿意做长久生意的，就选择提供终身免费维修的房屋；对未来看不明白、只愿意做短期生意的，就会选择卖非终身免费维修的房屋。

那么，是什么原因导致现在的房地产开发商选择短期生意呢？其中有一个重要的原因是土地是政府垄断的，开发商很难猜测政府以后的行为——其实是政府官员的行为，在信息费用巨大的情况下选择短期行为是必然的。

另外，是什么原因导致我们现在的消费者选择承担不免费维修的房屋，即选择了承担协商费用呢？原因之一是消费者看到很多开发商采用短期策略，引起对开发商的长期承诺不信任，其根源还是来自政府对土地的垄断。还有一个原因可能是买这种房子的消费者都是相对比较穷的，他们付不起高昂的价格，但他们的时间成本比较低，而协商费用更多的是表现为时间成本，通俗地讲，是穷人不怕扯皮，他们有时间扯皮。

同一栋楼中的住户们，当某种共同的事情发生时，比如上面所说的电梯坏了没办法修，导致很不方便，那是协商费用很大的意思，这时，就可能产生各种各样的解决办法，这些具体的办法可能是千姿百态的。比如，如果是由于某个牛人就是不愿出钱来修电梯，可能一些同样牛的住户就会采取某种合法的或者非法的手段，逼迫这个牛人交钱；或者是有那么一些人先自己出钱把电梯修好；也可能是其他住户们联合起来起诉至法院，由法院来强制执行；也可能是其他住户要求政府出面来迫使那个牛人交钱；也可能是某些住户把房子卖掉，一走了之；顶层的漏雨得不到维修，打官司及媒体的报道影响，可能导致顶层房屋的售价降低，然后漏雨时顶层住户自己掏腰包修补；电梯坏了难以取得维修的统一意见，可能使得底层的房子价格比较贵而高层的房子价格比较便宜；也许开发商为了使得自己的房子比竞争者好卖，会创造出各种解决电梯维修问题的招数。总之，导致协商费用高的原因可能是千姿百态的，有效的解决办法也千姿百态。由于住户们的重复博弈或者商家的专业化工作，这类事情最后总会被住户们或商家们找到解决的办法，政府并不比这些住户和专业化的商家更了解解决问题的诀窍何在。因此我推断，政府在这类事情上似乎没有理由比市场做得更好。这里所讲的"这类事情"的含义是指含有"重复博弈、专业化、可退出"等特征的协商费用问题。

（3）基于协商费用的囚徒困境模型新解。在非重复博弈即一次博弈中，有一个著名的博弈模型叫做囚徒困境模型，读者可以在网上或者任何一本博弈论的书上很容易找到这个模型的数字表达及其解，我用一个通俗的故事来讲这个模型及其解的含义，并用本书的信息费用和协商费用的语言来阐述这个模型的解成立的条件。

我最早看到的囚徒困境模型是在张维迎的《博弈论与信息经济学》一书中论述到的，属于完全信息静态非重复博弈。完全信息意思是各自可能的策略完全是公开的，静态的意思是大家同时出招，或者说，出招有先后，但对方自己出招之前看不到对方所出的招数，这也就等于大家同时出招了。非重复就是一次博弈。

记得那书上通俗的例子大概是这样的：两个犯罪嫌疑人（甲和乙）作案后被警察抓住，隔离审讯；警方的政策是"坦白从宽，抗拒从严"，如果两人都坦白则各判 2 年；如果一人坦白另一人不坦白，坦白地放出去，不坦白的判 3 年；如果都不坦白则因证据不足各判 1 年。

表 2-1

	甲沉默	甲认罪
乙沉默	二人同服刑 1 年	甲即时获释；乙服刑 3 年
乙认罪	甲服刑 3 年；乙即时获释	二人同服刑 2 年

先从甲的角度考虑：如果乙沉默，我的最优是认罪（被释放）；如果乙认罪，我的最优选择也是认罪（被判刑 2 年）。所以，无论如何甲的最优选择都是认罪。

在从乙的角度考虑：如果甲沉默，我的最优是认罪（被释放）；如果甲认罪，我的最优选择也是认罪（被判刑 2 年）。所以，无论如何乙的最优选择也都是认罪。

结果两人都选择认罪，各被判刑 2 年。虽然两人都沉默，只被判刑 1 年，但做不到。这就是囚徒遇到的困境。

这种困境是什么原因导致的呢？第一个原因是不知道对方选择什么，如果不分开审问，看你沉默，我也沉默，就可以获得最好的那个结果。所以，这其实是协商费用中的聚集费用无穷大的意思。即由于聚集费用无穷大，导致不能与对方协商以便制定攻守同盟，如果降低聚集费用，则就会获得一个两人只被判 1 年的较好结果。

（4）重复博弈的结果及基于协商费用的新解。如果重复囚徒困境将被精确地重复 N 次，已知 N 是一个常数，那么会产生另一个有趣的事实。最优策略就是每次都招供。这很容易用归纳法证明：重复博弈者担心的是，如果我这一次招供而获得了优待，对方下一次博弈时会报复，这时与一次博弈不一样的地方，但由于第 N 次亦即最后一次，对方没有报复的机会了，所以，显然第 N 次的最优策略是两人都招供。然后假设第 M 次及之后双方都招供，那么，考虑第 M-1 次的时候，甲的最优策略是什么呢？显然，甲会这样想，既然以后对方都招供，这已经是最坏的结果，没有什么可以惩罚我了，那我这时如果不招供被判重刑，招供获得优待，对方也会这样想，因此，对方也会选择招供，显然不招供是傻瓜。所以，以此类推，所有次数双方都选择招供。

显然，如博弈次数是无限次的，那么，结论就完全不是那么简单了，罗伯特·阿克塞尔罗德在其著作《合作的进化》中，探索了经典囚徒困境情景的一个扩展，并把它称作"重复的囚徒困境"。在这个博弈中，参与者必须反复地选择他们彼此相关的策略，并且记住他们以前的对抗。阿克塞尔罗德邀请全世界的学术同行来设计计算机策略，并在一个重复囚徒困境竞赛中互相竞争。参赛的程序的差异广泛地存在于这些方面：算法的复杂性、最初的对抗、宽恕的能力等。结论是千姿百态的，研究者们获得很多有趣的结果和研究文献。总之，如果博弈次数是无限的，那么有可能演化出各种各样的结果。

而现实世界里的很多事情是重复博弈无限次数的，比如前面提到的那个关于住在同一栋楼里的住户的电梯维修之类的纠纷，如果有一帮住户由于某种原因难以搬离这栋楼，打算长期住下去，这样，他们之间的博弈就是一个无法知道次数是多少次的重复博弈。那么，对于一个多次不出钱修电梯的住户，其他住户可以在很多事情上惩罚他，比如邻居不与他打招呼、他有事情需要帮忙时邻居不帮忙甚至指桑骂槐让他不得安宁等等惩罚措施，都有可能让起先不愿意合作的住户改变策略。总之，"永远不合作"不是无限重复博弈中的最优策略，这是已经被很多研究者证实了的，当然，不是最优策略并不是一定不出现，只是说，出现的概率比较小而已。

归结起来，由于无限重复博弈，博弈是长期的，因而有时间进行协商，也有时间了解博弈参与者的各种信息，因此，越容易获得正确的应对之策，这就使得参与博弈的各方找到一个比较好的解决办法。如果一遇到这种多方合作失败的事情，政府就急急忙忙出台法律政策强制干预，没有留下充足的时间让博弈各方相互了解寻找对策，结果不一定好。

（5）集资建房为什么不成为主流：从协商费用的角度分析。集资房可能是中国独有的一种住房，它是指由一群人集资、合作建起来的一种住房。这种房子通常是由某些政府机关或企事业单位内部职工利用本单位自有的土地，集资建起来的，这种房通常比商品房要便宜得多。人们通常认为，便宜的原因，一是土地是本单位的，因而是免费的；二是自己建造，少了开发商利润这块的支出。第一个原因是显然的，但第二个原因就不见得对了，虽然减少了付给开发商的费用，但并不一定导致建房成本会降低下来，因为，开发商的活儿还是要有人去做的。

由于近十年以来中国的商品房价格贵得离谱，于是曾经有人呼吁把"集资建房"这种做法扩展到社会上，成为一种主流的建房模式，取代商品房模式。即允许人们联合起来，集资购买土地建房自住。

不过，这种呼吁看起来没有什么效果，至今主流的模式仍然是由开发商建房卖房，大多数消费者仍然只能以昂贵的价格购买商品房。为什么集资建房不能成为主流呢？

从协商费用的角度看，集资建房，是一种合作，合作就必然要协商。假设你是一个热心这种建房模式的人，让我们来想象一下你利用这种方式建房的过程。

首先你要找到这些志同道合的合作者们。如何找到这些合作者呢？这就够你操心的了，不过，寻找合作者的过程可以算是信息费用问题——搜寻费用，而我们这一节主要从协商费用角度考虑问题，因此就不管它了。

让我们从找到合作者之后的事情开始吧。你要与他们讨论去哪里买土地，有的人可能喜欢江边的，有的人可能喜欢市中心的，有的人喜欢偏僻安静的，有的人可能喜欢热闹的靠近交通要道的，有的人喜欢贵的风景优美的，有的人宁愿要差一些但便宜的，等等。总之，仅仅去哪里买建房用的土地，就够你讨论的了。找来合作者，由合作者们协商讨论买什么地块，通常协商费用就会大到使得合作破裂。不过不是没有办法解决，你可以在寻找合作者的时候就把地块先固定下来，对这个地块不满意的人不允许加入这个合作团队，这样，当你找到合作者时，购买地块的协商费用高不可攀的问题就不存在了。这其实就是把协商费用问题转换成信息费用问题。

买来了土地，还只是万里长征的第一步，需要讨论的事情还很多，比如建什么户型，各种人的爱好就千差万别，又够合作者们好一阵讨论的。于是，你可以用同样的招数解决：先定好户型，不同意的人不允许加入。这样，你又把这一协商费用降低到了零，但寻找合作者的费用就增加了，这又是把协商费用转化为信息费用。如此转啊转，凡是协商费用高不可攀的事情，你都把它转为信息费用问题，那么，你就会发现，你已经变成开发商了。

（6）协商费用与信息费用的转换：船长与校长的比较。前面的案例，其实是讲了协商费用如何转化为信息费用的问题。在竞争中，人们必须设法降低总成本才能胜出，如果把需要协商的问题转变为寻找信息问题，就可以把总费用降低下来的话，人们是愿意的；反之，如果把寻找信息的问题转化为协商的问题能够降低总成本的话，人们也愿意的，这就是协商费用与信息费用互相转化的根本原因。

例如，在大海中航行，经常会碰到很多紧急的事情，如果这时采用协商的办法来决定如何应对这些事情的话，往往会耽误解决事情的最佳时机，这是协商费用很高的意思。解决这种问题的办法是把决策权交给船长，由船长来找出解决问题的方法，从而协商费用问题转变成了信息费用问题。为什么把决策权给船长而不是给其他的什么人呢？原因是船长的经验最丰富，亦即船长的信息费用最低。

第三章　产权及其交易的逻辑及规律

3.1　产权概念

3.1.1　产权是一组权利

产权，可以简单地说是财产权利，但实际上却没有那么简单。阿尔钦认为"产权是一个社会所强制实施的选择一种经济品的使用的权利"。这个定义被写进《新帕尔格雷夫经济学大辞典》中，被认为是比较经典的，然而它并不能解答人们关于产权的所有疑问。在这个定义中，"社会所强制实施"不难理解，"经济品"的含义也不难理解，然而，"权利"是什么意思呢？很多经济学文献已经把产权的定义简化为"产权是关于财产的一组权利，这组权利可以做无穷的划分"①。也就是说，疑问已经转到了"权利"这个词身上，而这个词的含义和定义，也是相当的混乱，以至于《牛津法律便览》的"权利"词条直截了当地把权利说成"一个严重使用不当和使用过度的词汇"。关于权利，贝克（Lawrence C. Becker）在《财产权》一书里的阐述是比较经典的，他认为，权利的存在，就是下述事物状态的存在。甲（权利人）对乙（义务人）的作为或不作为有要求，如果该要求被行使或有效力，而且前述的作为或不作为没被履行，那么，在其他条件等同的情形下，用强制手段实现此种履行或以赔偿（或补偿）代替此种履行的做法就是正当的。

了解权利的要素（五个要素）也是对理解权利的概念很有帮助。权利的第

---

① 蓝虹. 环境产权经济学［M］. 北京：中国人民大学出版社. 2005：3.

一个要素是利益，这很好理解。第二个要素是主张。一种利益若无人提出对它的主张或要求，就不可能成为权利。第三个要素是资格。提出利益主张要有所凭据，即要有资格提出要求。第四个要素是力量，一种利益、主张、资格必须具有力量才能成为权利。第五个要素是自由。指权利主体可以按个人意志去行使或放弃该项权利，不受外来的干预或胁迫。如果某人被强迫去主张或放弃某种利益、要求，那么就不是享有权利，而是履行义务。

归结起来，如下几点需要重点阐述。

第一，只有稀缺资源才有所谓的产权一说，因为对于非稀缺的资源，取之不尽用之不竭，没有竞争，谁都可以拿，没有必要划分权利的归属，从而也就没有产权问题。比如，古代几乎没有环境资源产权一说，原因就在于，自然是有一定的自净化能力的，因此，环境资源在古代仍然是非稀缺资源。

第二，产权是一组权利，这组权利可能受各种法律法规、文化、风俗习惯以及其他约束条件的影响。比如，在一个战火纷飞的地方，一个对一个房屋拥有的产权，与在一个和平的环境里对一个房屋所拥有的产权，显然是有很大的差异的，尽管其他所有法律、文化、风俗习惯都一样。也就是说，这个"其他约束条件"其实可以是任何其他东西。

第三，由于这组权利可能受到各种约束条件的影响，所以，某一个权利能否可实施、权利的利益（第一要素）以及其他四个要素能否实现，也会存在某种模糊的区域，这种模糊的区域越小，产权就越清晰。反之，产权就越模糊。有人认为"与其把产权看作对物品的有条件的拥有，不如把产权看作一定范围内的与物品相关的行为选择权。这样一来，'约束条件'的概念对理解产权就不是必需的了①。"但是，"一定范围内"其实也是一种约束条件，所以，理解产权，我们无法绕开约束条件。换言之，"某物品的产权属于谁"这样的描述，从严格意义上是没有意义的，有意义的描述是：在某某条件下某某人对某某物品拥有某某权利。

阐述清楚权利的含义之后，关于产权问题，就转入了这样的层面：那组权利，究竟是些什么？尽管有各种各样的说法和名词，比如，所有权、占有权、支配权、使用权、收益权、处置权等等，但是，我赞同如下的看法：产权概念中所指的那组权利，可以归结为使用权、收益权、转让权三类。

---

① 好搜百科中"产权"词条的"法律定义"一栏。

3.1.2 使用权是基础

产权中的一个最基础的权利是使用权。所有权是法律词汇，在经济学里，它必须要其他权利体现，否则所有权毫无意义。占有权也是一样，是法律词汇，指对物品的实际控制权。比如，在路上捡到一个手机，从法律上说这个手机不是我的，我没有所有权，但有了占有权；如果手机有开机密码，不知道密码，就没有办法使用，等于没有使用权；但他还有转让权和相应的收益权，占有权还是有意义的。但如果仅仅有占有权，没有其他的权利，那么这个占有权对他自己而言也是毫无意义的。可见，占有权也与所有权一样，是需要有其他权利的支撑才有意义。支配权也有所有权和占有权类似的性质。但使用权就不一样，它是可以独立存在而无须其他权利的支撑的。

使用权是其他权利的基础。使用权来源于阿尔钦的产权定义中的"经济品"，或者是常说的稀缺品，又或是张五常所说的缺乏（scarcity）一个物品成为不足够的，其基础一定是此物是有用的，否则根本没有人对其有需求。物品有用是前提，用与不用的权利在我，就说我拥有了此物品的使用权。

使用权可以有很多表述，比如经营权就是一种。经营权出现在企业活动中。1980 年开始的国有企业改革，出现了一个提法，即国有企业的经营权与所有权分离，所有权仍然归国家，经营权却给了企业经营者。经营者通常就是指企业的厂长经理，股份公司的经营权归董事会和各级部门的厂长经理。本质上，企业经营过程就是企业各种资产的使用过程，因此企业经营权就是企业各种资源的使用权。

3.1.3 收益权可能被限制

收益权也是可以独立存在的一种权利，换言之，对于一个资产的众多权利中，除了收益权之外我可以什么权利也没有。比如田底权就是一种收益权而已，地主如果只拥有田底权，那就是说，他只有收取租金的权利。除此之外，这块土地的其他权利都与他无关，关于田底权方面，我们在第三章第一节中再做详细分析。

那么，什么是产权中的收益权呢？通常的说法，收益权是指该稀缺资源所带来的收入的享受权。在这个里，涉及了"收入"这个词的含义了。那么，什么是收入？最著名的答案是费雪的"收入是一连串事件"，周其仁教授曾把这句话作为一本专著的书名，大牌经济学家把收入作为研究对象，无非是说明了收入这个概念的重要和复杂。在日常生活中，没有人不知道什么叫收入的，但很多人其实没有注意到，收入其实是有很多形态的。比如，你帮一个亲戚或朋友免费办了一件事，你的收入似乎是零，但其实你是收获了"人情"，这个"人情"，在经济学里应该也是一种收入。但由于日常生活或会计中收获"人情"是不算收入的，因此，我认为，收益权应该定义为"收益的享受权"为好。收益可以是各种形态。获取了收益，本质上就是某种目标的实现。如果以货币为目标，则收益就是获取货币；如果人情是目标，则收益是人情；如果上大学是目标，则收益是上大学；如果目标是健康，则收益是健康。可见，收益权可以理解为达到目标的所获得的一种享受的权利。

收益权通常不会向某些法律条文所说的那样清晰，而是常常会受到一系列约束条件的限制。最经典的案例是张五常在其《佃农理论》里所提出的一个案例，即台湾地区在 1950 年规定地主出租土地，分成比例不能高于 37.5%。这是什么含义呢？粗略地，我们可以把事情看作地主和佃户合作生产农产品。地主出土地，佃农出劳力，那么，如果假设一块土地的产出是 10000 斤粮食，那么，地主分多少、佃农分多少呢？这就是分成率。显然，分成率其实取决于劳力的市场价格和土地的市场价格。如果劳力的市场价格是 2000 斤粮食，即佃农去别的地方劳动一年所获得的收益是 2000 斤粮食——这是劳动者之间竞争的结果，那么，他与地主合作耕地一年所获得的收益就不能少于 2000 斤粮食——这其实是佃农耕作这块土地的成本；另一方面，地主之间也要竞争，如果假设地主之间竞争的结果是土地的价格为 3000 斤粮食——这也是地主使用这块地的成本，那是说，地主从这块土地获得的租金不能少于 3000 斤粮食，否则他会租给别人或自己耕种。假设双方讨价还价的结果是佃农获得 2500 斤，地主获得 7500 斤，那是说，分成比率是 75%。同时，也是说，如果没有台湾当局那条 37.5% 的土地改革政策的约束，地主的收益是 7500 斤粮食，而现在只能获得 3750 斤粮食。那就是说，地主所拥有的土地的收益权其实已经不完整了。这个案例的含义是说，1950 年，台湾地区的土地产权中的收益权虽然名义上是属于地主的，但其实已经大打折扣了。

那么，当年台湾当局为什么对地主的收益权做那样的限制呢？这涉及界定产权的目的问题，我们将在后面再详细展开阐述。

3.1.4 转让权最重要

一组权利里，哪一种权利可由拥有者自由转让，这就是转让权的含义。一个经典的例子就是"房改房"。这种房子大约在20世纪90年代由职工所在单位按照房改政策出售给本单位职工，房改政策规定买了这类房子的职工拥有该房子的使用权、出租权、继承权、收益权，但规定不能自由出售，只可原价卖给原来的单位或者当地政府的房改管理部门。那就是说，这种房子的转让权受到了房改政策的限制，即转让权并不完整地归房屋所有者。西方国家其实也有类似的限制转让权例子，比如美国的私人企业的股份在出售给外国投资者时并不是完全自由的，会受到美国外国投资委员会（CFIUS）的审查。对上市公司的种种并购也会受到证券法规的若干限制。

转让权被认为是产权的权利束里最需要重点阐述的权利，一是因为使用权、收益权等权利是比较明显的，不容易被误解或者忽视；二是因为权利的可转让性对资产的增值和有效利用是至关重要的。

经济学的逻辑基础是人追求自身利益最大化，从此基础出发，倘若是自由交易，则每一次交易一定是交易的各方都获得了好处，如果可转让性被取消，这种好处也就没有了。资产的价值本质上是人们对资产未来收益流折现值的估计值，估值的一般公式如下：

$$P = \sum_{t=1}^{n} \frac{A_t}{(1+i)^t}$$

其中，P为资产或权利的估值，n为资产或权利的寿命期，A_t为投资者（估值者）估计的资产或权利在第t期所带来的收益——即预期收益，预期收益越大，估值P越大；i为投资者要求的投资收益率，i＝无风险收益率+风险补偿率，即i的大小取决于投资者（估值者）对这该资产或权利的风险评估，或者说，是取决于投资者（估值者）对收益流A_t的确定性的评价。风险越大，投资者要求的风险补偿率就越高，从而估值P就越低。

可见，资产（即权利，以下同）的增值大小，取决于人们对该资产的未来收益的看法。看法不同才导致交易的产生。交易不是资产增值的必要条件，但却是一个充分条件，即交易必然导致资产增值——资产从低估值者转移到高估值者手中。

交易的另一个重要的作用是增强资产使用上的效率，即资产的有效利用获得增强。这个论断的逻辑是这样的：一个人如果发现手中的某资产的利用效率很低，不能给自己产生足够的收益流，那么，他就会卖出该资产，而接手的人如果发现也不能够有效利用它，那么他又会再次卖出，直至该资产转移到最善于利用它的人手里，给此人产生足够的收益流，这种转让才会停止。

以上所阐述的转让权的价值，在中国深沪两市的上市公司里最能体现出来。上海证券交易所和深圳证券交易所，是得到国家证券管理部门保护的两所交易所，具有垄断地位，只有很少的股份公司（上市公司）的股票能够在这两所交易所挂牌交易，取得上市交易权的公司，其股份的可转让性就大大提高，股价通常也会因此而提高若干倍数。而且，按照相关法规，这两所交易所的上市公司资格是不太容易被取消的。这样一来，上市公司资格就成为一个很有价值的壳，很多上市公司亏损累累，但股价照样很高，正是因为这个壳的价值所致①。

3.2　三种产权状态的初步解释

3.2.1　无主物

以地球上的资源而言，空气、公海里的各种物品、雨水、污水、无用的垃圾等，都属于无主物，它们的各种主要权利（使用权、收益权、转让权）没有主人，谁想要就要。存在无主物的原因有三个，一是该物品没有用处，没有人去争夺它，比如污水；二是虽然有用，但数不胜数，不稀缺，从而也没有人去争夺它们，大自然就处于无主状态，比如空气；三是划分与该物品有关的各种权利的归属所花费的成本高于因此所获得的收益，自私的人们便不会去划分权利的归属，从而它们也就属于无主的状态。比如深海里的鱼。深海里的鱼有用，但你去深海里捕鱼，没有人干涉，这个事实的含义就是深海里的鱼是无主状态。当然，事实上我们知道并非深海里所有的鱼都可以随意捕杀而没有人干涉，比如鲸鱼就不能随意捕杀，否则一些组织就会出来干涉。日本是一个拥有四百多年捕鲸、吃鲸历史的国家，也是世界上最大的捕鲸国。据日本捕鲸协会的说法，传说日本人5000年前就捕杀游到岸边的鲸，供人食用。而到了江户时代，鲸肉成为江户、大阪等地人们喜欢的料理。战后，日本粮食供应困难，大量捕鲸帮

①　柯昌文. 我国上市公司壳资源价值测算：以德棉股份为例［J］. 财会月刊，2010（32）.

助日本解决饥饿问题。如今，日本早已过了当初食物短缺的年代，但日本人却还在维持着吃鲸的传统。据西方环保组织估计，每年有 2000 吨鲸肉在日本市场上流通。自 1986 年国际《禁止捕鲸公约》生效以来，日本宣布放弃商业捕鲸。但自 1987 年开始，日本又打着"科学研究"的旗号，绕过国际法则，重新将捕鲸船开向大海。到今年为止，日本连续 21 年展开"科学研究"捕鲸行动。这样，《禁止捕鲸公约》生效后，深海里的鲸鱼就不是严格意义上的无主物了，而是成了一定意义上具有公有产权性质的物品。可以这么说，现实社会里很难看到一种稀缺资源处于无主状态，而处于公有状态和私有状态则比较多，因此我们研究的重点应该尽快转到那两个领域去。关于公有产权的含义，以及为什么一无主的物品成为公有物品但又不成为私有物品？这是一个有趣而且与我们的研究目的有关的问题，让我们在随后的两节里讨论这两个问题。

3.2.2　公有产权

（1）公有产权的根源

公有产权是指财产的权利界定给一定社会范围内（比如一国或一市县）的公众行使，即这个范围内的任何人，依照某种公约可以行使对某物品的某种权利，但在行使对该物品的某项选择权利时，并不排斥他人对该资源行使同样的权利，同时，这个范围之外的人却被排除在行使这个物品的某项权利之外。

很多物品的产权处于公有的状态，比如城市的街道，公园。城市的空气、城市的上空、河流、原始森林、国有企业的产权等也处于某种程度的公有状态。

①对街道的分析。一般来说，谁都可以在城市的街道上行走，不会有人来干涉，但如果你在上面建房子，那会遭到别人的阻止，阻止者不会是代表他自己，而是代表政府——他通常是政府的某个机构的工作人员，这就是街道的产权属于公有的含义，政府工作人员代表某一范围的公众行使产权所有者保护产权。有几个问题需要讨论。

首先，街道是怎样形成的？这个问题可能涉及几个词语和问题，一是道（路），二是街，三是道路与街道的区别，四是街道是不是由道路演变而来的，其中间是否还有什么形态？五是街道又演化成什么了？政府在街道的形成过程中起什么作用？道路和街道的产权归属性质有何区别，等等。

道路的形成有两种方式，一是人工的，而是非人工的。原始的道路是人践踏而成的，属于自然形成，可列为非人工范畴，非人工范畴的道路，没有产权归属问题，属于无主状态；商朝时人们已经懂得人工筑路，周朝时道路的规模和水平已经有了很大的发展。虽然说非定居生活也能形成道路，但道路的形成主要还是与人类的定居生活有较大关系，古代游牧民族活动区的道路较少，而农耕民族定居区的道路就比较密集得多。在众多的古代道路中，其产权归属情况如何？我们注意到，有一种道路叫做"官道"，官道的产权归属是公有的，或者说是属于官府的，如果有人侵占了官道，官府会出来干涉。而非官道，又可以分为三种情况：一是建立于私人土地之上的，那种道路，其产权无疑属于私有性质；二是建立于公有土地之上，其产权性质显然属于公有性质；三是建立于无主土地之上，这种道路，虽然周围的土地无人理睬，但道路本身一旦被占用，影响了众人的通行便利，就有人出来干涉，如果这种类型的干涉被众人接受和支持，这种无主土地之上的道路，就可以理解为属于一种公有的状态，产权实际上属于公有的状态。

那么，究竟是道路影响定居点，还是定居点影响道路呢？答案是互相影响。有研究表明，很多古村落在交通要道旁形成①，但没有定居点又何来的交通要道？因此，我们认为可能出现这样一个相互影响的过程：定居点的形成可能最先出现在一个个靠近水源地或者依山傍水之地，或者某片较为平坦而易于建筑房屋之地，各个定居点之间的商品交易导致的来往，会形成道路和交通要道，然后一些人开始迁移到交通要道定居，逐渐形成更大的村落，最后形成城镇。

道路的形成与街道的形成之间，还有一个中间阶段，那就是"坊"。"坊市制至隋唐长安城达到鼎盛，并体现为坊市分离、严格的夜禁和启闭市门、严密的市场管理等制度"②，也就是说，那个时候，城市被分成道路、坊、市三种空间，道路用于通行，坊用于居住，市则为交易的场所，严格分离。显然，那个时候没有街道。

从唐的坊市制逐渐演变，直至明清，市、坊和道路三者才逐渐融合，演化成为街道。由此得到街道的定义：通行、居住和交易三者合一、分工明确的场所。街道被划分为三部分，一是道路两边作为居住的房屋；二是交易，交易的

---

① 程旭兰，孙玉光. 宁波古村落形成因素探讨 [J]. 宁波大学学报（人文科学版），2011，24（06）：83-87.

② 刘佳燕，邓翔宇. 权力、社会与生活空间——中国城市街道的演变和形成机制 [J]. 城市规划，2012，36（11）：78-82+90.

场所在大多情形下只能位于房屋内；三是通行，路面用于通行，其范围被标记得较为清楚或者不仅由法律法规所规定，而且很多情况下是文化、通俗习惯等所规定，这是因为，街道的形成，可能依赖于个体对于谋生地点的理性选择，并受到自然条件、市场力量及文化因素的影响①。

街道一旦形成，道路的路面通常就处于公有的产权状态，难以长久地侵犯，但还是可以短暂地侵犯的。比如，晚上车辆和行人通行比较少的时候，街道两旁的商户或居民，有时候会把自家的凳子椅子搬到街道上，进行乘凉、聊天或者做些临时的小生意；流动的小贩也会占住街道的一块小地方做短暂的买卖，在早上上班高峰之前，菜贩子们和卖菜的人们还常常占据街道的路面进行交易活动。这时候，街道的产权会处于一种短暂的无主状态。而一旦接近上班时间，如果菜贩子们尚未离去，总会有政府官员或他们雇佣的临时工出面把菜贩子们驱散，收回街道的产权。

把街道划分为三个部分，即道路、两旁供居住的房屋和房屋中的店铺之后，再通过上面一段分析，实际上我们发现，街道产权并非处于完全公有的状态，而是多种状态——多种常态和多种短时状态。道路产权的常态是公有的，在某些时段是无主的。道路两旁的房屋，一般情况下是私有的，但也有少数情况或地方的房屋是公有的甚至是无主的；一般情况下，建筑的高度有限制，也不可排放出让邻居感到危险的气体或噪声，也就是说，街道上方的空间，其产权从常态上属于公有性质；短时情况下，比如大白天，在大街上发出巨大噪声使得居民难受，可能通常不会有人出来干涉，此时的街道上方空间就处于一种无主的产权状态。

街道两旁的房屋的产权大多数是私有，原因是产权的私有导致房屋利用的效率较高，但为什么私有的产权安排会获得较高的效率，这要到下一节才阐述。

街道中的道路是公有，原因是什么呢？首先考虑如果是无主，会产生什么结果。显然，如果街道中的道路是无主的，则街道两旁的房屋会逐渐向道路中间扩展，起初可能有一个店铺的主人觉得自己稍微把店面往外面扩展一点点，不至于影响街道的通行，也不至于影响整条街道的生意，而自己获得的使用面积因此却增加了少许，收益也可能增加少许。这种动因一旦得逞，别的铺面也会效仿，结果必然是道路越来越窄，最终变得很窄而影响到整条街道的生意。

---

① 王刚. 街道的形成——1861 年以前汉口街道历史性考察 [J]. 新建筑，2010（04）：122-128.

当人们发现自己的生意受到影响、收益变小的时候，总会有人行动起来反对这种行为。当采取这种行动的人的力量足够强大的时候，侵吞道路的行为可能就被阻止，相应的措施也会出现并被有效执行，自家房屋向外扩展侵占道路的行为一旦停止，这个时候，道路的产权就成为公有的了，而这些措施，实际上就是乡规民约，最终可能演变成为政府的法律法规。

那么，可能有人会问，街道的产权为什么不会演变成为私人所有呢？这是一个有趣的问题，这个问题与本课题中一些问题有明显的相似性，比如河流的产权、大气产权为何是公有的，答案显然可能与街道的不可分性有关，一条街道不可能被分成一小截一小截的。但这种回答并不令我们满意，我们进一步问，为什么不能整条街道都是一个人所有呢？这个问题的答案可能与信息费用有关，而关于信息费用的定义，要到下一节才提出，因此，这个问题就先暂时放在这儿。

②公园。公园其实是一个产权归政府所有的大花园，产权归政府所有，其实就是归这个政府多代表的公众所拥有，本质上是属于公有产权。事实上，有很多的花园是属于私有的。因此，我们感兴趣的问题是，为什么一些地方出现产权属于公有的大"花园"？这也是与我们的课题密切相关的一个问题。同样，在阐述信息费用之前，我们难以回答这个问题。

③城市的空气。我们赖以生存的空气是很有用的。在古代或现在的偏远乡村，空气仍然不是稀缺物品，于是也不存在空气的产权问题。但在我们居住的城市里，空气正在变成稀缺资源——清洁的空气已经越来越少。但空气是流动的，我们很难把它划分为归谁所有，也就是说，空气只能处于公有的状态。但完全处于公有的状态时其实就是无主的，会产生所谓的"公地悲剧"，也就是说，公地悲剧其实是无主的悲剧。公地悲剧是英国加勒特·哈丁教授（Garrett Hardin）在"The Tragedy of the Commons"一文（1968）中首先提出的一个理论模型。但如何理解公地悲剧的成因以及如何避免公地悲剧，则存在分歧。张五常这样分析："让我们继续假设每个捕鱼者的时间薪酬与技能相同。多一个捕鱼者看着自己的边际产值参与捕鱼，其他每个捕鱼者的边际产值曲线会向左下移动少许，所以每个都会减少一点捕鱼的时间。但只要边际产值曲线有一部分是高于时间薪酬的，其它相同的捕鱼者就会参与。继续多人的参与，会使每人的边际产值曲线继续向左下移动，每人的捕鱼时间会继续减少。均衡点是近于无数的人参与捕鱼，每人的捕鱼时间微不足道，而大湖的捕鱼租值就下降至近于

零。"虽然我们认为张五常的解释比传统的解释要好——更有利于推出可验证含义，但是，我们对张五常教授的上述结论中关于"均衡点是近于无数的人参与捕鱼，每人的捕鱼时间微不足道"有疑问，不知道是如何推出"无数人"的。因为我经常看到附近的一条很狭窄的村道，近乎"公地"，通过的车辆如果太多就会造成堵车，那是每人获得的边际收益等于甚至低于边际成本的意思了，但车辆不会达到"近于无数"的程度。按照张五常的解释，现实的这种情况之所以与理论推测的结论不一致，是"因为真实世界的人各个不同，时间成本与技能都不一样，有讯息费用的存在，而微不足道的参与任何生产，因为不方便而使边际成本大增"，但张五常教授没有做进一步的解释加入有讯息费用和成本各各不同之后如何推导出与真实世界相同的结果。由于张五常认为他的解释与古诺均衡模型如出一辙，因此，我们查阅了平新乔教授的《微观经济学十八讲》有关"存在 n 个企业条件下的古诺模型"的一个推导①，但我们发现那只是一个例子，在那个例子里，只有 N 个企业参与博弈，每个博弈参与者有如同形式的成本函数：

$$p = a \mid b\left(\sum_{j=1}^{N} q_j\right), \ a > 0, \ b > 0 \text{ 并且 } a > c。$$

上述成本函数表明博弈中的每人的边际成本相同，都是 c，需求函数也是一个对总产量的一个简单的线性减函数：

$$p = a \mid b\left(\sum_{j=1}^{N} q_j\right)$$

在上述这些条件下，作者推导出来的结论是"当企业个数接近无穷多时，价格会接近边际成本"。推导过程没有出现张五常所说的讯息费用，在本研究报告里，我们称之为"信息费用"。也就是说，我们仍然存在两个疑问：一是博弈参与者的边际成本不一样时会得到什么结果，二是加入信息费用后会得出什么结果，这是本研究报告试图解决的问题。

④城市的上空。在自家的土地上建楼房，如果楼房建得太高，就容易引起与邻居的纠纷，原因就在于对土地的上空，即土地上方的空间的产权产生了纠纷。也就是说，实际上土地上方的空间，在一定范围内必定是土地产权的一部分，因为如果土地上方的任何空间都是别人的，则该土地也就失去了使用价值。在古代，由于房屋高度有限，人们也没有能力到别人的土地上方去做什么，因

---

① 平新乔. 微观经济学十八讲 [M]. 北京：北京大学出版社，2001：171-173.

此，土地上方的空间自然归属土地产权的所有者，这一点在当时属于不言自明的道理。但随着科学技术的发展，房子可以建得很高，以至于房屋的阴影会挡住别的土地上的人们，导致"采光权"的纠纷。"采光权"的纠纷本质上是对空间的产权纠纷。事实上，城市里的房屋建筑高度是有法律限制的，这表明，城市的上空，即空间，在土地的某一高度以上，被界定为公有。但奇怪的是，法律并没有给出一个明确的、统一的高度标准，而是因建筑而异，模糊不清，有的国家或者地区甚至允许邻居之间协商解决，这一点显然与街道不一样。这是一种有趣的产权安排，我们将在随后专门讨论这个问题。

⑤河流。中国流域面积在 100 平方千米及以上的河流有 2.29 万条，比 20 世纪 90 年代的统计减少了 2.8 万条。自古以来，河流一般都是无主的或者公有的，但最近也开始出现河流"私有化"的报道。据国际新闻社报道，马来西亚政府将把雪兰莪河（the Selangor river）、冷岳河（the Langat river）以及巴生河（the Klang river）分别交由三家公司管理，理由是这三条河流遭受污染，清理支出过于庞大。根据一份为期 30 年的特许协议，各公司将确保河水清洁，修复因采沙而受损的堤岸，同时还要加深河道以防止洪灾。作为回报，公司有权在所管辖的河流中挖沙，开展"控制发展项目"来创收，可以组织生态旅游以及其他娱乐项目。这显然只是一定程度的私有化，或者说把河流的某段时间的"挖沙权"和"组织生态旅游权"出售给了私人公司。河流的不可分性仍然导致河流的产权难以像一般物品那样可以私有化。河流的产权被划分成各种各样的权利，其中，"挖沙权"和"组织生态旅游权"出售给了私人公司，而河流的其他权利，如向河流排放废水和废弃物的权利，则仍然置于公有产权的领域之内。之所以如此，原因还是与信息费用有关。

⑥原始森林。原始森林在很大程度上与河流类似，它通常面积很大，跨度很广，导致保护产权的难度很高，根本原因还是信息费用问题，所以只好作为公有产权加以管理。较小面积的林地，则早已被私人所瓜分。

⑦国有企业。政府控股的企业通常称为国有企业，其产权处于公有领域，即产权归政府所对应的那个地区的人们所共同拥有。很多国家都有国有企业。在世界第一经济体美国，国有企业占 GDP 大约 5%，国有企业只允许从事私人无法做、做不好或无利可图的行业，如邮政、公共交通、自来水、污水处理及环保、博物馆、公园森林、航空管制、部分跨州电力水利及公路铁路、部分港口、部分军事工业、航天、老人穷人及退伍军人养老和医疗保险。但是在世界

第二大经济体中国（大陆），国有企业所占的比重比较大。从世界范围上看，主流的做法是"私人无法做、做不好或无利可图的行业"才是国有企业存在的领域，但这个说法仍然是模糊不清的。因为这个说法是按照结果或者能力来判断，而影响结果的因素很多，按照能力来决定是否该由国有企业来做，也是模糊不清的，因为国有企业的能力和私有企业的能力究竟有什么区别是说不清的。换言之，为什么有一些企业的产权处于公有领域，这是一个有待研究的问题，也是属于本研究报告要回答的问题之一，对这个问题的回答有助于解决本课题的核心问题。

（2）公有产权的实现方式

对于前面列举的街道等公有产权性质的资源，其有关的权利划分方法有两种，其一是以人的等级排列划分，其二是以管制法例划分。权利的划分还有第三种方式，即以资产划分，那是私有产权制度。

①以人的等级排列划分。在街道上，偶尔会有以人的等级排列划分权利的事情，比如领导人或外国贵宾车队出行时，警车开道，其他普通百姓的车就得让道，这算是按人的等级划分街道使用权的一个例子。

②以管制法例划分。在公有产权里，比较普遍的权利划分方法是以法例管制划分权利。比如，街道上划分为快车道、慢车道、人行道，以交通法规的形式规定谁可以使用哪种道路，公园、空气，城市的上空，河流、原始森林、国有企业等等，都有无数的法律法规来规定人们可以做什么不可以做什么。以财政资金与私人资金在科研项目上的使用为例，财政资助的项目，都列有一些监督资金使用的条款。比如规定所资助的资金可以用来买打印纸，但不可以买眼镜，可以买矿泉水，但不可以买牛奶，除外调研，可以乘坐什么交通工具，如此等等，注重过程，不看或者看淡结果；而私人资助的项目，大多只重视结果而看淡过程，你只要完成了任务，就可以领钱，至于钱怎样花，资助者大多不管。为什么在国有企业、财政资助的单位里，管制的法例很多，而在私人单位里这种法例相对较少，也与信息费用有关，下一节我们才展开分析。

③公有产权中的部分私有化。前面谈到的关于街道、公园、空气、城市的上空、河流、森林、国有企业等涉及公有产权的问题，虽然我们要等到把信息费用这个概念阐述之后才能解释为什么它们处于公有的领域，但通过前面的分析，我们已经发现它们有一个共同的特点，即人们都尽可能地想方设法从这些物品派生出一些权利，然后把这些权利私有化。比如，在街道上设立停车位，

然后出租、收费，这其实是把街道的一部分区域的某一时段的某种使用权（具体而言仅仅是停车权）转让给了私人，甚至有的地区在这之前把一条街道的所有停车位包给了某人，然后此人又把一个个的停车位转租给停车者。另外，还有的地方政府把街道旁边的广告牌位置出租给了广告商。政府拍卖出租车牌照，其本质就是对街道超量通行权的一种出售。公园里也有一些区域是承包给了私人经营。就算是空气、河流等，也出现了排污权（TEP）出售给私人这种形式的私有化，对于海洋渔业，也出现了个体可转让配额（ITQ）、可转让的放牧权等具有把公有资源私有化性质的政策工具。人们在公有领域的资源也不断进行私有化的尝试说明，私人产权可能在某种情形下对人们是有利的。以政府拍卖出租车牌照为例，政府不知道街道超量通行到何种程度最为合适，这是由于信息费用作怪的缘故。由于弄清楚牌照发放多少为合适这一信息所花费的信息费用高不可攀，政府只好采用拍卖出租车牌照的方式，只看着出租车牌照拍卖价格，价格高说明牌照少了，价格低说明牌照多了，免除了那巨大的信息费用。

3.2.3　私有产权

私有产权是目前我们这个世界最常见的产权形式，比上一节所阐述的公有产权要多得多。

（1）私有产权的定义

私有产权是指财产权利完全界定给个人行使，即个人完全拥有对经济物品多种用途进行选择的排他性权利，即完全受个人意志的支配。张五常给出的定义似乎更为直截了当，他认为："我提出的、为经济学而用的私有产权的定义，是由三种权利组合的：私人使用权；私人收入享受权；自由转让权。因为任何产权制度都有几种权利的组合，产权是一个结构。"巴泽尔的定义似乎与张五常相同，他写道："个人对资产的产权由消费这些资产，从这些资产中的取得收入和让渡这些资产的权利或权力构成①。"

上述定义是影响力比较大的定义，但有两点值得商榷：第一，把权利归结为使用权、收益权、转让权三种，似乎过于粗糙，不能包括所有的权利。比如，我把我的书架拆了，用木料改做成一把椅子，这可以归结为使用权——使用书架做成椅子，但如果我仅仅把它拆了，这该归结为行使什么权利呢？又比如，

---

① 巴泽尔. 产权的经济分析［M］. 上海：上海人民出版社，1997：2.

我买手机时，合同上有一条款说，整机保修一年，意思是说，一年内我有权利要求你修理我的手机，这个权利属于上述三种权利中的哪一种？似乎都不属于。第二，强调"资产"或"财产"，似乎没必要。比如，我国税法规定，公民消费有权索要发票，有时候我们声明要发票时，店家说开发票要贵一些，不开发票要便宜一些，这差价其实是我们放弃索要发票的补偿，是"索要发票权"的交易价格，我们放弃索要发票，其实是把该权利让渡给店家。能卖的权利（索要发票权），当然是私有产权，但这个权利属于什么资产的？显然都不是，那是我们刚购买的那些资产和服务，不是某个资产的。

综上所述，笔者认为，私有产权的定义里，没有必要强调"资产"，产权就是一组权利，私有产权就是一组属于个人的权利。

（2）私有产权所包含的主要内容

私有产权是一组权利，这些权利可以分得很细，也可以有不同的分法，下面只对主要的、常见的一些权利做重点的阐述。

①排他性的私人使用权。这是最基础的一种权利，它是收益权和转让权等其他权利的基础，没有它，其他权利毫无意义。不过，有必要对它的含义有一个全面的认识。

首先是"有用"。如果用"效用"这个经济学常用的词汇来描述，那就是，如果一个物品的投入，能够使得你的效用增加，则这个物品对你而言是有用的，用数学语言表述就是：$u(x_1, x_2, \cdots)$ 是你的效用函数，其中，x_1 为某物品 1 的投入量，x_2，……为其他物品的投入，如果 $\frac{\partial u}{\partial x_1} > 0$ 那么就说物品 1 对你来说是有用的。进一步地，物品是有维度的，比如，手表是一个物品，但手表用看时间、显示身份、美观等维度。所以，效用函数应该写成各种物品的各种维度的函数，即 $u(x_{11}, x_{12}, x_{13}, \cdots x_{1k}, x_{21}, x_{22}, \cdots, x_{2j}, \cdots)$。当然，我们也可以不用效用函数和数学语言来描述何为"有用"，我们可以用"目标"这个通俗的语言来描述：你认为对你的目标的实现有所帮助的物品，对你而言就是有用的，注意，有用是一个主观的感觉，你觉得有用就行，是否真的有用是不重要的。

其次，用与不用在你，别人不能干涉。

其三，要有排他性，即没有你的允许，别人也不能用。

某物品的某一维度满足上述三点，那么，我们就可以认为，这个物品的某一维度的使用权就是属于你的，如果这一物品的主要维度属于你，我们大体上可以认为该物品使用权属于你。事实上，几乎不可能一个物品的所有维度上的使用权都属于一个人，总有一些维度处于无主或者公有的状态。按照这个定义，我们发现所有权属于张三的东西，其实常常与使用权已经变成了李四的了，比如，学校的所有权是张三的，学校里我办公室里的家具当然也是属于张三所有的，但使用权却归我，为我所独占，具有排他性，具有了排他性的私人使用权。所以说，所有权不重要。如果以下其他两类重要的权利都私有化了，那么，即使所有权是公有的，我们也认为该物品其实是私有的。

　　②排他性的收益享受权。物品的使用中的"有用"性质保证了使用它是有可能产生一种收益——即对实现个人的目标有帮助的某种效果，或者效用的增加，但这种效果的享受是不是归个人排他性的拥有，是区分该权利是否属于私有的另一个标志。比如，你买来一个热气腾腾的面包，使用权归你，收益享受权大体上也非你莫属，具有排他性了，可能有些香味传到旁人哪里，使得别人免费地享受了一些微小的收益，但总体上还是你享受了主要的收益，我们这个时候说，面包的收益享受权归你个人了。另一个相反的例子是，你租来了一头母牛，合同说你有用这头母牛耕种土地的权利，但如果母牛产下牛犊，牛犊不归你所有，而是归母牛的出租者所有，那就是说，你只拥有母牛的部分收益（耕种土地所产生的收益）的享受权，而没有另外一个主要的收益（牛犊）的享受权。总之，收益是多维度的，收益的享受权也是多维度的。

　　③排他性的转让权。在上一节里我们已经指出转让权的重要性，这里只是加上"排他性"几个字，也就是说，转让与否的权利在个人，由某个人决定，就说转让权是私有的了。如果不是个人决定，而是一群人决定，则说转让权是公有的，当然，有决定权的人数越多，公有的性质就越重。比如，如果是夫妻共有，则公有的性质就很淡，近似于私有了。事实上，公有与私有之分是一个很粗糙的划分，是属于即非此即彼的划分，在数学上是一个只有 0 和 1 两个值的一个映射。更准确的划分应该是一个连续函数型的划分，我们引入"协商费用"概念之后，用协商费用的大小来代替公有和私有，就相当于用连续函数代替了只有 0 和 1 两个值的简单函数了。换言之，公有还是私有其实不重要，重要的是协商费用的大小，或者说，我们要把精力放在一个个的具体维度的权利安排上，不要去纠结物品整体是私有的性质还是公有的性质。

　　④直接权利与衍生权利。直接权利就是稀缺资源直接相关的权利，如上面所说的使用权，转让权，收益权等，衍生权利就是指直接权利所衍生出来的权

利。"衍生"这个词多见于金融领域，比如衍生金融工具，一般表现为两个主体之间的一个协议，其价格由其他基础产品的价格决定。典型的衍生品包括远期，期货、期权和互换等。以期货为例，其全称是"一份多头（或空头）期货合约"，这份合约的主要内容如果是说"此合约持有人有权利在未来某日在某某指定地点以 X 价格买入 1 单位的某某基础货物"，则说这份期货合约为"一份多头期货合约"，如果"买入"两个字改为"卖出"，则是"一份空头期货合约"。以多头期货合约为例，如果交易者预计某某基础货物的价格会上涨，则这份多头合约就有正的价值。衍生合约上的权利其实是由基础货物衍生出来的。建立于中国特色的"发票制度"之上的购买货物或服务之后的"索取发票权"，也可以看作一种衍生的权利。

（3）私有产权的实现方式

①法律：暴力作为后盾。这是最普遍的方式，对于一些不动产，如土地、房屋等更是如此，暴力机关甚至设立登记机构、裁判机构（法院）、执行机构等来维护私有产权。

②契约。交易双方通过订立契约，明确双方的权利和义务，但契约的执行，有时候还是要利用法律及其背后的暴力机构来维持。当然，在大多数情况下，契约是依赖于诚信来维持，但是诚信的产生来源于竞争的约束，竞争越激烈，诚信的人越多。

③宗族。宗族有时候可以代替政府维持产权和秩序，特别是在古代或者偏僻的乡村，但这种方式只适应与经济关系比较简单的情形，现在已经不是主要的方式。

④风俗习惯或文化。比如，在一些地方，即使你到政府的登记机关登记结婚了，但不宴请亲朋好友，人家就不认为你结婚了，而即使你不登记，只要宴请了，人家也认可你已经结婚，这是风俗习惯或文化的威力，这是因为人的行为最终都是受人的脑子里的想法所影响。

⑤诚信。诚信就是遵守契约和法律，其实维护私有产权的大部分方式是依靠诚信。当然，诚信之所以产生，一方面是因为竞争下的惩罚性威胁，这一点后面专门作为一点阐述，另一方面可能也与教育有关，这也是所有国家重视在小孩的教育中灌输诚信的理念的原因。另外，诚信还与制度有关，坏的制度导致好人变坏人，好的制度导致坏人变好人，说的就是这个道理。

⑥惩罚性威胁。威胁有可置信程度大小之分，并不是所有的威胁都是可置

信的，这与威胁的内容本身有关。比如，父亲威胁读大学的儿子说"学习成绩不及格就扣减 10% 的生活费"，这个威胁与"学习成绩不及格就扣减 100% 的生活费"相比，前者的可置信程度要高得多。另外，可置信程度也与竞争有关，比如，父亲的威胁是"如果……就断绝父子关系"，独子与很多儿子相比，前者的可置信程度要低得多。换言之，一个威胁可置信程度的高低与真正实施该威胁的成本呈正比，成本越低，可置信程度越高，威胁越有效；与不实施该威胁的成本呈反比，成本越高，威胁越有效。

（4）私有产权成为主流的原因

①物品私有，有利于降低信息费用。如果使用者是用的是别人的物品而不是自己的物品，则有滥用的动机，物品主人就需要对物品的使用进行监督，承担监督费用和度量费用。自己决定自己的物品如何使用，肯定是采用自己认为最优的使用方式，无须监督费用和度量费用。自己用自己的物品，用得不好会亏本，亏到一定程度他会卖掉，从而资源就向善用者（搜寻费用低者）集中，从而降低整个社会的搜寻费用。

②竞争中成本低者胜。信息费用是最重要的成本，不尊重私有产权种群成本高，尊重私有产权的种群成本低。因此，不尊重私有产权的种群都在竞争中灭绝了，后面会有关于这一推论的一个计算机仿真实验。

3.3　信息费用视角之下的产权状态

3.3.1　街道的产权为什么是分散的

我们留有一个问题尚未解决，即为什么街道的产权不被一个人独占。街道的产权为什么是分散的：街道的通行权留在了公有领域；街道两旁的店铺的使用权大多是私有的，甚至很多店铺的转让权和收益权也是私有的。之所以这种产权安排得以广泛长期存在，原因就在于信息费用。具体而言，街道通常比较长，拥有比较多的店铺，其所能满足的需求可能是比较多种多样的，如果一个人把一条街道的所有店铺都买下来，然后自己规划设计各种店铺，则会遇到信息费用中的搜寻费用难题，即他很难找到消费者究竟喜欢什么店铺以及店铺里应该卖什么样的商品。这个解释有一个可验证的含义是：如果一个商店很大，商店里的铺面也通常会分包出去（出租），由分包者决定如何经营，这种很大的商店其实就像一条街道上一样。或者说，如果一条街道很短，是有可能整条街道都被某一个人买下来并统一经营的。

3.3.2 为什么出现产权属于公有的公园

公园其实就是一个大花园，只不过是这个大花园不是私人的，而是公有的，通常是当地政府管辖，本质上是属于当地所有人共有的东西。大家花钱搞一个花园，然后共同委托一些人来管理，大家免费或优惠到花园中赏花、游玩，或者呼吸公园中的植物所排放出来的氧气，这就是公园。

经济学教科书中对这个现象的解释是用"外部性理论"，说私人的花园具有正的外部性——比如排放出氧气被别人享受了但无法收到钱，因此私人边际收益曲线低于社会边际收益曲线，而私人的产出的均衡点位于私人边际收益曲线与私人边际成本曲线的交点处，因而均衡点低于从整个社会角度来看的最优产出点，即供给不足。大家出钱建公园，即政府建公园，本质上是为了弥补私人的供给不足。这一经典解释虽然也很有道理，但解释力不强。

一方面，现实生活中到处是外部性。比如，QQ、微信都给了很多人带来了便利，而且它们是免费使用的，搜狐、新浪等网站也很难收费，无疑是有正的外部性，也没看见谁说需要政府来办这些网站和社交工具；很多人在自己家的阳台种花草，很多老板租下一块农田，种上花草蔬菜水果，这些绿色植物显然也产生了正的外部性，但没有政府资助。可见外部性理论解释不了这些有外部性的东西为何不是由政府来提供。

另一方面，现实中有很多由政府提供的东西却没有外部性。比如，古代中国政府就垄断了盐和铁的生产和批发业务，而这两种产品显然没有外部性。现代中国还实行烟草专卖制度，烟草也没什么外部性，是非常普通的一种商品。

可见，外部性既不是政府出手的必要条件，也不是充分条件。可见，仅仅使用外部性这个思路，我们不能解释政府为什么建公园。让我们分几个步骤，逐步逼近问题的答案。

（1）是不允许赚钱，而不是没有能力赚钱。人们需要公园这种能够提供绿色、提供新鲜空气的大型场所，这是前提。如果附近已经天然地拥有这些场所，那么这种人工的公园就没有存在的必要，人们不会花钱去获取它们。获取它们的途径有两种，一种是私人出资兴建，另一种是大家共同出资兴建。外部性理论说，在完全的外部性时，或者说在私人收益等于零时，不会有私人出资兴建；在不完全的外部性时，或者说在私人收益不等于零但私人边际收益曲线低于社会边际收益曲线时，愿意出资兴建的人不足。就公园而言，通常是出现第二种情况，即私人边际收益曲线会低于社会边际收益曲线，简称私人收益不足。但是，我们需要进一步问，私人出资兴建公园，为什么不能收取足够的收益呢？说是因为不完全的外部性，人家会反驳说 QQ 也有不完全的外部性，为何人家 QQ 的老板能够发大财？可见外部性不是私人收益不足的根源。

有一个类似的例子也许更有说服力，很多人去过农家乐，一个老板把一个山头包下来，在上面种植各种植物花草，在山上养鸡、养猪，种菜，建一个小旅馆。游客来度假，有干净舒适的客房，有好吃的东西招待，老板发财，游客尽兴。这种农家乐，可能很多人去过。山头上的植物花草，肯定是产生了正的外部性，但没有政府补贴，更没有听说农家乐要政府来办。一些老板实力雄厚，农家乐变成了度假村，规模不比城市里的公园小，也没有听说度假村是政府办的或者得到了政府补贴。

（2）社会收益不存在。所谓的社会边际收益曲线是不存在的东西。现实世界里的所有决策其实都是由个人做出的，就算是集体决策，也是个人决策的某种函数而已，根本不存在所谓的某个集体在进行决策。也就是说，所谓的"社会边际收益"，是一个没有办法看得到的东西。它与私人边际收益不同，后者是可以看得到的：私人老板是可以看到自己的收益的，但却无法看到"社会收益"。事实上，阿罗不可能定理否定了社会福利可以加总，从而也说明了所谓的社会收益以及所谓的社会边际收益曲线是不存在的东西。

（3）附加收益。外部性理论说，由于大花园具有一定程度的正的外部性，导致私人边际收益曲线低于社会边际曲线。因此，由私人提供就会导致供给不足。这个逻辑也是有问题的，问题在于"私人边际收益曲线低于社会边际收益曲线"这一论断是有问题的，它忽略了"附加收益"。外部性虽然导致公园植物花草发出的氧气或展示的优美难以收费，但这并不一定能够导致公园的私人老板的边际收益曲线低于社会边际收益曲线，甚至有可能私人老板的边际收益曲线还可以高于社会边际收益曲线。这一切都取决于老板的经营水平或其他条件，取决于老板能否利用公园这一平台去开展其他附加的项目以获取其他附件的收益。只要"附加收益"足够大，私人老板的"公园"就可以有很高的边际收益曲线的。

（4）地价的影响。在上面的农家乐例子中，对于农家乐老板而言，顾客有两种需求，一种是对绿色和清新空气的享受，另一种是对住宿和吃喝玩乐的需求。如果把前者作为主需求，则后者就是附加需求。其实谁是主，谁是附加，并不重要，重要的是一种需求免费获取，另一种收费不免费。为方便起见，在这里我们把不方便收费的需求，或者说免费的需求（通常具有某种外部性）称为主需求，不免费的称为附加需求。这样一来，显然地，为了满足整个主需求所需要的投入和满足附加需求所需要的投入都成了成本，而收益只是来自附加收益。当成本大于附加收益时，主需求和附加需求都得不到满足，没有人建农家乐，人们也不能呼吸到农家山头的绿色和清新空气。让我们从农家山头转到城市的公园，在这一转变过程中，什么东西明显改变了呢？显然，是地价。当地价提高到一定程度，而附加需求与公园外面大致一样，这时经营将难以为继，公园这块地将被用作房地产项目建设。公园，这个提供大型绿色和清新空气的东西，将消失。

（5）规模效应。微信、QQ、大型门户网站等，没有地价上升的难题，同时，还可以不断扩张，达到规模效应，使得附加收益不断增加，这是为什么这些东西可以免费提供给公众的原因。公园不像门户网站或电子社交平台那样具有规模效应，或者准确地说，公园的规模效应导致的附加收益的增加还赶不上地价的增加。所以，如果公园由私人供给，随着地价的上升，必然消失。

（6）需求的出现与收入有关。在古代社会，城市规模很小，周围都是青山绿水，绿色及清新空气尚不成为稀缺资源，人们对生产绿色和清新空气的公园自然也就没有需求。随着城市逐渐扩大，人们周围的绿色和清新空气越来越少，公园所提供的绿色和清新空气就会逐渐成为人们的需要。随着收入水平提高到一定程度，需要就会变成需求。

（7）节约信息费用的考虑：购买一个东西需要讨价还价，讨价还价所花费的代价属于信息费用。如果卖者很多，他们之间的竞争可以降低讨价还价费用这种信息费用。但公园具有地域性，在一个地方有了一个公园，别的公园其实很难再进入。因此，卖者之间的竞争通常很弱，这样一来，政府作为买方，购买公园提供的服务时就面临比较高的讨价还价费用。如果政府亲自建一个公园，或者把整个公园买下来，成为公园的老板，那就免除了讨价还价费用，但会增加公园运营过程的信息费用。一旦政府认为运营公园所增加的信息费用低于购买公园提供的服务所花费的信息费用，政府就会亲自经营公园。

至此我们发现，公园之所以由政府直接建设、经营和管理，是与公园所提供的产品具有外部性的特性有关，从而使得政府出手有了一个理由①。但关键是公园的两个特性，一个特性是公园在一定区域内具有一定的自然垄断属性，使得政府在购买公园所提供的产品时面临较高的讨价还价信息费用；第二个特性是这公园的建设与运营的信息费用不高。当政府觉得后者低于前者时，它就会直接建设与运营公园。

3.3.3 有些稀缺资源为何留在公有领域

（1）物理特性导致产权不可私分

一些稀缺资源可能留在公共领域，即不是无主，也不是私有，而是由政府的一些法规来确定权利。比如，噪声，是对空间声音频率的一种使用，一个人发出的噪声达到一定程度，影响到别人，就会产生纠纷，纠纷的处理是按照一定的法律规范，如《中华人民共和国噪声环境污染防治法》和国家规定的环境噪声排放标准，比如《工业企业厂界噪声标准》和《工业企业厂界噪声测量方法》，以及生态环境部 2008 年发布的《社会生活环境噪声排放标准》等。在这些规定里，医院、学校、机关、科研单位、住宅等需要保持安静的建筑物，被称作"噪声敏感建筑物"。以居民住宅、文化教育为主要功能，需要保持安静的区域，其噪声排放源边界噪声排放限值，昼间为 55 分贝，夜间为 45 分贝；而居住、商业、工业混杂区域，最大限值也不超过 60 分贝。即使是交通干线两侧区域，其噪声最大限值也不得超过 70 分贝。同时，根据规定，在每天 22 时至次日凌晨 6 时为夜间，其要求更严格，最高限值为 55 分贝。《治安管理处罚法》也对广场舞噪声有相关规定，比如禁止公共场所使用高音喇叭、制造噪声，干扰他人生活处 200～500 元罚款。1972 年，美国国会通过了《联邦噪声控制法》，设立国家噪声标准。1997 年，纽约通过了新的《噪声防治法》，该法规定：在距离居民楼 1 米处进行测量，所有噪声超过 45 分贝的声源都被禁止使用。无论是狗叫、电视音响还是汽车喇叭声音，不得连续超过 3 分钟，违规超过 3 次的，将被罚款 525～2625 美元。该法规还规定，商场和娱乐场所的喇叭声音不能让行人听见，如果音量太大，将最高处罚 2.4 万美元。但是，所有这些法律法规都

---

① 外部性这个理由并不是必要的，即使没有外部性，势力强的一些人也可以找出其他理由强迫势力弱的一些人。比如政府对食盐实施专营、对香烟实施专卖、储存粮食等，用的理由就不是外部性，而是关系国计民生、健康、国家安全等理由。

没有说环境噪声产权属于谁。虽然按照《中华人民共和国民法通则》之类的法律，受到噪声侵害的居民也可以提起赔偿请求，但由于证据收集困难，诉讼费用高等原因，采用法律途径获取赔偿的人很少。原因是产权归属划分不清楚——没有成为私产。例如，1996 年颁布的《北京市人民政府关于维护施工秩序减少施工噪声扰民的通知》第五条第二款规定，"建设单位对确定为夜间施工噪声扰民范围内的居民，根据居民受噪声污染的程度，按批准的超噪声标准值夜间施工工期，以每户每月 30 元至 60 元的标准给予补偿。"这里有两个关键点：一为"确定为扰民"，二为"夜间施工"。也就是说夜间扰民才补偿，白天扰民就不用补偿了。开发商往往恩惠似的说："白天吵了你们，我们也给补偿。"于是群众拿着那三五十块钱，忍受着巨大的噪声。又比如 2010 年《银川市环境噪声污染防治条例》规定：除城市基础设施工程和抢险救灾工程外，进行夜间施工作业噪声超标排放的，建设单位应当对影响范围内的居民给予适当经济补偿。

这些规定都没有给居民划出声音环境的产权边界。比如，如果法律是这样说的：居民房间内的声音环境属于居民私有财产，居民有使用权、收益权、转让权，其他个人和组织都不能非法侵犯。然后，如果附近施工单位的施工噪声传入某居民的房间，居民就可以报案，公安局就必须要阻止施工单位施工，就像一个强盗闯入居民家中实施抢劫一样——只不过这一回施工单位是强盗（抢劫了居民家中的声音环境）。这就是居民房间内的声音环境产权完全属于私有了。现实社会里，法律的规定与这种"声音环境完全私有"仍然有很大的差距。首先，现实社会里的法律只规定超过一定标准（时间、分贝等）才算是侵害居民的利益；其次，就算侵害了，赔偿也不是自由讨价还价，而是按照国家标准；第三，纠纷尚未解决之前，政府部门也不阻止侵害一方；第四，居民与施工方即使达成了赔偿协议获取了赔偿，施工单位也不能超标排放噪声。也就是说，居民房间内的声音环境还是不可以买卖，离私有产权还有很大差距，就更不用说房间外的声音环境了。

为什么导致居民房间声音环境完全私有的法律没有出现呢？我们重点分析"居民为什么不可以出售自家的房子内的声音环境产权"这一问题。关键的一点是，声音是呈声波的形态扩散而不是定向的，侵害你家房间内的声音环境产权的那个噪声源，也同时会侵害其他的居民房间内的声音环境产权。你把你的声音环境卖给了那个噪声源的制造者，但他还是不能发出噪声，除非他把周围所有的房间内的声音环境产权都买了下来。换言之，不存在房间内的声音环境是你的私有财产这回事——它虽然在你的房间内但实际上是与附近居民共有的，除非只有你一家的房屋在这个噪声源所覆盖的范围内。

大气环境污染物排放与噪声排放相似。大气环境是指生物赖以生存的空气。大气环境污染物排放是指各种有毒气体、粉尘的排放。从 1974 年开始，中国就颁布了《工业"三废"排放试行标准》，其中规定了二氧化硫、一氧化碳、硫化氢等 13 种有害物质的排放标准。国家或者地方政府颁布排放标准，其目的是控制污染物的排放量，使空气质量达到环境质量标准。1996 年，国家环境保护局颁布了《中华人民共和国大气污染物综合排放标准》。大气污染物排放与噪声排放几乎类似，只不过是污染物的扩展没有噪声那样均匀而已。污染物的排放影响区域可能与风向有关，这一点噪声似乎没有，但本质特征是一样的，即由于物理的特性使得不可能存在私有产权空间。

（2）划分私有产权边界的成本太高

以河流为例，河流理论上可以分到个人，每人一段或每人一个区域。但由于水的流动会把污染物带过水域的产权边界，于是，度量其他水域对本水域的侵犯，就成为维护产权的必然。对于房屋这样的私有产权领域，人们很容易度量外来侵犯的数量，但把河流分成若干私人水域，度量外来侵犯数量就会面临很高的度量费用。如果是整条河或者整个湖泊属于某个人，可以大大降低这种度量费用。但由于整条河或整个湖泊的价格太高，通常是难以被私人买下的。

（3）双方自然垄断下河流分段完全私有化会导致信息费用高不可攀

水往低处流，这是天经地义的。如果上游的产权属于张三，下游属于李四，则张三和李四之间都是垄断者。李四需要张三的水，李四是垄断买者，张三是垄断卖者；而张三可能需要把污染物顺流而下到李四的河段里，张三是垄断买者——买李四的水环境产权，李四是水环境产权的垄断卖者。双方各有所需，互为唯一的垄断卖者和垄断买者。与垄断者交易，会面临比较大的讨价还价信息费用，这是前面说过了的。

3.4　私有产权的形成：一个基于 Agent 的计算机仿真实验

3.4.1　仿真的目的

在经济学或法学等社会科学研究里，一般把人的自私特性视为理所当然，或者一种理论体系不言自明的基础，国内很少人把人为什么自私作为研究课题。国外 Herbert Gintis（2007）在其"私有产权的演进"一文中采用了一个数学模型来描述私有产权演进模型①，得出一个结论是：如果财产价值符合某种条件，则存在一个私有产权均衡。但这篇文章还是没有能够从整体上说明为什么人类普遍存在一种尊重私有产权的倾向。本书采用一种基于 Agent 的、专门针对复杂系统的计算机仿真技术来验证私有产权演化的一个假说：私有产权观念是通过演化机制而遗传下来的②。

3.4.2　仿真思路

初始状态：在期初，由外生参数 human 给定这个仿真世界的初始总人数，每一个人的初始参数 blqx 是由随机数在 0 和 1 之间随机确定，一旦确定为 1，在随后的运行中，这个人就一遇到人就实施抢劫行为。期初每人还有 100 单位的食物。所有人要了解对方的个人信息所花费的信息费用都无穷大，因此所有人都不知道对方的资产底细和能力强弱。

抢劫模块：blqx 为 1 人才执行这个模块，这种人只要一遇到人，就实施抢劫行为。我们采用食物储备的多少来判断抢劫是否成功，如果抢劫者的食物大于被抢劫者，则抢劫成功，被抢劫者的食物全部归抢劫者；如果抢劫者的食物小于被抢劫者，则抢劫者的食物归被抢劫者；如果二者的食物相等，则两败俱伤，两人的食物都归为零。

生产模块：人人都执行生产模块。每人每走一步，都观察自己脚下的地块

① 赫伯特·金迪斯，许敏兰，罗建兵. 私有产权的演进 [J]. 制度经济学研究，2009（04）：219-238.

② RAILSBACK S F, GRIMM V. Agent - based And Individual - based Modeling [M]. Princeton：Princeton University, 2011；廖守亿，陈坚，陆宏伟，等. 基于 Agent 的建模与仿真概述 [J]. 计算机仿真，2008, 25 (12)：1-7.

的颜色是不是绿色，如果是绿色，就把绿色变成黑色，同时增加自己的食物储备 1 个单位。

繁衍生育模块：人的食物储备达到一定程度后就可以繁衍——生一个孩子，繁衍时要把自己的一半食物送给孩子，同时把自己的其他参数遗传给孩子。

移动模块：每人都随机移动，每移动一步就耗费一个单位的食物。

死亡模块：任何人如果食物储备等于零，则死亡，从系统中消失。

3.4.3　程序主要模块介绍

以下为仿真程序，括号后面的文字是用于说明程序语句的意思或相关说明。

undirected-link-breed [blue-links blue-link] （定义一个无方向的链接）

breed [humans] （定义 turtles 的名字为 humans）

humans-own [blqx　food　xx　yy　risk] （定义 humans 的参数，blqx 是暴力倾向，food 为食物，xx 为横坐标，yy 为纵坐标，risk 为冒险系数）

patches-own [] （所有地块 patches 都没有参数）

globals [cc xxx yyy　qiangjie　ff] （定义全局参数，cc 用于控制 turtles 的移动，xxx 为横坐标，yyy 为纵坐标，qiangjie 为抢劫参数，ff 为过渡参数）

to setup （确定初始参数的模块）

　clear-all （清理）

　create-humans human [（生成 huaman 人）

　　set food 100 （令每人的初始食物为 100）

　　setxy random 100 random 100 （让人随机选一个位置）

　　set risk random riskn （让 risk 参数在 0-riskn 之间的整数中随机取值）

　　set blqx random 2 （让参数 blqx 在 0 和 1 两者之间随机取值）

　　if blqx = 0 [set color white] （如果暴力倾向为零则让其颜色为白色）

　　if blqx = 1 [set color red] （如暴力倾向为 1 则让其颜色为红色）

　　]

　setup-food （运行 setup-food 模块）

　reset-ticks （回拨时针）

end

to setup-food （食物初始配置模块）

　ask patches [

　　if random 100 < greenx [set pcolor green] （让地块随机选择是否为绿色）

　　]

```
        end
        to go （主模块）
          food-reproduce （食品再生）
          move-turtles （turtles 移动）
          product-food （食物生产）
          turtles-reproduce （turtles 繁殖）
          check-die （死亡检测）
          qiangdao （强盗模块）
          tick （时针运行）
        end
      to move-turtles
        ask turtles［right random 360　forward 1 （turtles 随机移动）
          set food food － 1 （消耗一个单位的食物）
            ］
      end
      to product-food
        ask turtles［
            if pcolor = green［set pcolor black set food food + 2］（遇到一个颜色为绿色的，就
      把它改为黑色，并增加自己的食物2个单位）
            ］
      end
      to food-reproduce
          ask patches［
            if random 100 < greenx and pcolor = black［set pcolor green］（对于黑色的地块，当
      小于100的随机数小于greenx时让它变为绿色）
              ］
      end
      to check-die
          ask turtles［if food < 0［die］ ］（如果食物数少于零则死亡）
      end
      to turtles-reproduce
        ask turtles［
          if food > 120 + risk［ （如果食物大于120+risk 则）
            set food food／2 （食物减少一半）
```

72

hatch 1（生一个新的 human 出来，食物和其他参数都继承母亲）

　　　　　　]

　　　　]

　　end

　　to qiangdao（强盗模块）

　　　ask turtles with［blqx = 1］［（如果暴力倾向参数等于 1 则做下面的事情）

　　　　　set xxx xcor（让 xxx 等于我的横坐标）

　　　　　set yyy ycor（让 yyy 等于我的纵坐标）

　　　　　set ff food（让 ff 等于我的食物）

　　　　　if count turtles with［abs（xcor − xxx）< 2　and abs（ycor − yyy）< 2］>= 2
［（如果有一个人离我的距离小于 2 则做下面的事情）

　　　　　create-blue-link-with one-of other turtles with［abs（xcor − xxx）< 2 and abs
（ycor − yyy）< 2］（与它建立一个链接）

　　　　　ask blue-link-neighbors［（要求链条的对方做下面的事情）

　　　　　　if food < ff［（如果食物小于我的食物 ff，那么）

　　　　　　　set qiangjie food（把它的食物放入 qiangjie 参数）

　　　　　　　set food 0（让它的食物等于零）

　　　　　　　ask blue-link-neighbors［（让我——它的链条的对方——做下面的事情）

　　　　　　　　set food food + qiangjie（的食物增加 qiangjie）

　　　　　　　］］

　　　　　　if food > ff［（如果它的食物大于我的食物 ff，则）

　　　　　　　set food food + ff（让它的食物增加 ff）

　　　　　　　ask blue-link-neighbors［set food 0］（让我的食物等于零）

　　　　　　　]

　　　　　　if food = ff［（如果它的食物等于我的食物）

　　　　　　　set food 0（让它的食物等于零）

　　　　　　　ask blue-link-neighbors［set food 0］（让我的食物也等于零）

　　　　　　　]

　　　　　　]

　　　　　]

　　　ask blue-links［die］（取消所有链条）

　　　　]

　　end

3.4.4　仿真结果说明

程序初始状态为：参数 greenx 取值 97，187 个人具有暴力倾向，170 人没有暴力倾向。运行 140 周期后，具有暴力倾向的种群灭绝，没有暴力倾向的种群人数增加到 339 人。

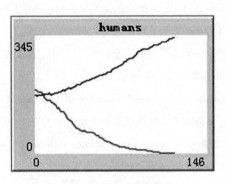

图 3-1　仿真结果图

降低参数 greenx 为 42，初始时 196 人具有暴力倾向，161 人没有暴力倾向，结果运行 110 周期之后，有暴力倾向的种群灭绝。

参数 greenx 继续降低到 20，运行 90 周期后暴力种群灭绝。总之，随着该参数的下降，暴力种群灭绝的速度变快。该参数描述的是自然环境的恶劣情况，参数越小，自然环境越恶劣。

另一方面，无论怎样初始时暴力种群人数为多少，该种群必然灭绝。剩下来的种群是不具有暴力倾向的，是尊重私有产权的。

3.4.5　结论

本研究获得的结论是，私有产权观念是通过演化机制而保存下来的，演化机制的核心是竞争机制，约束条件是信息费用的存在。在本仿真模型里，假设由于存在信息费用，抢劫者不知道对方的资产，亦即不知道对方的能力，从而就有 50% 的概率去抢劫能力比他自己强的人，因而遭到灭亡。尊重私有产权的种群在竞争中生存下来，并把自己尊重私有产权的基因遗传给后代，使得尊重私有产权的人越来越多，最终看起来整个人类都是尊重私有产权的。这就是人类形成私有产权观念的基于纯粹的生物演化的逻辑——是基于本能的。不过，按照哈耶克的观点，人类的演化不是本能的纯粹的生物演化，而是基于本能与理性之间的一种演化，这种演化如何通过计算机仿真描述出来，是今后研究的课题。

3.5 私有产权的形成：案例分析

3.5.1 耕地私有产权的形成——从原始社会说起

土地作为重要的资源，既包含自然属性，又包含社会属性。它是人类重要的生产资料和劳动对象，其所有权经历了从公有到私有的历程。在中国历史上，土地产权的演进经历了一个漫长的历程。从原始氏族社会时期土地为氏族公有到商朝和西周时期土地为国家公有，再从春秋战国时期井田制的瓦解到秦朝时期土地私有制的确立，土地私有产权最终得以固定下来。本文将运用历史学的方法对土地所有权的变迁历程进行考察，并从经济学的视角加以分析和解释，进一步加深对私有产权的思考和研究。

（1）历史学的视角：土地产权从无主到私有的变迁过程

①原始群时期：土地处于无主状态。

我国的史前阶段经历了上百万年的漫长历史时期，这一时期又分为原始群和氏族公社时期。在原始群时期，人们使用简单粗糙的打制石器，经济形态以采集、捕获为主。生产力的低下、经济活动的单一使土地的重要作用并未得以凸显，人们并不存在占有土地的需求，因而此时的土地制度为集体公有——其实是属于无主状态。

②氏族公社初中期：土地为氏族集体公有。

随着人类社会发展到氏族公社阶段，生产规模不断扩大、人口不断增多，生产工具逐渐向磨制石器过渡，农业开始作为一种新的经济形态出现。此时，人们已经意识到土地资源作为生产要素的重要性，部落之间时常出现抢占土地的战争。由于人们需要集体耕作才能完成劳动生产，因而土地为氏族集体公有制。在氏族内部，由人们共同占有土地，共同开展耕种劳动。

③氏族公社后期：土地为王有——其实是公有与私有的混合。

氏族公社发展到后期阶段，小家庭为主的社会组织形式促使私有制出现，贫富差距也随之拉大，出现了有人身依附关系的奴隶主和奴隶，人类开始进入阶级社会。

随着人类社会交往和活动范围进一步扩大，出现了以部落联盟为特征的早期国家。国家的出现为大规模兴修水利、治理黄河水患创造了有利条件，进一步保障了农业生产。奴隶主阶级成为统治阶级，作为最高统治者的国君则占有土地的所有权，土地制度由氏族公有转变为以"王有"为核心的国家公有。

尤其是西周时期最为明显，"普天之下，莫非王土；率土之滨，莫非王臣"。周天子通过"授民授疆土"的方式进行层层分封，形成了"天子——诸侯——卿大夫——士"的统治架构。每一个奴隶主对受封的土地仅有部分的占有权和使用权，不能转让、交易土地，周天子有权随时收回土地。平民、奴隶没有任何土地权利，被奴隶主组织起来，在土地上集体耕种，接受奴隶主的剥削。

这时候的耕种主要采取的是井田制，"方里而井，井九百亩，其中为公田，八家皆私百亩，同养公田，公事毕，然后敢治私事，所以别野人也"。当时的土地被划分为方块，有属于奴隶主的公田，也有由奴隶主分给奴隶的私田。奴隶们须无偿地为奴隶主耕种公田，作为劳役地租；作为回报，耕种私田的微薄所得为奴隶所有。奴隶主"三年一换土易居，财均力平"，定期对私田进行调整，奴隶对私田只有短期的使用权。《国语》中对这种土地制度有如下描述："昔我先王之有天下也。规方千里，以为甸服，以供上帝山川百神之祀，以备百姓兆民之用，以待不庭不虞之患。其余以均分公侯伯子男，使各有宁宇，以顺及天地，无逢其灾害"。

夏商周时期的土地国有制与土地的氏族公有制主要的区别在于，广大的奴隶和平民不能平等地享有土地，土地为奴隶主阶级共有，因而这不是一种完全的共有制。同时，土地虽然名义上为周天子所有，但也并非周天子或其族属的私有土地，与私有制存在很大区别。实质上，这一时期的土地国有制为双重所有、多层管理的土地制度。

④土地私有制的萌芽和确立：从春秋到秦国。

东周时期，由于周王室衰微，由层层分封形成的紧密封建从属关系逐渐废弛，出现了实力凌驾于周王室之上的诸侯，诸侯自然将封地内的土地所有权据为己有。诸侯之间为了争霸而长年征战不休，贵族之间对土地的争夺使土地所有权发生转移；战争导致庶民的流动性增强，将庶民束缚在土地上的局面难以为继；这一时期人口迅速膨胀，人地压力陡然增大。这些因素都促进人们对土地私有产权的需求。

此时客观的社会条件也发生了很大的改变，为土地制度的转变提供了可能性。春秋末年以后，"美金以铸剑戟，试诸狗马；恶金以铸鉏、夷、斤、斸，试诸壤土" "宗庙之牺为畎亩之勤"，铁器、牛耕开始被大规模用于农业生产；"如是耕者且深，耨者深耨也"，深耕细作的技术也随之发展起来，这使小家庭的分散耕作成为可能；楚国的芍陂（今安徽寿县南）、吴国的邗沟（今江苏扬州至淮安北）等一系列水利灌溉工程的出现，从而有了"上田夫食九人，下田夫食五人，可以益不可以损，一人治之，十人食之"的局面，生产力大大提高。铁器、牛耕、深耕技术、水利灌溉技术的发展促使大量的私田被开垦出来，出现了"无田甫田，维莠骄骄" "无田甫田，维莠桀桀"的现象，大量公田被荒置，原有的土地国有制已无法继续维持。各国诸侯出于维持赋税收入、增强实力等利益需要，与要求土地私有的广大平民展开利益博弈，进一步推动了私有制的产生和确立。

⑤春秋时期：实行国家普遍授田制和实物地租制，将土地分配固定下来。齐国最早拉开了土地改革的序幕。公元前686年，管仲在齐国推行"均地分力"基础上的"相地而衰征"，将土地按劳动力平均分配给农民，统治者再根据土地的好坏和产量的高低征收不同的实物地租。公元前645年，晋国对土地进行了"作爰田"的改革，不再实行土地每三年一轮换的制度，土地的使用者可以对土地自行处置。公元前594年，鲁国进行了"初税亩"的改革，凡土地的占有者均按田亩面积征税。公元前543年，子产在郑国推行"田有封洫"的政策，通过整治全国田地疆界，将现有的土地边界确立下来。公元前548年楚国的"书土田"、公元前408年秦国的"初租禾"等改革均有异曲同工之妙。

这些改革的共同之处是国家以征收实物地租、认可现有土地边界等方式对私自开辟的田地予以承认，这孕育了土地私有产权的萌芽。但此时对自耕农实行的普遍授田制并不意味着自耕农拥有了土地的所有权，自耕农只是土地的占有者和使用者，能享受土地的收益权，但土地的所有权仍掌握在国家手中。

⑥战国时期：对立军功者实行等级授田制，土地可以世袭、自由买卖。

战国时期，国与国之间的兼并战争更为激烈，各国为了强国富兵先后推行变法改革，其中的一项重要内容是在寻求新的利益边界中实现土地制度的变迁。战国时期最早认识到保护私有产权的重要性的是李悝，他制定的《法经》中将《盗法》《贼法》置于首位；他在魏国推行的变革中强调了"尽地力之教" "治田勤谨，则亩益三斗，不勤，则损亦如之"，这是对平民开垦私田的鼓励；他提出的"善平籴"政策，规定政府以平价收购和出售粮食，很大程度上保护了自耕农的利益。

对土地制度改革最彻底的当属秦国的商鞅变法。变法中"集小乡邑聚为县，置令、丞，凡三十一县"，县制的实施打碎了分封制的基石，土地不再层层分封，管理层级的简化使国家与自耕农之间可以建立直接的授田与纳税关系。此外，实行户籍登记制度，禁止"父子兄弟同室内息"，把大家庭拆分为小家庭，为授予田地、征收赋税提供了依据。他废除井田制，鼓励自耕农"为田开阡陌封疆"，对于"致粟帛多者"，免除徭役、租税。奖励军功，采取按军功授田的制度，"能得甲首一者，赏爵一级，益田一顷，益宅九亩。授田土地私有，一除庶子一人，乃得人兵官之吏"；这是在国家对自耕农普遍授田制基础上的等级授田制，这种土地在授予之初便具有私有制的特点，得到土地的人除违法犯罪外均可世代继承土地。此外，废止"田里不鬻"的原则，允许土地自由买卖。"中牟之人弃其田耘、卖宅圃而随文学者，邑之半"等便是当时土地可以自由买卖的佐证。

土地可以世袭、自由交易，这是土地产权私有化的重要标志。但这种现象在当时并不普遍，在社会上并未占据主导地位。在秦国以外的许多地方，土地私有制并未从法律上得到国家承认，但可以肯定的是，土地国有制正日渐松弛，土地向私有制过渡在当时已是一股不可逆转的趋势。

⑦秦国时期：从法律上认可土地的普遍私有，土地私有制最终得以确立。公元前221年，秦国歼灭六国，正式建立起统一的中央集权制国家。公元前216年，秦始皇正式颁布"使黔首自实田"的土地法令，要求百姓据实向政府登记占有的土地数额，政府根据田亩多少征收赋税。这表明国家在法律上正式承认了土地的私有制，并对土地产权进行保护。至此，土地私有制最终得以在全国范围内确立。

（2）经济学的解释

以上是历史学者对我国土地私有制形成的历史的一般梳理和主要解释，在以下，我们要从经济学的角度，对这些观点重新进行梳理。

①稀缺。对土地处于无主状态的解释，历史学说原因是"生产力的低下、经济活动的单一使土地的重要作用并未得以凸显，人们并不存在占有土地的需求"。经济学的解释是"因为土地尚未成为稀缺资源，所以处于无主状态"，可能更可靠一些。因为与人类相比而言，狮子的"生产力低下"更为严重，但狮

群有"领地的宣誓行为",这是土地成为狮群"公有产权"的标志。

②保护私有产权的成本。对于氏族公社中期,土地属于氏族集体公有,历史学家的解释是"由于人们需要集体耕作才能完成劳动生产,因而土地为氏族集体公有制"。这个解释看起来合理,但实际上现代社会里有很多反例:比如,现代社会里的大工厂流水线上的生产,都需要集体劳动才能完成劳动生产,但流水线却是私有的。从经济学的角度看,更可能的原因是保护土地作为私有产权的成本,在当时的条件下可能显得过高,从而阻止了土地产权的私有。

③监督费用。氏族公社后期,井田制形成,是一种混合所有制形式,其关键词是三个,奴隶、公田、私田。第一节的历史学只是描述现象,并没有给出解释。经济学的解释是,随着氏族之间的战争,胜利者成为奴隶主,失败者成为奴隶,一个人成为战争的胜利者的含义是他的能力提升了,有了把土地作为私有产权的能力。能力提高与成本下降是一回事,土地是自己的,但土地太多,自己管不过来。在当时的条件下监督成本过高,就分封出去给自己的子女亲戚或亲信将领。他们都是奴隶主,这些奴隶主也面临着监督费用问题——他们也要监督为自己种田(公田)的努力,监督费用随公田的面积的扩大而扩大,当面积扩大到一定程度时,监督成本大于奴隶主的承受能力,公田的扩大就停止了,从而形成了公田的边界,边界之外的耕地的耕种权,只好转让给奴隶们,成为所谓的私田。从这一解释出发,我们可以推出一些可验证的含义,比如,随着铁器生产能力的提高,单家独户的就可以开荒种地,加之人口的扩大,也使得新开垦的耕地越来越多,监督逐渐增大,搞土地私有制有利于降低监督费用。因此,土地的私有制程度将随铁器的生产或人口的增加而逐步增强。

④竞争的作用。虽说鲁滨孙世界的经济学也存在,但经济学其实主要是竞争的学问。在解释土地制度的变迁时,不可以忽视竞争的作用。土地的私有产权制度之所以在春秋战国时代得以确立,原因是那个时代的竞争异常激烈。一个国家率先实行了能够降低监督费用的土地私有制度之后,就会迅速强大起来,别的国家要么赶紧仿效然后跟着强大起来,要么被故步自封,坚持原来的制度,然后陷入衰落而被别国所灭掉。这种竞争的威胁,导致一种新的制度的效果方面的信息的传递速度比较快,换言之,竞争降低了信息费用,或者说,降低了制度变迁的成本,通俗地说是竞争降低了制度变迁的阻力。

3.5.2 农村联产承包责任制的成功与国有企业承包制的失败

（1）中国农村的"大包干"为何成功

农业生产原来并非完全的计划经济，含有较多的市场经济的成分：只要生产队完成了粮食的"征购"任务——征粮和购粮，生产队可以决定其他生产事项，国家并不干预。

利益集团不强大，农民中得到计划经济好处的人不多，因此，改革的阻力比较小，只要保证征购任务的完成，改革的阻力就很小，这是改革得以开始的一个关键原因。

改革是朝着降低信息的方向走的，大包干的核心是交够了国家的，剩下的都是自己的，这是改革取得成功的另一个关键原因。除了主要产品（粮食）的销售受到一些限制（即优先完成征购任务）之外，生产活动和其他销售活动都有农民自己决定，政府不干预，农民拥有了土地的绝大部分使用权和收益权（没有转让权）。

承包的是土地，而土地是不会贬值的，即使对土地缺乏投资，也不会导致土地贬值——准确地说是"土地不损耗"。我们将要说明，"土地不贬值"是一个重要的约束条件，没有这个条件，大包干难以持续。为了要说明这个问题，我们要先从一个理论说起。

农村的土地所有权属于农村集体，属于公有产权的资产，这就存在三个层面的信息费用问题：一是资产如何使用，即存在搜寻费用。如果由农村集体所有人协商讨论，还要加上一个协商费用。而这种集体协商，没有办法降低搜寻费用，因此，通常会把如何使用问题的大部分决策权交给某个领导人。但生产队及其领导人并非自发形成和产生的，而是某种行政命令的产物，因此他在如何使用土地上没有优势，亦即他所面临的搜寻费用很高，降低搜寻费用的办法是增加搜寻的人数，把耕地分包到家庭，大大地增加的参与搜寻的人数，从而降低搜寻费用。二是监督费用和度量费用问题。起因是人们在合作中有偷懒的倾向，为了减少偷懒的行为，无非就是采用胡萝卜加大棒的奖励和惩罚机制。无论是奖励还是惩罚，前提是度量和监督，比如，在收割稻谷时，生产队会在晒谷场设秤度量每个人所收割的稻谷数量，按照数量记录工分，按照工分进行奖励和惩罚。但很多活儿很难如收割稻谷这样容易度量，比如，耘田就是一种难以度量的工作，对于这个工作，通常是一起做，按时计算工分。但人们可以出工不出力，监督费用很高，难以监督的结果是效率很低。把耕地分到家庭，基本上解决了监督费用和度量费用的问题。如此，分田到户，即大包干，或叫做联产承包责任制，既降低了搜寻费用，也降低了生产过程中的度量和监督费用，亦即降低了信息费用。

农业产出受土地、物质与技术资本、劳动力三者的影响，后两种投入属于短期投入，而前一种投入，即土地的投入，主要是土地的改良，属于长期投入。如果承包期很短，是没有人对土地进行长期投资的。农村的家庭联产承包制起初未明确期限，后来明确为"长期不变"，其目的就是为了解决对土地的长期投入问题。如此，我们获得如下推论。

推论1：如果承包的主要资产没有得到持续的投资，就会贬值，那么，除非发包者有能力进行投资或者承包期足够长，否则这种承包就不能持续。

推论1涉及的是生产问题，但农民还需要解决粮食的销售问题。换言之，如果联产承包制不能解决销售问题，也是不能成功的。联产承包制的初期，完成征购任务之后，剩余的粮食刚好够农户自己吃，无余粮出售，不存在销售问题，但随着产量的提高，销售问题迟早要到来。中国的农村恰好有"圩"这个东西，以后有粮食出售或其他农产品出售时，农民可在农村圩日上出售。这也是一个重要的约束条件，没有这个条件，大包干也难以持续，于是我们有如下的第二个推论。

推论2：如果销售问题不能解决，则承包制也不能长久。

随着温饱问题的解决，销售问题就显得重要了，随着产量的提高，农村圩日的销售途径已经不能满足销售需要。因此，可以断言，大包干将会被其他形式所替代或出现更加有利于销售的制度，比如已经出现的合作社。

（2）中国城市的国有企业承包制改革为何失败

看到农村大包干取得成功，国有企业也在1984年开始搞承包制，1988年盛行起来。我当时正在读工业经济学的研究生，老师们分成两大派，一派是赞成承包制的，另一派反对承包制而主张搞股份制。

1992年，以首都钢铁公司承包制失败为标志，大部分国有企业不再进行第二轮承包，表明国有企业承包制的失败。

国有企业承包制的承包期都比较短，一般是四年左右。国有企业承包制之所以失败，原因正如推论1所言，是因为国有企业的资产会老化贬值，即如果没有人愿意追加投资的话，贬值后的资产难以使得企业生产出具有竞争力的产品。但追加投资是一个信息费用非常高的事情，难以在承包期为四年左右的这样一个短期的承包合同里写得清楚，即使写上去了，执行时候的度量费用或者监督费用都会很高，其结果就是合同形同虚设，没有人追加投资。人们发现在承包制的实际执行过程中，承包人拼命开足马力使用设备，但去疏于维护，特别是承包期的后期更是如此。

那么，为什么国有企业的承包制不像农村家庭联产承包制那样采用长期的合约呢？根本的原因还在于信息费用和协商费用。

首先，承包者与发包者一样，都不知道长期而言应该如何投资于企业，因此，其实都很难签订一个长期的企业承包合约。那么，为什么对于农村的耕地，发包者和承包者可以签订长期合约？原因在于土地这个东西的性质，它一般不会贬值，因此其长期收益的估算比较容易。换言之，长期投资于土地这个事情上，信息费用比较小，容易达成共识。

其次，农村的土地属于农村集体所有。一个集体其实就是一个生产队，生产队一般由几十户农民组成，一户内由家长或某个有威信的人代表。也就是说，参与协商的人数通常就是几十人，协商费用不是很高。而对于国有企业，其所有者是国民或者某地区的全体居民，国有企业分央企和地方国企两种，前者理论上的所有者是全国的国民，后者理论上的所有者的该地区的全体居民。无论是前者还是后者，都至少是几十万人，这几十万人一起协商决定该与承包者签订怎样的承包合约，协商费用显然将高不可攀。为了降低这高不可攀的协商费用，就产生了政府的分级管理制度，最终由某些政府部门内的少数人做出决策，从而把那巨大的协商费用降低下来。但随之而来的又是监督费用的上升：各级政府官员需要监督。监督费用是信息费用的一部分。换言之，降低了协商费用的同时，又提高了信息费用，总费用还是降不下来。这是国有企业承包制难以成功的原因。

3.6　产权交易的一般理论

3.6.1　产权交易的原因及与产权界定的互动的初步分析

（1）边际效用递减规律

我们通常说的买卖、贸易等，其实都是产权交易。对于消费品的交易，我们从简单的自私假设出发，在边际效用递减规律约束下，个人最大化自己的效用，就可以推出消费品的交易。

假设张三有 A 物品 10 个，李四有 B 物品 10 个，各个物品的边际效用分别为递减的一个序列 10、9、……、1。显然，很容易发现，张三放弃 1 个 A，等于放弃 1 单位的效用，换取 1 个 B 物品，获得的效用的 10 单位，净增 9 单位的效用，同时，李四放弃 1 个 B 物品换取 1 个 A 物品，也取得同样的功效。自私下假设下，两人必然互换 1 个物品，这种互换一直可以到第 5 个为止。

但是，如果面临的不是消费品，效用的说法就不管用了。用边际效用递减规律来解释产权交易的行为，还有一个严重的问题：它似乎看起来很有道理——逻辑上可以很完美，也可以用数学来描述，数学上有处理最大值问题的完美方法，很优美，但最大的毛病是难以推出可验证的含义，推测力不佳。比如，我们不知道如何测量一个人的效用函数。

（2）边际产量递减规律

一个稀缺物品，不是消费品，就一定是投资品了。投资品是为生产最终消费品而投入的物品，受边际产量递减规律的约束，从这一角度出发也可以解释投资品交易，方法与最大化效用类似。

边际产量递减规律理论是来源于生产之间的比例关系，是可以测量的。因此，这个理论的解释力比边际效用递减规律要强一些，但对于专门生产投资品的企业来说，仅仅依赖这个理论，还是难以解释他们千姿百态的交易行为。原因在于，生产中存在很多的比例关系，这些比例关系之间有关联，要弄清最优的比例关系，需要解一个复杂的联立方程组，要通过这个方法去推测产权关系的转变，难度很大。

（3）需求定理

我们认为，以需求定理为基础的解释，更具有推测力——推测产权的变迁会更容易。需求定理说，成本（代价、价格）上升，需求量下降。换言之，持有一个物品或者一个产权的成本上升，愿意持有它的人会减少，不愿意持有它，就要卖掉它，这就有了交易的基础。

但要解释千姿百态的产权交易行为，我们需要找到成本的结构，赋予成本内容，而成本的结构里面，信息费用和协商费用是最为重要的。关于这两个概念及其初步的运用，我们已经在本报告的第二章里阐述了。仔细考察成本结构，我们才可能知道人们真实的成本约束，从而知道人们某些行为的原因，从而才有可能找到正确的对策。具体到本课题所涉及的人们在处理环境保护与经济增长的行为，我们发现不同的人对基于环境资源产权交易的环境保护政策工具持有的态度千差万别，对经济增长和环境保护之间的权衡态度也千差万别，其原因就在于不同的人所面临的成本约束不一样。

（4）信息费用的约束

科斯在其著名的"社会成本问题"一文中，阐述了"权利的清晰界定是市场交易的前提"的思想，但是，其实，市产权交易对产权的界定也有促进作用。

产权其实是一组权利，这一点在前一章已经阐述了。而界定哪一些权利归谁，是需要付出代价的，这代价主要是信息费用，换言之，起初很多东西大家并不是弄得清楚。

首先，与一个物品相关的权利究竟包含哪些，事先并不一定是很清楚的。比如，一辆汽车的产权究竟包含什么权利，使用权、转让权、交易权方面都存在这样的疑问，使用权方面，汽车的主人是否可以喝酒之后开车？这在十年前仍然是一个未界定清楚的权利。

其次，在产权交易之前就完全弄清楚某一个权利归属给谁最有利，是有难度的，通常在大量的交易过后才会意识到某权利划分给谁更方便。比如，某些复杂电器，现在厂家通常在交易合约里规定顾客不得私自拆卸某些部件，这其实是把这件电器的某种产权划归给了厂家，这是经过很多的纠纷教训之后厂家和顾客之间形成的产权界定合约。

其三，某些固有的观念不是那么容易改变，需要通过大量的实践，才能通过教训，慢慢改变。最经典的例子是国有企业改制：国有企业的产权不清晰，要清晰就必须私有化，但私有化起初是很难被接受，那是因为政治上的观念一时难以改变的缘故。中国的改革者们采用了逐步推进的办法，先把国有企业改为股份制企业，把原有的国有资产股份化，然后允许私人购买少量股份，而国家继续处于控股地位——大股东仍然是国家。这样，事实上这种企业的产权只是少部分处于清晰状态（私人持股的部分），大部分仍然是换汤不换药——国有控股的那部分其实仍然是不清晰的。注意，不清晰的含义是：国有股的归属——归谁（自然人）——还是不清晰。然后让这个企业的已经清晰的那部分到股票市场上进行交易，不清晰的那部分（国有股）仍然不能上市交易（非流通），但可以转让。慢慢地，从1992年的国有企业股份制改造开始算起，一直到2006年的上市公司非流通股转为流通股问题得以解决，不清晰的那部分产权才开始清晰起来。这一过程其实是产权界定与产权交易互动的一个过程：先界定容易界定的部分产权，然后交易，交易一定时间之后，又发现界定某种产权的办法，然后界定它之后，交易规模又进一步扩大，如此，不断推进。

3.6.2 论权利的分离与交易

（1）引言：为什么美国北方反对南方实行奴隶制度

奴隶制已经消亡，这已经成为一种历史现象。从经济学的角度来说，它是一种经济现象。对这种经济现象，传统的经济理论认为，奴隶制度之所以消亡，是因为奴隶的劳动生产率比自由农的劳动生产率低。然而，福格尔与恩格尔在《为非作歹的时代：美国黑人奴隶制度》一书中通过对美国历史资料的实证分析后指出，上述传统经济理论的结论是错误的，奴隶劳动生产率比自由农高出70%。

如果福格尔与恩格尔的实证研究结论是对的话，那么，有着比自由农民高得多的劳动生产率的奴隶制为什么会消亡呢？

费诺阿尔泰亚（S. Fenoaltea, 1984）提出是由于"痛苦激励"使奴隶的劳动生产率高于自由农，这种"痛苦激励"只在奴隶密集型和土地密集型的生产活动中具有比较优势，但在资本密集型和维护密集型的生产活动中是相对无效的。随着资本密集型和维护密集型产业的发展，要维持"痛苦激励"，需要越来越高的成本，当这种成本大于"痛苦激励"产生的效益时，奴隶制度的消亡就不可避免了。

巴泽尔则从另一个角度来解释（1997），他将奴隶制看成是一种劳动力买卖合同，他的结论是，奴隶制度之所以消亡，是因为保护这种制度的成本大于它所带来的收益。费诺阿尔泰亚和巴泽尔看起来有一定道理，也解释了一些地方自愿废除奴隶制度这样的一些经济现象。但是，如果导致奴隶制消亡的致命原因仅仅是"奴隶主实施奴隶制的成本高于实施这种制度所带来的收益"的话，那么，奴隶制的消亡必定是奴隶主自愿的：当发觉实施奴隶制的成本大于收益时奴隶主放弃奴隶制度。

可见，传统经济理论以及费诺阿尔泰亚和巴泽尔的理论都没有能够解释如下的历史事实：为什么美国北方反对南方实行奴隶制度？

本书对这个问题的回答是，每一个人事实上拥有各种权利，其中包括劳动权利、生存权利、生育权利、发展权利等，在奴隶制度下，奴隶主把奴隶个人的各种权利一起买下，而当北方的工厂主（资本家）想从奴隶中招收工人——本质上是购买某个奴隶的劳动权利时，奴隶主却试图采取捆绑交易——不单独出售该奴隶的劳动权利，你要买该奴隶的劳动权利就必须把该奴隶的各种权利全部买下。这就加大了工厂主的生产要素投入成本，即被迫买入了一些自己不需要的资源——奴隶的生存权利、生育权利、发展权利等。这就是为什么北方的工厂主们极力反对南方的奴隶制度，甚至不惜通过战争解决问题的经济学解释。

（2）交易的对象是各种权利

鲁滨孙的世界与真实世界的区别是什么呢？张五常说是"多了一个人""多了一个人之后，就产生了竞争"。可是，我认为，多了一个人之后，不是产生了竞争，而是产生了交易，再多来一个人才会产生竞争，竞争的目的是交易。为什么要交易呢？从经济学的基本假设——理性人假设出发，我们容易知道，交易的原因是交易可以使双方的状况变好，即任何交易都是一个帕累托改善，否则，双方不会成交。交易是真实世界里最常见的经济现象，每秒钟都有交易发生，交易的对象也千差万别。

问题是，看起来千差万别的各种交易对象，究竟有没有共同点？

交易的对象虽然千千万万，但一定是稀缺资源，因为非稀缺资源取之不尽，用之不竭，没有必要通过交易取得。稀缺资源可以分为有形资源和无形资源。有形资源就是我们日常所见的物品，而无形资源，如知识、技术等，虽然看不见、摸不着，但却能给我们带来利益，另一些则其本身就是一种权利或各种权利的组合，如专利权、股票、债券等。

有形资源可划分为耐用品和非耐用品。耐用品的特性是耐用，即可以使用多次，或者说，使用寿命比较长。例如，房屋就是耐用品，其使用寿命通常达数十年。非耐用品的典型特征是只能使用一次，如面包，冰激凌，使用一次就没有了，模糊地说是使用寿命比较短。

面包是非耐用品，如果你购买一块面包，你实际上购买了面包的享用权和转让权。房屋是耐用品，如果你购买了一栋房屋，那么你买到的权利是房屋的居住权，也许还有出租权、装修权、转让权等。两宗交易中的交易对象（面包和房屋）表面差异巨大，但本质是相同的：都是权利的交易。无形稀缺资源的交易，如购买专利权、购买技术、购买知识产权、购买证券等，无一不是购买的权利。

各种交易对象的共同点是权利，但是，不同的交易所交易的权利是不同的。具体交易的是何种权利，取决于交易对象的特性和交易契约。但大体上都可以归结为三种：使用权和转让权、其他权利。

上面所提到的面包的享用权、房屋的居住权和出租权等都属于使用权。有形资源的主要权利是使用权，它往往是其他权利的基础。有一些无形资源，如知识、技术等，其主要的权利也是使用权。但另一些无形资源，如证券，其本身没有使用价值，所以其使用权没有价值，但证券往往代表某种权利，如股票代表分红权、投票权、剩余财产分配权、优先配股权等，这些权利可以归结到"其他权利"中。

对于经济寿命比较长的交易对象来说，转让权是一种很重要的权利。以房屋为例，同一房屋，有转让权与没有转让权的交易价格可能会相差很远。公房的售价大大低于商品房便是一个典型的例子，试想，其他情况类似的两套房屋，一套是公房，不能转让，另一套是商品房，可以自由上市交易，如果公房售价与商品房相同，谁愿意购买公房呢？购买房屋的人，有的人仅仅是重视房屋的使用权——用于居住，而有的人则不仅重视使用权，还重视其转让权。重视转让权的原因至少有两点，第一，房屋增值后出售以获得超额收益；第二，其他原因需要出售房屋。没有转让权，房屋增值再多，你也没有办法把增值变成收益。

房屋的装修权、改装权甚至销毁权等则属于其他权利。你购买一栋别墅，你有改装权和销毁权，但如果你购买的房屋只是一栋公寓中的某一套房，你最多拥有有限的装修权，你肯定不会拥有销毁权。

（3）权利分离交易的条件

让我们先考察一个例子：房主张三把房屋出租给李四四年，过了两年，张三把房屋卖给了王五。

在这个简短例子中，实际上就是张三把该房屋在某一期间（四年）的居住权出售给了李四，而房屋的其他权利，如处置权、转让权以及剩余期间的出租权等权利，往往还保持在张三手中。两年后，除了房屋后面两年内的居住权利仍在张三的手中外，房屋的其他权利转移到了王五的手中。在这个例子中，房屋的居住权和其他的权利是相互分离并分别交易的。

但是，能否把上例中的房屋换成面包呢？谁都知道不能，就算你再把四年换成四秒钟，显然也是不成立的。也就是说，房屋的一些权利可以分离交易，而面包却不能。那么，权利可以分离交易的条件是什么呢？

让我们继续考察前面的面包交易与房屋交易。

面包的使用权与面包的转让权及其他权利不能分离交易，因为面包的使用权一旦使用，面包将很快消失，转让权及其他权利也将消失，所以没有人愿意单独购买面包的转让权或面包的其他权利。

而房屋的情况却不同，房屋的转让权是有价值的，原因有二：第一，房屋出租使用四年，不会导致房屋的消失，四年后仍然有使用价值，即房屋的剩余期间的使用权仍然有使用价值，从而就有可能有人愿意购买；第二，因为房屋在剩余的寿命期里有增值的可能，因此就有人想买，如果买者出的价格适当，就自然会有人愿意卖，即存在转让房屋的需求，从而房屋的转让权就有价值，有价值就会有人愿意在一定的价位上购买。

小结：因为房屋的经济寿命长，而面包的经济寿命短，所以房屋的使用权与转让权可分离交易性，而面包则不能。

我们考察另外两个例子——股票、土地。

股票持有者是股份公司的股东，因此，股票代表各种权利：投票权、分红权、优先配股权、剩余财产分配权、转让权等。前四种权利可以归结为"使用权"。

现在，让我们考察股票的使用权与转让权是否可以分离。考虑张三先生持有A公司一张股票的使用权（张三先生持有代表A公司股票使用权的一张证书），而李四先生持有这张股票的转让权（李四先生持有一张A公司股票出售权证书）。张三凭着这张股票的使用权证书，就可以前往股份公司参加股东大会投票表决股份公司的重大决策，可以参加公司净利润的分红，参加配股或剩余财产的分割等，但张三不能够出售该股票，除非他从李四手中购买一张 A 公司的股票出售权证书。只要 A 公司还没有破产并且人们预期它在短期内不会破产（A 公司的经济寿命长），A 公司的股票使用权就会有价值，从而在一定的价位上就会有人愿意购买张三先生手中的"A 公司股票使用权证"。而张三先生要出售这张"A 公司的股票使用权证"，必须购买这张股票使用权证的"出售权证书"才行，这样，对李四先生手中的 A 公司"股票出售权证书"就产生了需求，只要价格适当，A 公司"股票出售权证书"的交易就成交了。可见，股票的使用权与转让权是可以通过证券化而分离并在证券交易所上市交易的，只要该股票的经济寿命较长。

土地的经济寿命一般来说是无限长的（土地的自然寿命无限长，但是，土地的经济寿命却不一定是无限长，比如，如果政府宣布这块土地为军事禁区，那么，对民间而言，这块土地的经济寿命也就终结了。），所以土地的所有权分离为使用权和转让权，并单独出售是成立的，已经有事实证明这一点。例如，在农村，一些外出打工的农民，就把家里承包的土地转包给邻居，但邻居一般不能再一次转包给第三人，这实际上是这个外出打工的农民把土地使用权的出售了，但土地的转让权依然保留在手中没有出售。如果把土地的使用权和转让权都证券化，并允许它们自由转让，只要政府不剥夺土地的经济寿命，由于存在转让土地使用权的需求，所以，对土地转让权的需求也就一定会产生。

结论：交易对象的使用权与转让权可以分离交易的条件是交易对象的经济寿命较长。

（4）权利的分离与交易可以提高效率

上面我们提出了一个解释奴隶制度消亡原因的假设：奴隶制度是把奴隶的各种权利捆绑起来，这样，使得劳动力的交易成本很高。取消了奴隶制度后，劳动力的购买者只需要购买劳动者某一时间的劳动权利，而不需要把整个劳动者的各种权利购买下来，从而降低了成本。也就是说，取消奴隶制度有利于劳动者的劳动权利与其他权利的分离和交易，有利于降低劳动力交易中的交易成本。换言之，取消奴隶制度，使劳动者的各种权利可以相互分离和交易，可以提高效率，这才是奴隶制度为什么会消亡的根本原因。

其实，现实生活中有许多这样类似的例子，例如房屋的出租就是一个房屋的使用权与其他权利分离的例子，如果没有这种分离，许多人会没有房屋住

（因为买不起），而许多房屋就会空置（卖不出去）。可见，允许房屋使用权与其他权利的分离交易，使卖方和买方都得到好处，这就是效率的提高。

另一个例子是股份公司制度的建立。股份公司制度本质上是公司产权的分离——把一个公司的产权（经营权或者叫做公司资产的使用权、收益权和转让权）分离成为若干股份，每一股份用一张股票代表，然后通过股票市场使这些权利可以转让。这一制度使一些买不起公司全部产权的人可以只买一部分产权，而且必要时还可以卖掉它们。这一制度提高了社会资本的效率，这一点早已被事实所证明，无须在此多费笔墨。

为什么权利的分离交易有利于提高效率呢？原因有两点：第一，权利的分离有利于交易的成功，而只要是自由交易，就是一个帕累托改善，就可以对提高社会的效率有贡献。第二，权利的分离交易有利于满足不同的需求，有利于提高资金的利用率。

（5）权利分离交易原理的初步应用：两个简短的建议

交易对象的使用权与转让权可以分离交易的条件是交易对象的经济寿命较长。作为一个简单的应用，我以股票和房地产为例，提出权利分离交易的两个简短的建议，由于篇幅的限制，不进行详细的展开。

第一，把股票转让权与股票其他权利分离交易。股份公司制度的建立虽然使得公司产权得以细分成为股份——股票，从而提高了资本的利用效率。但是，进一步地，沿着权利的分离交易可以提高效率的思路，可以引入一种更具有效率的新制度：把股票再细分为代表股份转让权的"流通权证"和代表股份其他权利的证券——暂且称之为"准股票"。流通权证可以在交易所自由交易。出售这些"准股票"的人手中必须拥有相同数量的流通权证，并且，这些准股票被出售之后，相应的流通权证的"使准股票可以流通的权利"的权利将被冻结直至这些流通权证被出售。购买"准股票"不需要其他附加条件。实行这样的一种制度后，只关注控股权（投票权）和分红权的投资者，就可以只购买"准股票"，而不需要购买转让权证，减少了投资成本。喜欢投机的人，则可以专门炒作流通权证。这样，资本的利用效率就可以提高。这一制度对中国股票市场的意义更加巨大，因为它可以使中国股票市场的全流通问题得到顺利解决。非流通股实际上就是一种"准股票"，非流通股股东要想出售这些"准股票"，他们只需首先在交易所上买入流通权证即可。

第二，房地产转让权的出售和上市交易。可以参考公司股份化的做法，将某一地区的每一平方米的房地产的转让权进行证券化：一张房地产转让权证代表该地区一平方米的房地产转让权，并允许这些权证在统一的交易所进行公开交易，房地产的转让权与房地产的其他权利分离。这样，以居住为目的购房者只需买入房屋的其他权利即可，减少了购房者的成本。当然，如果某一天，该购房者想出售该房屋或出租该房屋，他就必须购入足够平方米的房地产转让权证才行。

那么，有没有人只购买房屋转让权而不买房屋的其他权利呢？结论是有的。为什么呢？原因是有对房屋转让权的需求：一是总会有人转让房屋；二是房屋会增值。这两点是房屋转让权证价值的基础——该地区的房屋增值越大，想转让房屋的人越多，房屋转让权证需求就上升，它的价值也就随之上升。

（6）结语

对于寿命周期比较长的物品而言，物品包含的各种权利在一定条件下是可以分离交易的，这种分离交易一般来说是有利于提高效率的。实际上，这种分离交易在某些典型的物品上已经出现，本书的作用在于正式地总结出了这一思路。沿着这一思路，进行一些制度创新，也许我们会发现一块崭新的天地。

3.7　提高产权流动性有助于降低能源消耗强度：一个理论模型

（1）理论模型

考虑社会上有两个投资者：A_1 和 A_2，他们合资办一个企业 Q，A_1 和 A_2 的出资分别为 K_1 和 K_2，并且 $K_1 > K_2$。我们假设企业 Q 的决策权按照股份的大小决定，由于 $K_1 > K_2$，因此，这个假设意味着拍板权最终落在 A_1 手中。也就是说，选择什么项目，由 A_1 决定。

记 W 为单位能源投资，企业 Q 的不包含单位能源投资 W 及协商成本 C 的利润为 R_Q，令 X 代表项目消耗的单位能源所创造的利润的大小，即：

$$R_Q = F(X), \quad X \in [0, +\infty]$$

假定单位能源所创造的利润 X 比较大的项目，投资者愿意花费的单位能源投资 W 也比较大（理论假说），即：

$$W = L(X)$$

其中，假定 L（X）是 X 的增函数。

投资者不知道项目的类型，投资者只根据自己的偏好出价——即根据自己的偏好确定愿意支付的最高的 W。但不同的投资者的偏好不同，因此，出价不一，假设 A_1 和 A_2 对项目 X 的最高的单位能源投资分别为 W_1 和 W_2，其中 $W_1 > W_2$。

企业必须确定一个 W 来获得能源投入，这就需要投资者 A_1 和 A_2 之间进行协商。协商成本 C（W）最终会成为企业的成本，C（W）满足：

$$C（W）= \begin{cases} 0 & 当 W \leqslant W_2 或股份允许自由转让时; \\ H（W） & 当 W > W_2 时并且股份不允许自由转让时; \end{cases}$$

其中，假设 H（W）是 W 的增函数，即单位能源投资 W 越大，投资者之间的协商成本越大（理论假说）。

这样，企业的利润为：

R（X）= F（X）－W－C（W）

$$= \begin{cases} F（X）－W－0 & 当 W \leqslant W_2 或股份允许自由转让时; \\ F（X）－W－H（W） & 当 W > W_2 并且股份不允许自由转让时; \end{cases}$$

$$= \begin{cases} F（X）－L（X） & 当 W \leqslant W_2 或股份允许自由转让时; \\ F（X）－L（X）－H（L（X）） & 当 W > W_2 且股份不允许自由转让时; \end{cases}$$

当股份允许自由转让时：

由于在这种情形下，无论 A_1 选择什么类型的项目，C（W）都等于 0，因此，

$$R（X）= F（X）－L（X）$$

这样，A_1 的问题是：

$$Max \{F（X）－L（X）\},$$

即企业选择的项目类型 X_1 将满足一阶必要条件：

$$F'（X_1）－L'（X_1）= 0 \tag{1}$$

当股份不允许自由转让时：

在这种情形下，如果 A_1 选择 $W \leqslant W_2$，则结果是 X 满足（1）式；如果 A_1 选择 $W > W_2$，那么，A_1 的问题是：

$$Max \{F（X）－L（X）－H（X）\},$$

即企业选择的项目类型 X_2 将满足一阶必要条件：

$$F'（X_2）－L'（X_2）－H'（L（X_2））= 0 \tag{2}$$

定理：L（X），H（X）都为［0，+∞］上的严格增函数，如果 Y_1（X）= F（X）−L（X）在［0，+∞］上的点 X_1 上达到唯一的最大值，Y_2（X）= F（X）−L（X）−H（L（X））也在［0，+∞］上的点 X_2 上达到唯一的最大值，那么，$X_1 > X_2$。

要证明上述定理并不难。先直观地观察下图：

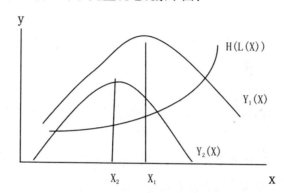

图 3-2　企业利润与能源投资的理论模型

由于 H（X）和 L（X）都是严格增函数，所以，H（L（X））也是严格增函数，即：

$$H'（L（X））= 0, X \in ［0, +∞］$$

为了证明 $X_1 > X_2$，我们只需要证明 $X_2 \neq X_1$，并且 $X_2 \ngtr X_1$ 就可以了。

首先，如果 $X_2 = X_1$，那么由（1）式和（2）式，得 H'（L（X_2））= 0，但这个结果是与"H（L（X））也是增函数"矛盾的，所以 $X_2 = X_1$ 不成立。

其次，假设 $X_2 > X_1$，由于 Y（X）在 X_1 达到最大值，所以 Y_1（X_2）< Y_1（X_1），由于 H（L（X））为严格增函数，所以 H（L（X_2））> H（L（X_1）），这样，我们得到：

Y_2（X_2）= Y_1（X_2）−H（L（X_2））< Y_1（X_1）−H（L（X_1））= Y_2（X_1），这个结果显然与"Y_2（X）在点 X_2 上达到最大值"矛盾。所以，$X_2 > X_1$ 不成立。

定理表明，股份允许自由转让时的 X_1 大于股份不允许自由转让时的 X_2，换言之，企业的产权（股份）允许自由转让时单位利润所消耗的能源（1/X_1），小于产权（股份）不允许自由转让时单位利润所消耗的能源（1/X_2）。在其他因素不变时，利润与增加值之间的比例不变，所以，在其他因素不变时，企业的产权（股份）允许自由转让时单位增加值所消耗的能源，小于产权（股份）

不允许自由转让时单位增加值所消耗的能源。允许产权自由转让，就是降低企业产权流动成本，所以，得出如下结论：降低企业产权流动的成本，有助于降低单位能源消耗强度。

（2）经验模型

以下我们构造一个经验模型来反映以上理论假说：

$$Y = a_0 + a_1 X_1 + a_2 X_2 + \varepsilon, \tag{1}$$

其中，Y 是产出，X_1 是市场化指数，X_2 是重工业比重。ε 是误差项，a_0、a_1、a_2 是等待估计的参数。

（3）数据

我们用广西壮族自治区人民政府统计局公开发布的数据对上述经验模型进行检验。

其中，Y 用"能源消费总量（万吨标准煤）"除以"国内生产总值（亿元，1952 年价）"获得，X_1 按照下面的方法计算：

$$X_1 = (X_{11} + X_{12} + X_{13}) / 3$$

其中，X_{11}——工业企业和生产单位数中非国有企业单位数所占比重，X_{12}——非国有工业企业产值比重，X_{13}——非国有单位固定资产投资占全社会固定资产投资比重。

X_2 是重工业产值占工业总产值比重。

参数估计所采用的数据区间是 1952 年—2015 年的年度数据，样本个数为 64 个。

●参数估计方法及结果

我们用 Microsoft Excel 上自带的"分析工具"中的"回归"进行参数估计，设置的置信度为 95%，结果如下：

$$Y = 3.29696 - 0.12175 * X_1 + 0.219676 * X_2$$

$$(2.73) \quad (-6.67) \quad (9.97)$$

$$R^2 = 0.77, \quad adjusted\text{-}R^2 = 0.76, \quad F = 78$$

其中，括号内的数字是对应参数的 T 统计检验。

●参数估计结果的含义

估计结果显然通过统计检验，其结果表明，参数-0.12175 的 T 统计值达到-6.67，其绝对值远远大于 2，显然通过非零检验，这表明，市场化指数（X_1）对能源消费强度（Y）的影响是确定无疑的。其次，其符号是负数，表明随着市场化指数的增大，能源消费强度下降，这与本文的理论模型的含义是相符的。

X_2 的参数 0.219676 也明显大于 2，表明也通过了 T 检验，所以，重工业比重对能源消费强度也有显著影响。这一结论表明，认为我国能源消费强度的下降主要归功于效率份额的观点值得商榷。

$R^2 = 0.77$ 表明市场化指数和重工业比重可以解释能源消费强度的 77% 的变差。

上述理论模型和检验结果解释了为什么市场化程度对降低能源消费强度有影响。

3.8 案例分析：产权交易的威力——以国有企业为例

（1）国有企业与民营企业经营效率之争

改革开放 40 多年来，中国国有企业的改革经历了许多阶段，尝试了很多模式。国有企业产权不清晰是大家的一个共识。民进国退与国进民退以及两者之间的经营效率之争一直不断。产权的流动和经营效率之间是否存在必然的联系？

（2）简要的文献综述

关于这一现象，我们认为比较有影响的理论假说有两个，一个是以张维迎为代表的产权学派，另一个是以林毅夫为代表的比较优势学派。

林毅夫认为[①]，由于国家赶超战略的需要，国有企业在建立之初就是没有自生能力的，即由于不符合比较优势，如重工业。他把这归结为一种最大的政策性负担，除此之外尚有许多政策性负担（如国有企业承担的许多社会责任），因而在竞争下必然衰落。他认为，清除政策性负担，营造充分的市场竞争环境是关键，而不是急于进行产权改革；但林教授的理论不能解释为什么大量的纺织、饮食、服装、轻工等中国明显有比较优势的行业的国有企业和集体企业出现已经或者正走向衰落的现象。

---

① 林毅夫，李周. 现代企业制度的内涵与国有企业改革方向 [J]. 经济研究，1997（03）：3-10.

张维迎认为①，简单而言，这种理论认为由于国有企业产权的缺陷而导致其"委托—代理"关系的链条太长，最后的委托人是全国人民，从而效率低下。但反驳的例子也很多，例如，在国外发达国家，委托—代理关系和链条也是异常复杂的，股权也异常分散，也存在股东难以监督经营者的问题。所以，从"委托—代理"关系的缺陷上试图证明某一个国有企业或集体企业的效率比私有企业低看来是不可能的。

虽然看起来似乎大多数私有企业的效率比国有企业高，但即使在接近完全竞争的市场上，我们也还可以找到效率高于私有企业的实例。所以，从逻辑上试图证明一家国有企业效率一定低于一家私有企业的理论必然是错误的。事实上，"大多数私有企业的效率比国有企业高"这个目前得到许多人反复证明的假说也不一定成立。换言之，从单个企业的角度，现有经济理论无法从逻辑上去证明一个国有企业必然衰落，同样，也无法从逻辑上证明一个私有企业的生命力必然比一个国有企业强。

（3）国有企业转让权的公有性质导致协商费用很高

国有企业的最终所有者是全国公民或者地方某县市的居民，因此，一个国有企业该不该出售、何时出售、卖给谁、以什么价钱出售、怎样出售，等等涉及流动性问题，都需要在全体所有者之间协商，而由于人数众多，协商费用是惊人的。"国有资产流失"问题上的大量的、长期的争论，其实就是协商费用惊人的一个具体表现。

而私有企业则没有这个问题。对于小的私有企业，通常是只有一个所有者或者几个所有者，而大的私有企业，如大的股份公司，尽管其股东人数众多，但其产权流动是通过股份的转让来完成的，也就是说，买卖的东西都是自己的资产，与别人无关，无须协商，即协商费用很低。

（4）按下葫芦浮起瓢

为了降低协商费用，就要分工，即授权一些人或者机构。即某些政府机构或者官员，来行使企业的转让权，通常归结为"关、停、并、转"问题，这样，国有企业的所有者们与政府机构之间是一种委托代理关系，委托人是国有企业的所有者——全国人民或全地区（市、县）的人民，与代理人（政府官员）之间又产生了监督问题，监督就要面临监督费用的约束。

---

① 张维迎. 从公司治理结构看中国国有企业改革的成效、问题与出路 [J]. 社会科学战线, 1997 (02): 42-51.

在讨论监督费用时，我们要注意委托代理链条的长度。①国民首先委托基层（乡镇）人大代表，中国的乡镇政府是没有经济权利的，基本上是集中在县、市两级政府。②基层人大代表再委托上一级（市、县）人大代表。③上一级人大代表在委托政府机构。④政府机构在委托政府官员具体去行使转让权事宜。这样数下来，委托代理链条就有 4 条或者 4 节，每一个（节）链条都存在监督费用的约束，总的监督费用应该是四个监督费用的连乘，总监督费用的大小与链条的数量呈几何级数增长。总之，监督费用很高，这样，就需要降低监督费用。

为了降低监督费用而发展出来的办法是层层报批的审核批准制度，但每一个审批环节都离不开信息费用的约束，换言之，审批环节越多，信息费用就越大。总之，降低了协商费用，但信息费用又不可避免地涨了起来。

（5）产权流动性与搜寻费用的逻辑关系

搜寻费用是信息费用之首。

市场上存在一些盈利的机会，但需要你找得到。你是否找到，取决于你的能力大小，如果你能力大，则你搜寻盈利机会所花费的代价（亦即搜寻费用）就小一些。在一个社会里有很多人，每人的能力有差异，而在一定时期内资源是有限的，这时，资源的分配就影响到总的搜寻费用，如果资源分配在能力强的人手里，总搜寻费用就小，反之则大。

一个私有企业的资源，如果落在了一个能力差的人手中，就难以找到盈利机会，找不到盈利机会就是亏本，亏本到一定程度，他就会转让企业的产权，从而这个私有企业的资源就转让到其他人手中，如果这个人的能力也不强，最终他还是要把资源转让出去。如此下去，资源最终必然转让到能力强的人手中。总而言之，由于私有企业的产权流动性好，所以资源转移到能力强的人手中的概率就比较大。而国有企业由于产权公有性质的缺陷，导致产权流动性差，资源落到能力强的人手中的概率就比较低。这就是产权流动性与搜寻费用的逻辑关系。下面的计算机仿真实验就是为了验证这一原理而设计进行的。

3.8.1 验证：基于 Netlogo 的一个计算机仿真实验

仿真程序的基本思路：把 Netlogo 给出的平面虚拟世界划分为若干区域，有两种 turtles（表示人或企业或某种生命体，在这里表示企业）在这个虚拟世界上竞争，一种是叫做 humans，另一种叫做 gods，两者在初始时间获得相同的食物——100 单位的食物，随机地分布与各个区域内寻找食物。humans 与 gods 的唯一区别是其流动性不同：当一个 humans 的食物下降到 80 以下时，它就会随机地再另选区域，而当一个 gods 的食物下降到 80 以下时，它并不另选区域，而是继续待在原先的区域内寻找食物。寻找食物的办法是移动并观察脚下的地块的颜色，如果颜色为绿色，就表示脚下有食物，然后捡起来装入自己的食物包就可以了。被拿走食物的地块变为黑色，但地块会按照一定的概率生成新的食物，即变成绿色。两种 turtles 都可以按照一定的规则拆分，生出新的企业，新出生的企业遗传了母企业的特性和一般的资产（食物）。

程序代码：

```
undirected-link-breed ［foodjiaoyi-links foodjiaoyi-link］
breed ［humans］
breed ［gods］
humans-own ［ food   k   risk］
gods-own ［food   k   risk］
to setup
  clear-all
  create-humans humann ［
    set food 100
    set risk random riskn
    ］
  create-gods gqn ［
    set food 100
    set risk random riskn
    ］
  setup-food
  xqy
  reset-ticks
end
to xqy）
    ask turtles ［
      set k random 14
      set ycor  -21 + 3 ＊ K  + random 3
```

```
      set xcor random 27 * (random 1 - 2)
      ]
end
to setup-food
  ask patches [
    set pcolor green
    ]
end
to go
  food-reproduce
  move-turtles
  product-food
  sqxqy
  turtles-reproduce
  check-die
  tick
end
to move-turtles
  ask turtles [
right random 360
if ycor < ( - 21 +  3 * ( k + 1 ) ) [ forward 1 ]
if ycor >= ( - 21 +  3 * ( k + 1 ) )    [ forward -1 ]
    set food food - 1
    ]
End
to sqxqy
  ask humans [
    if food < 80 [
      set k random 14
      set ycor  -21 + 3 * K  + random 3 ]
    ]
End
to product-food
  ask turtles [
```

```
        if pcolor = green [ set pcolor black set food food + 2]
        ]
End
to food-reproduce
    ask patches [
        if pycor >= -21 and pycor < -18 [if random 1000 < hj [ set pcolor green ] ]
        if pycor >= -18 and pycor < -15 [if random 1000 < hj [ set pcolor green ] ]
        if pycor >= -15 and pycor < -12 [if random 1000 < hj [ set pcolor green ] ]
        if pycor >= -12 and pycor < -9 [if random 1000 < hj [ set pcolor green ] ]
        if pycor >= -9 and pycor < -6 [if random 1000 < hj [ set pcolor green ] ]
        if pycor >= -6 and pycor < -3 [if random 1000 < hj [ set pcolor green ] ]
        if pycor >= -3 and pycor < 0 [if random 1000 < hj [ set pcolor green ] ]
        if pycor >= 0 and pycor < 3 [if random 1000 <   hj [ set pcolor green ] ]
        if pycor >= 3 and pycor < 6 [if random 1000 <   hj [ set pcolor green ] ]
        if pycor >= 6 and pycor < 9 [if random 1000 <   hj [ set pcolor green ] ]
        if pycor >= 9 and pycor < 12 [if random 1000 <   hj [ set pcolor green ] ]
        if pycor >= 12 and pycor < 15 [if random 1000 < hj [ set pcolor green ] ]
        if pycor >= 15 and pycor < 18 [if random 1000 <   hj [ set pcolor green ] ]
        if pycor >= 18   and pycor < 21 [if random 1000 <   hj [ set pcolor green ] ]
        ]
end
to check-die
    ask turtles [ if food < 0 [ die ] ]
end
to turtles-reproduce
    ask turtles [
        if food > 120 + risk [
            set food food / 2
            hatch 1
        ]
    ]
End
```

　　另外，还通过界面上的滑动条来定义一些参数，如 riskn 是风险偏好的上限，humann 和 gqn 分别是私有企业和国有企业的初始数量，hj 则控制食物（植物）再生的速度。

仿真实验及若干讨论：移动滑动条，选择 riskn 的值为 76，这表示最高的风险偏好为 76，选择 humann 为 847——初始时私企数量为 847 个，选择 gqn 的值为 1000，即初始时国企数量为 1000 个，然后选择 hj 的值为 108，即如果某地块的 0~1000 的随机值取值小于 108 则给该地块变为绿色。按动 setup 按钮，然后再按 go 按钮，程序开始运行。该程序运行到 140 周期左右，私有企业产值超过国有企业（如下图，深色曲线为国有企业产值，浅色曲线为私有企业产值）。

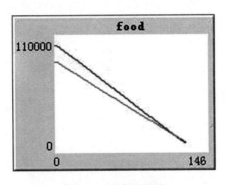

图 3-4　仿真结果图

当程序运行到大约 3800 周期的时候，国有企业的数量降低为零。

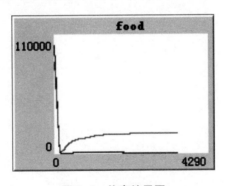

图 3-5　仿真结果图

该仿真程序的鲁棒性很好，无论改变什么参数，国有企业最终会慢慢地减少。如果提高参数 hj 的值，即增加食物再生的概率，亦即改善外部环境，则国有企业减少的速度会减慢。由于在整个程序运行过程中，国有企业与私有企业的唯一区别是当自身的食物下降到 80 以下时是否重选区域——私企重选而国企不重选，因此，我们就知道正是这个唯一的原因导致国有企业在与私有企业的竞争中效率不高。

3.8.2　结论

本节获得两个结论：一是转让权在产权结构里很重要；二是导致国有企业效率不高的一个致命的原因就是产权的流动性差。由于产权结构的原因，即使是我们把国有企业的产权流动性提高之后，产权的流动最终也会导致"国有企业"慢慢地减少。

第四章　环境资源产权交易对经济增长与环境保护良性互动的影响研究

4.1　逻辑关系

环境质量与经济增长关系的主要研究成果是集中于对倒"U"型的关系即所谓的环境库兹涅茨曲线（Environmental Kuznets Curve，简称 EKC）的理论解释与实证检验上。EKC 它描述经济发展水平（人均 GDP）与环境资源消耗（通常用污染物排放量表示）关系的规律。本书研究的正是环境保护与经济增长的矛盾问题，因此，EKC 与我们研究的问题密切相关。

我们不仅要研究环境质量与经济增长之间是否遵循倒"U"型关系，更重要的是，我们要研究这种关系背后的决定因素是什么，特别是，作为政府，以战略的角度，如何以及能在何种程度上影响这种关系。

4.2　环境库兹涅茨曲线的存在性证明

文献综述：自然环境库兹涅茨曲线被明确提出后，众多学者就从多个理论角度致力于环境库兹涅茨曲线存在性的研究，这里我们主要介绍经验模型、新古典增长模型和内生增长模型等一些常用的 EKC 存在性证明方法。

（1）经验模型角度

这类模型主要是基于 Grossman，Krueger（1991）等的经验模型方程，通常设定环境与收入之间的关系为：

$$y_{it} = a_i + \beta_1 x_{it} + \beta_2 x_{it}^2 + \beta_3 x_{it}^3 + \beta_4 z_{it} + \varepsilon_{it} \tag{1}$$

式中 y 为环境指标，x 为人均收入，z 为影响环境变化的其他控制变量。y 与 x 之间呈现何种关系完全取决于 β 值，如果 $\beta_1 > 0, \beta_2 < 0, \beta_3 = 0$，则 y 与 x 呈倒 U 型关系，即 EKC 存在，曲线的拐点发生在 $x^* = -\dfrac{\beta_1}{2\beta_2}$ 时。对于 EKC 存在性的证明通常利用时序数据、截面数据、面板数据进行计量回归估计验证是否存在 $\beta_1 > 0, \beta_2 < 0$，且 $\beta_3 = 0$ 的情况，如果存在则说明 ECK 存在。这方面国内外研究成果较多，大量验证表明 ECK 普遍存在，如 Grossman，Krueger（1991）、Panayotou（1993）、包群等（2005）[1]、刘荣茂等（2006）[2]，等等；但也有验证不存在 EKC 的，如 Birgit，Michael（2003）[3]、Ariaster，John（2005）[4]、赵细康（2005）][5]，等等。但是，从经验的角度，其实在逻辑上无论如何是不可能证明其存在与否的。

（2）新古典增长模型角度

考虑环境因素的新古典增长模型的主要代表包括：Lopez（1994）、Selden，Song（1995）[6]、England（2000）[7]、William A. Brok，M. Scott Taylor（2004）[8] 等。其理论逻辑是将环境指标变量纳入作为外生变量纳入到增长模型中，通过考虑环境约束求解社会计划者效用最大化目标，得到环境指标与经济增长指标

---

① 包群，彭水军，阳小晓. 是否存在环境库兹涅茨倒 U 型曲线？——基于六类污染指标的经验研究 [J]. 上海经济研究，2005（12）：3-13.

② 刘荣茂，张莉侠，孟令杰. 经济增长与环境质量：来自中国省际面板数据的证据 [J]. 经济地理，2006（03）：374-377.

③ FRIEDL B, GETZNER M. Determinants of CO2 emissions in a small open economy [J]. Ecological Economics, 2003, 45（01）：133-148.

④ CHIMELI A B, BRADEN J B. Total factor productivity and the environmental Kuznets curve [J]. Journal of Environmental Economics and Management, 2005, 49（02）：366-380.

⑤ 赵细康，李建民，王金营，等. 环境库兹涅茨曲线及在中国的检验 [J]. 南开经济研究，2005（03）：48-54.

⑥ SELDEN T, SONG D. Neoclassical Growth, the J Curve for Abatement, and the Inverted U Curve for Pollution [J]. Journal of Environmental Economics and Management, 1995, 29（02）：162-168.

⑦ ENGLAND R W. Natural capital and the theory of economic growth [J]. Ecological Economics, 2000, 34（03）：425-431.

⑧ BROCK W A, TAYLOR M S. Economic Growth and the Environment：A Review of Theory and Empirics [J]. Handbook of Economic Growth, 2005, 1：1749-1821.

的关系方程，判断是否存在 EKC。这里我们以 Selden 和 Song（1995）模型为例，对新古典模型下 EKC 存在性证明做一个简单介绍。

Selden 和 Song（1995）在新古典的框架下考察了污染、治理和经济发展之间的动态关系。Selden 和 Song（1995）假定个体效应是可加可分的，且个人的效用 U 由消费 C 和污染 P 决定，污染数量 P 则取决于资本存量 K 和用于治理污染的费用 E，其中 $\partial P/\partial K > 0, \partial^2 P/\partial K^2 \geq 0, \partial P/\partial E < 0, \partial^2 P/\partial E^2 > 0$。生产函数 $\varphi(K)$ 是资本 K 的递增凹函数，资本折旧率为 ∂，净投资 $K = \varphi(K) - \delta K - C - E$，初始资本存量为 K_0，p 为时间偏好率，因此社会规划问题表示为：

$$\max \int_0^\infty e^{-\rho t} U(C, P(K, E)) dt, \tag{2}$$
$$s. t\dot{K} = \varphi(K) - \delta K_0 - C - E$$

其中，$U_c'(C) - U_P'(C)\partial P/\partial E - q_2 = 0$，我们用最优控制法解上述动态优化问题。首先建立一般的汉密尔顿函数：

$$H = u(c, p(K, E)) e^{-\rho t} + \lambda(\varphi(K) - \delta K_0 - C - E) \tag{3}$$

由此得到一阶条件为：

$$\frac{\partial H}{\partial C} = 0 \Rightarrow U_c'(C) = \psi \tag{4}$$

$$\frac{\partial H}{\partial E} = 0 \Rightarrow U_P'(C)\partial P/\partial E + q_2 = \psi \tag{5}$$

$$\dot{\psi} = \left(\rho + \delta - \frac{\partial P/\partial K}{\partial P/\partial E} - \varphi'(K)\right)\psi \tag{6}$$

$$\psi = \lambda e^{\rho t}$$

ψ 为资本的影子价格，当 $E > 0$ 时，q_2（≥ 0）等于 0。直觉上，在内点解上消费的边际收益与污染减少的边际收益相等。由（4）式和（5）式容易得到：

$$U_c'(C) - U_P'(C)\partial P/\partial E - q_2 = 0 \tag{7}$$

同时考虑了边角解和内点解两种情况，q_2 意味着当经济处于低水平的发展初期，消费和生产还没有产生足够的污染时，也不存在相对专门治理污染的支出，因此治污费用 E＝0 为对应的边角解。而当经济发展到一定阶段致使消费导致了足够的环境污染并需要进行治理时，治污费用 E>0 为方程的内点解。研究发现资本的影子价格可以被表示为时间偏好率、资本折旧率、消除污染的边际治污费用与产生污染的边际资本投入之间的影响以及资本的边际产出的函数。因此，定义 E（C，K）表示给定了某一时期的消费和资本量条件下方程（7）

的解，则我们可以得到均衡条件下的资本、消费、治污费用和污染的最优水平。

用 $\tilde{K}$ 表示 E＝0 时治污费用的轨迹与稳态时下的均衡路径的交点对应的资本存量，则如果 $K_0 \leq K \leq K^\infty$，$K(t) \leq K$，则 $E(t)＝0$，即在经济中的资本存量达到 $\tilde{K}$ 之前，治污费用始终为 0。反之，当 $K \leq K(t) \leq K^\infty$ 时，我们考虑方程中的内点解 E>0 的情况，方程（7）对时间 t 求导得到治污费用的动态表达式：

$$U_1' C - U_2'' \left(\frac{\partial P}{\partial K} \dot{K} + \frac{\partial P}{\partial E} \dot{E} \right) \frac{\partial P}{\partial E} - U_2' \frac{\partial^2 P}{\partial E^2} \dot{E} = 0$$

$$\Rightarrow \left[U_2'' \left(\frac{\partial P}{\partial E} \right)^2 + U_2' \frac{\partial^2 P}{\partial E^2} \right] \dot{E} = U_1' C - U_2'' \frac{\partial P}{\partial K} \frac{\partial P}{\partial E} \dot{K} \tag{8}$$

$$\Rightarrow \dot{E} = \frac{\left[U_1'' \dot{C} - U_2'' \left(\frac{\partial P}{\partial E} \right) \left(\frac{\partial P}{\partial K} \right) \dot{K} \right]}{U_2'' \left(\frac{\partial P}{\partial E} \right)^2 + U_2' \left(\frac{\partial^2 P}{\partial E^2} \right)}$$

也就是说当经济处于发展的初期阶段，污染程度较低时，治污费用始终为 0，但当经济中的资本存量超过 $\tilde{K}$，治污费用将迅速上升，治污费用在经济中的最优路径是 J 型。

污染数量 P 对时间 t 求导得到：

$$\dot{P} = (\partial P / \partial K) \dot{K} + (\partial P / \partial E) \dot{E} \tag{9}$$

如果 $K_0 \leq K(t) \leq K$，则 $E＝0$，$\dot{P} = (\partial P / \partial K) \dot{K} > 0$，污染数量将增加。反之，一旦 $K \leq K(t) \leq K^\infty$，将（8）代入（9）式容易得到：

$$P = \frac{\partial P}{\partial K} K + \frac{\left(\frac{\partial P}{\partial E} \right) U_1'' \dot{C} - U_2'' \left(\frac{\partial P}{\partial E} \right)^2 \left(\frac{\partial P}{\partial K} \right) \dot{K}}{U_2'' \left(\frac{\partial P}{\partial E} \right)^2 + U_2' \left(\frac{\partial^2 P}{\partial E^2} \right)}$$

$$= \frac{\left(\frac{\partial P}{\partial K} \right) \left(\frac{\partial P}{\partial E} \right)^2 \dot{K} U_2'' + U_2' \left(\frac{\partial P}{\partial K} \right) \left(\frac{\partial^2 P}{\partial E^2} \right) \dot{K} + U_1'' \left(\frac{\partial P}{\partial E} \right) \dot{C} - U_2'' \left(\frac{\partial P}{\partial E} \right)^2 \left(\frac{\partial P}{\partial K} \right) \dot{K}}{U_2'' \left(\frac{\partial P}{\partial E} \right)^2 + U_2' \left(\frac{\partial^2 P}{\partial E^2} \right)}$$

$$P = \frac{\left(\frac{\partial P}{\partial E} \right) U_1'' \dot{C} + U_2' \left(\frac{\partial^2 P}{\partial E^2} \right) \left(\frac{\partial P}{\partial K} \right) \dot{K}}{U_2'' \left(\frac{\partial P}{\partial E} \right)^2 + U_2' \left(\frac{\partial^2 P}{\partial E^2} \right)} \tag{10}$$

方程（10）中，分母是负的，只要分子左部分为正，右边部分为负，结果 $P<0$，就有可能推出倒 U 型的环境曲线，当然不是在所有条件下都会如此。

第一种情况下，如果治污的规模报酬不变，$\dfrac{\partial^2 P}{\partial E^2} = 0$，则 $P = U_1''/$ $U_2''(\partial P/\partial E)\dot{C} < 0$，治污支出增加的规模越小，污染带来的边际负效用也就越小，这一表达式还意味着迅速地资本积累可以通过推迟现有福利的增加来降低污染，福利的增长主要通过 C 来反映。第二种情况下，如果 $\left(\dfrac{\partial^2 P}{\partial E^2}\right) > 0$，那么污染治理的费用将持续上升。治污费用的上升导致了污染的下降，而边际治污成本的增加抵消了收入上升带来的需求效应，人们需要更多的费用于治理增长过程中直接产生的污染。这种情况下，一旦 t 时刻的资本存量超过 $\bar{K}$，那么污染就会开始减少，这种污染随着总产出 $\varphi(K)$ 的上升先增后减的过程，就是"倒 U 型"的环境库兹涅茨曲线，其对应的峰值即为 $\varphi(\bar{K})$。上述论证表明，将环境变量纳入新古典增长模型，经过一系列假设推导，证明了环境库兹涅茨曲线的存在。

（3）内生增长模型角度

考虑环境因素的内生增长模型的主要代表包括：Bovenberg，Smulders（1995）[1]、Stokey（1998）[2]、Dinda（2005）[3] 等。这里我们以 Dinda（2005）模型为例，在内生增长的框架下讨论 EKC 的形成机制。

Dinda（2005）模型考虑了一个单一商品生产的封闭经济体中环境被视为可变的存量，同时影响生产水平和代表性个体的效用。假设效用函数为：

$$U(C, E) = \frac{(C^{1-v}E^v)^{1-\sigma} - 1}{1 - \sigma} \tag{11}$$

其中，U_C，$U_E > 0$；U_{CC}，$U_{EE} < 0$；$U_{CE} > 0$，C，E，P 分别表示消费、环境存量和时间偏好率，$v(0 < v < 1)$ 和 $(1 - v)$ 分别表示对环境和消费的偏好，σ 为跨期替代弹性。假设 $U_{CE} > 0$，意味着 $\sigma < 1$；假设 $U_{CC} < 0$，$U_{EE} < 0$，意味着

① BOVENBERG A，SMULDERS S. Environmental quality and pollution—augmenting technological change in a two-sector endogenous growth model [J]. Journal of Public Economics, Elsevier, 1995, 57（03）: 369-391.

② STOKEY N L. Are There Limits to Growth [J]. International Economic Review, 1998, 39: 1-31.

③ DINDA S. A theoretical basis for the environmental Kuznets curve [J]. Ecological Economics, 2005, 53（03）: 403-413.

$v(1 - \sigma) < 1$ 和 $v > 0$。则社会计划者问题可表示为：

$$\max W = \int_0^\infty e^{-\rho t} \frac{(C^{1-v} E^v)^{1-\sigma} - 1}{1 - \sigma} dt \tag{12}$$

经济中生产函数为：

$$Y = f(K_y, E) ; f_{kk}, f_{EE} < 0 \tag{13}$$

K 表示资本存量（实物资本和人力资本），E 为环境存量，也表示环境质量对生产的影响。K 和 E 是生产的必要投入要素。设污染（P）是产出的固定比例函数：

$$P = \gamma Y, \gamma > 0 \tag{14}$$

通常，环境质量是内生的，他随环境污染的排放而逐渐衰退，其函数形式为：

$$E = -P \text{ 或 } \dot{E} = -\gamma f(K_y, E) \tag{15}$$

上式意味着环境存量 E 随着时间不多衰减，当 $t \to \infty$，$E \to 0$；因此有 $f(K_y, 0) = 0$，表示足够高的污染将损坏生产活动，经济将崩溃。这意味着减少污染活动对提高环境质量的重要性，但减少污染需要资本投入 K_E，我们假定减少污染函数是线性的：

$$A = A_1 K_E \tag{16}$$

这样，环境质量随时间的净变化 $E = A - P$。总的资本存量 $K = K_y + K_E$，在每一时点上，K_y 和 K_E 的最优比例由 $\frac{\partial Y}{\partial K_y} = q \frac{\partial A}{\partial K_E}$ 决定，q 为环境相对于物质资本的价格，这种最优情况只存在于污染免费的情况下。在污染存在成本的情况下，最优比例由 $(1 - q\gamma) \frac{\partial Y}{\partial K_y} = q \frac{\partial A}{\partial K_E}$ 决定，$q\gamma \frac{\partial Y}{\partial K_y}$ 表示污染成本，最优条件表明资本在两部门的净边际产出相等。现在，$K = K_y + K_E$，或者 $K_y = \theta K$，其中 K_y / K，于是有：

$$K_E = (1 - \theta)K, A = A_1 K_E = A_1(1 - \theta)K \tag{17}$$

简便起见，假设自然资本的折旧率为 0，则有：

$$\dot{K}(t) = f(\theta(t) K(t), E(t) - C(t)) \tag{18}$$

$$\dot{E}(t) = A_1(1 - \theta(t)) K(t) - \gamma f(\theta(t) K(t), E(t)) \tag{19}$$

第一个约束条件与物质资本积累有关，第二个约束条件与环境的净变化相关。

为解上述最优化问题，我们首先建立一般的汉密尔顿函数：

$$H = \frac{(C^{1-v} E^v)^{1-\sigma} - 1}{1 - \sigma} + \lambda(f(\theta K, E) - C) + \mu(A_1(1 - \theta)K - \gamma f(\theta K, E))$$

$$(20)$$

由此得到最优解的一阶条件为:

$$\frac{\partial H}{\partial C} = (1 - v) C^{-v} E^v (C^{1-v} E^v)^{-\sigma} - \lambda \Rightarrow (1 - v) C^{-v} E^v (C^{1-v} E^v)^{-\sigma} = \lambda$$

$$(21)$$

$$\frac{\partial H}{\partial \theta} = \lambda f_K - \mu(A_1 + \gamma f_K) = 0 \Rightarrow \mu = \frac{\lambda f_K}{(A_1 + \gamma f_K)} \tag{22}$$

状态方程:

$$\dot{K} = \frac{\partial H}{\partial \lambda} \Rightarrow f(\theta K, E) - C \tag{23}$$

$$\dot{E} = \frac{\partial H}{\partial \mu} \Rightarrow \dot{E} = A_1(1 - \theta)K - \gamma f(\theta K, E) \tag{24}$$

欧拉方程:

$$\dot{\lambda} = -\frac{\partial H}{\partial K} + \rho\lambda = (\mu\gamma - \lambda)\theta f_K - \mu(1 - \theta)A_1 + \rho\lambda \tag{25}$$

$$\dot{\mu} = -\frac{\partial H}{\partial E} + \rho\mu = -v C^{1-v} E^{v-1} (C^{1-v} E^v)^{-\sigma} + (\mu\gamma - \lambda)f_E + \rho\mu \tag{26}$$

首先, (21) 式两边对时间 t 求导:

$$\dot{\lambda} = U_{CC} \dot{C} + U_{CE} \dot{E}$$

$$= (1 - v)(-\sigma - v + \sigma v) C^{-\sigma-v+\sigma v-1} E^{(1-\sigma)v} \dot{C} + (1 - v)(1 - \sigma)v C^{\sigma-\sigma-v} E^{(1-\sigma)v-1} \dot{E}$$

$$(27)$$

由 (21) 式、(25) 式和 (27) 式得:

$$(1 - v)(\sigma v - \sigma - v) C^{(\sigma-1)(v-1)} E^{(1-\sigma)v} \dot{C} + (1 - v)(1 - \sigma)v C^{\sigma v-\sigma-v} E^{(1-\sigma)v-1} \dot{E}$$

$$= (\mu\gamma - \lambda)\theta f_K - \mu(1 - \theta)A_1 + \rho\lambda$$

$$= \mu\gamma\theta f_K - \mu(1 - \theta)A_1 + (\rho - \theta f_K)((1 - v) C^{-v} E^v (C^{1-v} E^v)^{-\sigma}) \tag{28}$$

对 (28) 式简单运算可得:

$$\dot{C} = \frac{1}{\sigma C^{-1}} \left[\frac{A_1 f_K}{A_1 + \gamma f_K} - \rho + v(1 - \sigma) \frac{\dot{E}}{E} \right] \tag{29}$$

(29) 式两边同除以 C 可得:

$$\frac{\dot{C}}{C} = \frac{1}{\sigma} \left[\frac{A_1 f_K}{A_1 + \gamma f_K} - \rho + v(1 - \sigma) \frac{\dot{E}}{E} \right] \tag{30}$$

（30）式为最优消费路径，由于 $v > 0$ 和 $\sigma < 1$，意味着 $v(1 - \sigma) > 0$，这样经济增长受到环境质量净变化（$\dot{E}$）或环境增长率（$\dot{E}/E$）的影响。环境质量提高（$\dot{E} > 0$）增加了消费的边际效用，刺激消费的增加，提高了均衡经济增长率，这是 EKC 的经济均衡增长与环境质量同时提高的阶段。如果 $(\dot{E}/E) < 0$，最优经济增长率就会降低，这样可得到以下推论：如果经济能保证对环境质量增长没有消极地影响，经济增长会保留在最优水平上。

同样，对（22）式两边对时间 t 求导可得：

$$\mu = \lambda \frac{(f_{KK}(\theta K + K\theta)K + f_{KE}E)(A_1 + \gamma f_K) - \lambda f_K \gamma((\theta K + K\theta)K + f_{KE}E)}{(A_1 + \gamma f_K)^2}$$

（31）

由（22）式、（26）式和（31）式可得：

$$\frac{\lambda(f_{KK}(\dot{\theta}K + \dot{K}\theta)K + f_{KE}\dot{E})(A_1 + \gamma f_K) - \lambda f_K \gamma((\dot{\theta}K + \dot{K}\theta)\dot{K}\theta + f_{KE}\dot{E})}{(A_1 + \gamma f_K)^2}$$

$$= -\nu C^{1-\nu} E^{\nu-1}(C^{1-\nu}E^{\nu})^{-\sigma} + (\mu\gamma - \lambda)f_E + \rho\mu$$

$$= -\nu C^{1-\nu} E^{\nu-1}(C^{1-\nu}E^{\nu})^{-\sigma} + \left(\frac{\lambda f_K}{(A_1 + \gamma f_K)}\gamma - \lambda\right)f_E + \rho \frac{\lambda f_K}{(A_1 + \gamma f_K)}$$

（32）

由（32）式可解得：

$$\theta = \frac{-1}{Kf_{KK}}\left[\frac{U_E}{U_C}\frac{(A_1 + \gamma f_K)^2}{A_1} + (A_1 + \gamma f_K)f_E + f_{KE}E + f_{KK}(\theta K) - f_{KK}^2\right]$$ （33）

（33）式两边除以 θ，可得资本的均衡分配比例：

$$\frac{\theta}{\theta} = \frac{-1}{(\theta K)f_{KK}}\left[\frac{U_E}{U_C}\frac{(A_1 + \gamma f_K)^2}{\Lambda_1} + (A_1 + \gamma f_K)f_E + f_{KE}E + f_{KK}(\theta K) - f_{KK}^2\right]$$

（34）

为了便于分析，我考虑柯布道格拉斯生产函数形式：

$$Y = f(\theta K, E) = B(\theta K)^{\alpha} E^{1-\alpha}$$

下面我们求稳态最优值。稳态的位置点满足 C/K C/K $\dot{C}$ = $\dot{K}/K = \dot{Q}/Q = \dot{A}/A = \dot{\rho}/\rho = 0$。稳态时 ρ、C/K、C/E 和 K/E 的比例是常数。在上述模型中包含两个控制变量（ρ 和 C）和两个状态变量（K 和 E），因此其相位图是四维的，很难分析，通过标准化 E 和消去 θ，我们将四维转化为三维或二维，据此我们分析 $c(C/E)$ 和 $k(K/E)$ 的二维相位图。通过 $K = \dot{K} = 0$ 可得：

$$\dot{K} = f(\theta K,\ E) - C = 0 \Rightarrow f(\theta K,\ E) = C \ \text{和} \ \theta = (B^{-1}\ K^{-\alpha}\ E^{\alpha-1}\ C)^{\frac{1}{\alpha}}$$

$$\Rightarrow \dot{E} = A_1(1 - \theta)\ K - \gamma f(\theta K,\ E)$$

$$= A_1(1 - B^{-\frac{1}{\alpha}}\ K^{-1}\ E^{1-\frac{1}{\alpha}}\ C^{\frac{1}{\alpha}})\ K - \gamma C$$

$$= A_1(K - B^{-\frac{1}{\alpha}}\ E^{1-\frac{1}{\alpha}}\ C^{\frac{1}{\alpha}}) - \gamma C = 0$$

$$\Rightarrow A_1 K = A_1\ B^{-\frac{1}{\alpha}}\ E^{1-\frac{1}{\alpha}}\ C^{\frac{1}{\alpha}} + \gamma C$$

$$\Rightarrow K = A_1\ B^{-\frac{1}{\alpha}}\ E^{1-\frac{1}{\alpha}}\ C^{\frac{1}{\alpha}} + \frac{\gamma C}{A_1}$$

$$\Rightarrow k = \frac{K}{E} = \frac{1}{B^{\frac{1}{\alpha}}}\ c^{\frac{1}{\alpha}} + \frac{\gamma}{A_1}\ c$$

同理，当 $\dot{C} = \dot{K} = \dot{E} = 0$，我们可以得到：

$$k = \alpha(\frac{1}{\alpha} - \frac{\gamma}{A_1})c$$

可得到稳态最优值如下：

$$c^* = B^{\frac{1}{1-\alpha}}\ (\frac{\alpha}{\rho} - (1 + \alpha)\ \frac{\gamma}{A_1})^{\frac{\alpha}{1-\alpha}} \ （注：没有推导出来） \tag{35}$$

$$k^* = \alpha(\frac{1}{\alpha} - \frac{\gamma}{A_1})\ c^* = \alpha\ B^{\frac{1}{1-\alpha}}(\frac{1}{\alpha} - \frac{\gamma}{A_1})\ (\frac{\alpha}{\rho} - (1 + \alpha)\ \frac{\gamma}{A_1})^{\frac{\alpha}{1-\alpha}} \tag{36}$$

$$\theta^* = 1 - \frac{\gamma}{A_1}\ c^* = 1 - \frac{\gamma}{A_1}[B^{\frac{1}{1-\alpha}}\ (\frac{\alpha}{\rho} - (1 + \alpha)\ \frac{\gamma}{A_1})^{\frac{\alpha}{1-\alpha}}]\ （注：没有推导出来）$$

$$\tag{37}$$

由（37）式可见，资本在生产和减污活动中的最优分配比例依赖于污染比率 γ、生产中可利用的技术水平 B、减污活动 A_1、生产函数中资本比重 α 和贴现系数 ρ。

在 $k - c$ 相位图中存在鞍点路径，同时在如下式（38）约束条件下，

$$\dot{K} = f(\theta K,\ E) - C$$

$$\varphi_K = \frac{d\dot{K}}{dK} = f_K + f_\theta \frac{d\theta}{dK} + f_E \frac{dE}{dK} - \frac{dC}{dK}$$

$$\varphi_\theta = \frac{d\dot{K}}{d\theta} = f_K \frac{dK}{d\theta} + f_\theta + f_E \frac{dE}{d\theta} - \frac{dC}{d\theta}$$

$$\varphi_E = \frac{d\dot{K}}{dE} = f_K \frac{dK}{dE} + f_\theta \frac{d\theta}{dE} + f_E - \frac{dC}{dE}$$

$$\varphi_C = \frac{d\dot{K}}{dC} = f_K \frac{dK}{dC} + f_\theta \frac{d\theta}{dC} + f_E \frac{dE}{dC} - 1$$

$$\dot{E} = A_1(1 - \theta)K - \gamma f(\theta K, E)$$

$$\psi_K = \frac{d\dot{E}}{dK} = A_1(1 - \theta) - \gamma f_K - (A_1 K + \gamma f_\theta)\frac{d\theta}{dK} - \gamma f_E \frac{dE}{dK}$$

$$\psi_\theta = \frac{d\dot{E}}{d\theta} = (A_1(1 - \theta) - \gamma f_K)\frac{dK}{d\theta} - (A_1 K + \gamma f_\theta) - \gamma f_E \frac{dE}{d\theta}$$

$$\psi_E = \frac{d\dot{E}}{dE} = (A_1(1 - \theta) - \gamma f_K)\frac{dK}{dE} - (A_1 K + \gamma f_\theta)\frac{dE}{d\theta} - \gamma f_E$$

$$\psi_C = \frac{d\dot{E}}{dC} = 0$$

现在，如果 $f_K > f_\theta \frac{d\theta}{dC} + f_E \frac{dE}{dK} - \frac{dC}{dK}$，$\frac{d\theta}{dK}\Big|_{K=0} < 0$，$\frac{d\theta}{dK}\Big|_{E=0} < 0$，则 $\varphi_K > 0$

如果 $f_E + \frac{dC}{dK} > f_K \frac{dE}{dK} + f_\theta \frac{d\theta}{dE}$，$\frac{dC}{dK}\Big|_{K=0} > 0$，$K$ 值较低，则 $\varphi_E > 0$

反之当 K 值较高时，则 $\varphi_E < 0$.

$\psi_K > 0$，$\psi_E \leq 0$

在上述限制条件下，我们可得：

$$D = \begin{vmatrix} \varphi_K & \psi_K \\ \varphi_E & \psi_E \end{vmatrix} < 0 \tag{38}$$

在 E-K 相位图中也存在稳定的鞍点路径，经济一旦达到稳态，经济将维持它。由于控制变量 C 和 ρ 的变化影响着 E-K 相位图中 $E = 0$ 和 $K = 0$ 的位置，如图，假设经济一开始资本 K_0 非常低而环境 E_0 非常高，随经济的增长，由图中路径 2 可见，资本积累在增加，环境质量在降低，也就是说在资本和环境之间存在冲突，经济增长是以环境质量降低为代价的，这一经济发展过程会持续到经济达到稳态。也就是说，经济一开始资本要素是稀缺的，而环境要素是丰富的，环境的影子价格 μ 保持不变，而资本的影子价格 λ 在增加，环境相对于物资资本的价格 q 在降低，在经济发展过程中，资本 K 增加，环境 EE 降低或保持不变，因此，K（或 K/E）递增趋向于最优值 k^*，如图中的路径 2 或 7，反之，K 随 q 的增长而递减，如图中路径 4。这样得到如下推论：如果 $K(0) < k^*$，K 随 q 的降低而递增趋向于 k^*；如果 $K(0) > k^*$，K 随 q 的降低而递减趋向于 k^*。

经济在动态调整过程中，环境质量在持续下降，一直到稳态点 S，环境质量才停止恶化，倒 U 型曲线（EKC）处于左边或环境没有改善，是由于经济要么是处于稳态，要么是正沿着最优路径收敛于稳态。总之，经济增长和环境退化之间的权衡是最优的，它是经济收敛于稳态的必要条件。

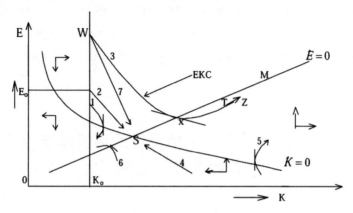

图 4-1　动态调整过程

下面我们讨论 EKC 的存在性，如果图经济从起点 W 沿 WO 运动向均衡点 S，以环境退化为代价的经济增长方式会持续一段时间，在一段时间后，有可能 E 和 K 都下降（如路径 1），环境污染比率超过了最优比率，经济走向崩溃；也可能两者都上升（如路径 3），经济如沿着路径 3 运动时，它不会趋向均衡点 S。但如沿着路径 7 或 2 运动，它会走向均衡点 S，经济沿 WS 运动时环境退化率是固定的，这时，最优路径是 E 降低的同时 K 增加，在 S 点稳定下来。由上可见，只有鞍点路径能使经济到达稳态，其他路径要么违反横截条件，要么受到约束，到达不了稳态。

路径 3 描述了在远离稳态时的 EKC 路径，很明显路径 3 只有在非最优或次优的情况下存在，它总是不稳定的，因为资本和环境在 Z 点后随时间增加，在点 X 环境的净变化为 0，但是资本存量还在增长，它是经济持续增长而环境不变的必要条件。只有当 $K>0$ 和 $E=0$ 时，经济的可持续增长才会继续下去。在路径 3，路径 WX 穿过点 X（$E=0$）后沿 XTZ 路径运动时环境质量与资本都将增加，实现了经济和环境的共同发展，这样，路径 WXTZ 表现了 E 和 K 的 U 型关系，说明了 EKC 的存在性。一开始当经济规模小、资本稀缺时，全部资本用于生产而没有资本用于环境保护，环境质量下降。这和中国经济增长的路径相符合，在经济发展的初期，环境资源丰富，很少考虑环境退化问题，工业化程度提高后，才重视对环境保护的投资。经济和环境的协调发展不可能自动实现，如果没有充足的资源用于环境保护，在长期内经济增长会耗尽环境资源，高经济增长率只是暂时的，从长期来看，经济增长最终会变为零。

在本书的研究中，政策变量 θ（资本分配比例）对控制环境质量起关键性作用，在经济发展过程中，用于环境保护的资本比例随着上升，在经济达到稳态时停止增长，这时减污活动足以恢复环境质量。环境保护投资是 EKC 形成的动力机制，只有当用于环境保护的投资充足时，环境质量才会改善，这是经济与环境质量 U 型关系的基础。

4.3 不存在技术进步情况下的环境库茨涅茨曲线存在性证明

设人们的总效用函数满足边际递减规律，即效用：

$$U(t) = U(C(t), E(t)),$$

其中 C 为普通物品消费，E 为环境资源消费，t 为时期，

$$\frac{\partial U}{\partial C} > 0, \frac{OU}{OE} > 0, \frac{O^2U}{OC^2} < 0, \frac{O^2U}{OE^2} < 0;$$

假设没有技术进步，即不妨假设总产出为新古典形式 $Y(t) = f(K_y(t))$ ，其中 $f > 0$，$f < 0$，$K_y(t)$ 为 t 时期生产普通物品的资本，普通物品之外是环境资源；环境资源在初始是 A，随排污而减少，即 $E(t) = A - W(t)$ ，其中，A 为环境资源初始值，$W(t)$ 为 t 时期环境资源消耗，也就是污染物排放量。

排污量与产出有正的关联，还与生产环境资源所投入的资本有负的关联，即排污函数 $W(t) = g(K_z(t), Y(t))$ ，其中，$K_z(t)$ 为 t 时期生产环境资源的资本，$\frac{\partial g}{\partial K_z} < 0$，$\frac{\partial g}{\partial y} > 0$；

另外，$K_y(t) + K_z(t) = K(t)$ ，$K(t)$ 为资本总量，假设资本的增量就是当期的投资，投资来自于上年的产出中扣除消费外的剩余——即储蓄，亦即新增资本：

$dK(t) = \delta Y(t-1)$ ，其中，δ 是储蓄率，$0 < \delta < 1$ ，这里假设储蓄率为常数。

在均衡条件下，储蓄+消费=总产出，即当期产出留作储蓄后剩余就是当期消费：

即 $C(t) + \delta Y(t) = Y(t)$，亦即 $C(t) = (1 - \delta)Y(t)$

又由于 $K(t) = k_y(t-1) + K_z(t-1) + \delta Y(t-1)$，所以

$$k_y(t) + K_z(t) - k_y(t-1) - K_z(t-1) = dK(t) = \delta Y(t-1)$$

即得约束条件：

$$k_y(t) + K_z(t) - k_y(t-1) - K_z(t-1) - \delta Y(t-1) = 0 \quad (1)$$

假设效用函数 $U = U(C, E)$ 存在最大值，人们追求效用最大化，在任意给定的产出水平 $Y(t)$，人们为了追求效用 U 的最大化，就要选择最优生产资本和最优治理污染资本，为求这一最优点，在约束条件（1）下构造拉格朗日函数：

$L = U(C, E) + \lambda(k_y(t) + K_z(t) - k_y(t-1) - K_z(t-1) - \delta Y(t-1))$，其中，

$$C = (1 - \delta)f(k_y(t))，\ E = A - g(K_z(t), Y(t))，\ Y(t) = f(k_y(t))。$$

在最大值点 (K_Y^*, K_z^*) 有 L 对 $k_y(t)$、$K_z(t)$ 的一阶导数等于 0，得：

$$\frac{\partial U}{\partial C}(1 - \delta)\dot{f} + \frac{\partial U}{\partial E}\left(-\frac{\partial g}{\partial y}\right)\dot{f} + \lambda = 0 \quad (2)$$

$$\frac{\partial U}{\partial E}\left(-\frac{\partial g}{\partial K_z}\right) + \lambda = 0 \quad (3)$$

由（2）、（3）整理得：

$$\frac{\partial U}{\partial C}(1 - \delta)\dot{f} - \frac{\partial U}{\partial E}\frac{\partial g}{\partial y}\hat{f} + \frac{\partial U}{\partial E}\frac{\partial g}{\partial K_z} = 0$$

即得

$$\frac{\partial g}{\partial y} = \frac{\dfrac{\partial U}{\partial C}(1 - \delta)f - \dfrac{\partial U}{\partial E}\left(-\dfrac{\partial g}{\partial K_z}\right)}{\dfrac{\partial U}{\partial E}\hat{f}} \quad (4)$$

上式分母 $\dfrac{\partial U}{\partial E}f > 0$，由于 $\dfrac{\partial g}{\partial K_z} < 0$，所以 $\dfrac{\partial U}{\partial E}\left(-\dfrac{\partial g}{\partial K_z}\right) > 0$，为了讨论 $\dfrac{\partial g}{\partial y}$ 的值，分析如下：

在产出水平比较低的时候，消费水平也比较低，这时消费的边际效用水平 $\dfrac{\partial U}{\partial C}$ 比较高，同时，边际产出 $\dot{f}$ 比较大，而此时环境资源 E 比较丰富故而 $\dfrac{\partial U}{\partial E}$ 的值比较小，另外由于产出比较小，环境资源资本增量 $-\dfrac{\partial g}{\partial K_z}$ 的值也比较小，

所以由（4）式得知 $\frac{\partial g}{\partial y}$ 大于 0；

随着产出的增大，消费水平也逐步变高，这时由边际效用递减规律，消费普通物品的边际效用水平 $\frac{\partial U}{\partial C}$ 比较高，同时，边际产出 $\dot{f}$ 也逐步变得比较小，而此时环境资源 E 比较稀缺故而 $\frac{\partial U}{\partial E}$ 的值变得比较大，另外由于产出比较大，环境资源资本增量 $\left(-\frac{\partial g}{\partial K_z}\right)$ 的值也比较大，所以由（4）式得知 $\frac{\partial g}{\partial y}$ 将逐步变得小于 0；

如此，排污量 W（t）= g(K$_z$（t），Y（t））随着产出 Y（t）的逐步增大而先升后降的倒 U 型性质得到证明。并且，倒 U 型曲线的顶点满足：

$$\frac{\partial U}{\partial C}(1-\delta)\dot{f} - \frac{\partial U}{\partial E}\left(-\frac{\partial g}{\partial K_z}\right) = 0$$

$$即：\frac{\partial U}{\partial C}(1-\delta)f = \frac{\partial U}{\partial E}\left(-\frac{\partial g}{\partial K_z}\right)$$

4.4 基于 Agent 的 EKC 存在性证明以及环境资源产权可交易性对 EKC 顶点的影响
——在 Netlogo 平台上进行的仿真实验

（1）基于 Agent 的计算机仿真思想

在这种仿真里，编程者可以给每一个 turtles 编制行动命令，turtles 是可以在平面上移动的东西，通常可以用来模拟人或者动物，编程者还可以给每一块 patches 分别编程指挥它的行动，patches 是不能移动的东西，通常用来模拟自然资源或者建筑物，另外，编程者还可以对一种叫做"link"的东西编程以指挥它的行动，它可以连接两个物体，起到方便信息沟通和行动的作用。

（2）本仿真的目的和基本思路

本仿真的目的有两个，一是验证环境库兹涅茨曲线（EKC）的存在性，二是验证环境资源产权的可交易性对 EKC 的顶点高度和顶点位置的影响。基本思路如下。

　　在一个平面世界里有四个区域，左上和右上两个区域都是生产食品的，左下和右下区域都是生产用于生产食品的劳动工具的。四个区域的人都可以相互交易食品和工具，即相互竞争和交易。生产食品和工具时，都会产生污染——排放一定量的污染物。每一个时期的污染物排放总量是外生给定的，排污总量指标在每人之间平均分配，没有足够的排污指标就不能生产食品或工具。

　　左边上下两个区域中任何人都不能进行排污指标交易，右边上下两个区域中的人可在右边的区域进行排污指标的交易。当一个人的排污指标不足时，排污指标的交易就有可能发生。

　　生产食品或工具时的排污量取决于该物品的污染指数、产量以及治污技术，污染指数是外省给定的，治污技术因人而异，可以发生变化，其初始值为1，当工具的价格高于污染指标的价格时，人们就可能会投资去研究治污技术，投资于研究治污技术，有可能使治污技术降低。

　　（3）程序框架和代码

```
directed-link-breed [red-links red-link]
undirected-link-breed [wrzbjiaoyi-links wrzbjiaoyi-link]
undirected-link-breed [foodjiaoyi-links foodjiaoyi-link]
undirected-link-breed [tooljiaoyi-links tooljiaoyi-link]
breed [humans]
humans-own [dtool dfood food  xx yy  risk risk2 wrzb tool wrpf zwjs]
patches-own [wr sl nd]
globals [step wrzbzs  cc kk k]
to setup
  clear-all
  create-humans humann [set xcor 2 + random 27 set ycor -2 + (-1) * random 21
    set food 100
    set wrzb wrzbs
    set zwjs 1
    set risk random riskn
    if pxcor > 0 [
      if pycor > 0 [
        set color white]
      if pycor <= 0 [
        set color white + 1]]
```

```
                ]
    create-humans humann [ set xcor 2 + random 27 set ycor 2 +    random 21
        set food 100
        set wrzb wrzbs
        set zwjs 1
        set risk random riskn
        if pxcor > 0 [
            if pycor > 0 [
                set color white]
            if pycor <= 0 [
                set color white + 1]    ]
        ]
    create-humans humann [ set xcor -2 + (-1)  *  random 27 set ycor -2 + (-1)  *
random 21
        set food 100
        set wrzb wrzbs
        set zwjs 1
        set risk random riskn
        if pxcor <= 0 [
            if pycor > 0 [
                set color red]
            if pycor <= 0 [
                set color red + 1]    ]
        ]
    create-humans humann [ set xcor -2 + (-1)  *  random 27 set ycor 2 +    random 21
        set food 100
        set wrzb wrzbs
        set zwjs 1
        set risk random riskn
        if pxcor <= 0 [
            if pycor > 0 [
                set color red]
            if pycor <= 0 [
                set color red + 1]    ]
```

```
      ]
    set cc 0
    setup-food
    setup-tool
    set wrzbzs sum [wrzb] of humans
    reset-ticks
end
to setup-food
  ask patches [
    if pxcor > 0 [
      if pycor > 0 [
        set wr random wrf
        set pcolor green
        set sl random sl1
        ]
      ]
    if pxcor <= 0 [
      if pycor > 0 [
        set wr random wrf
        set pcolor blue
        set sl random sl1
        ]
      ]
    ]
end
to setup-tool
  ask patches [
    if pxcor > 0 [
      if pycor <= 0 [
        set wr random wrx
        set pcolor green + 1
        set sl random sl2
        set nd random ndx
        ] ]
```

```
        if pxcor <= 0 [
          if pycor <= 0 [
            set wr random wrx
            set pcolor blue + 1
            set sl random sl2
            set nd random ndx
          ] ]
        ]
  end
  to go
    food-reproduce
    tool-reproduce
    move-turtles
    product-food
    product-tool
    check-die
    reproduce-wrzb
    tool-buy-food
    tool-buy-wrzb
    food-buy-wrzb
    pro-zwjs
    tick
  end
  to move-turtles（人的移动）
    ask turtles [
      if cc = 0 [
        right random 360
        if color = white [ if pxcor > 0    [ fd 1 ] if pxcor <= 0 [ setxy random 21 random 21
] if pycor <= 0 [ setxy random 21 random 21 ] ]
        if color = white + 1 [ if pxcor > 0    [ fd 1 ] if pxcor <= 0 [ setxy random 21 ( ran-
dom 21 ) * ( -1 ) ] if pycor > 0 [ setxy random 21 ( random 21 ) * ( -1 ) ] ]
        if color = red    [ if pxcor > 0 [ setxy ( random 21 ) * ( -1 )    random 21 ] if px-
cor <= 0 [ fd 1 ] if pycor <= 0 [ setxy ( random 21 ) * ( -1 )    random 21 ] ]
        if color = red    + 1    [ if pxcor > 0 [ setxy ( random 21 ) * ( -1 )    random 21 ] if
```

120

```
pxcor < = 0 [ fd 1 ] if pycor > 0 [ setxy ( random 21 ) * ( -1 )    ( random 21 ) * ( -
1 ) ] ] ]
         if cc = 1 [ setxy xx yy right random 360 ]
         set step step + 1
         if step = 6 [ set food food - 1 set step 0 ]
         ]
     end
     to product-food (生产食物)
       ask turtles
       [
         if count humans-here < = 1
           [ if color = red [
             if pcolor = blue [
             if wrzb > wr [
                 if tool = 0 [ set food food + 2 set dfood 2 ]
                 if tool > 0 and tool < 5 [ set food food +  2 + tool * 2   set dfood  2 +
tool * 2 set tool tool * 0. 8 ]
                 if tool > = 5 [ set food food + 12   set dfood 12 set tool tool * 0. 8 ]
                 set wrpf dfood * wr * zwjs (生产食物时的污染排放量与治污技术 zwjs
成正比例关系)
                 set wrzb wrzb - wrpf
                 set sl sl - dfood
                 if sl = 0 [ set cc 0 set pcolor black ]
                 if sl > 0 [ set cc 1 set xx xcor set yy ycor ]
               ] ] ]
       if color = white [
         if pcolor = green [
         if wrzb > wr [
             if tool = 0 [ set food food + 2 set dfood 2 ]
             if tool > 0   and tool < 5 [ set food food + 2 + tool * 2   set dfood 4 set tool
tool * 0. 8 ]
             if tool > = 5 [ set food food + 12   set tool tool * 0. 8 ]
             set wrpf dfood * wr * zwjs
             set wrzb wrzb - wrpf
```

```
                set sl sl - dfood
                if sl = 0 [ set cc 0 set pcolor black ]
                if sl > 0 [ set cc 1 set xx xcor set yy ycor ]
                ] ] ] ]
  ]
end
to product-tool （工具生产）
  ask turtles [
    if count humans-here <= 1 [
    if color = red + 1 [
      if pcolor = blue + 1 [
        if wrzb > wr  and  food > nd [
            set tool tool + 1
            set dtool 1
```

set wrpf dtool * wr * zwjs （生产工具 tool 时的污染排放量与治污技术 zwjs 成正比例关系，zwjs 越低表明治理污染的技术越高）

```
            set wrzb wrzb - wrpf
            set food food - nd
            set nd 0
            set sl sl - 1
            if sl = 0 [ set cc 0 set pcolor black ]
          if sl > 0 [ set cc 1 set xx xcor set yy ycor ]
        ] ] ]
    if color = white + 1 [
      if pcolor = green + 1 [
        if wrzb > wr and food > nd [
            set tool tool + 1
            set dtool 1
            set wrpf dtool * wr * zwjs
            set wrzb wrzb - wrpf
            set food food - nd
            set nd 0
            set sl sl - 1
            if sl = 0 [ set cc 0 set pcolor black ]
```

```
        if sl > 0 [ set cc 1 set xx xcor set yy ycor ]
      ] ] ]
    ]
  ]
end
to food-reproduce（食物再生）
  ask patches [
      if pxcor > 0 [
      if pycor > 0 [ if random 10 > repru [
          set wr random wrf
          set pcolor green
          set sl random sl1
        ] ]
      ]
      if pxcor <= 0 [
      if pycor > 0 [ if random 10 > repru [
          set wr random wrf
          set pcolor blue
          set sl random sl1
        ] ]
      ]
  ]
end
to tool-reproduce（工具的再生）
  ask patches [
      if random 10 > repru [ set wr random wrx set sl random sl2 set nd random ndx ]
      if pxcor > 0 [ if pycor <= 0 [ set pcolor green + 1 ] ]
    if pxcor <= 0 [ if pycor <= 0 [ set pcolor blue + 1 ] ]
  ]
end
to check-die
    ask turtles [ if food <= 0 [ die ] ]
end
to reproduce-wrzb（补充污染指标）
```

```
    ask turtles [
        if sum [wrzb] of humans < wrzbzs [set wrzb wrzb + (wrzbzs - sum [wrzb] of hu-
mans) / count humans]
        ]
    end
    to tool-buy-food（用工具买食物：当食物小于 10 并且工具大于 0 时，用工具换食物，
价格是食物总量与工具总量之比）
    ask turtles [
        if food < 10 and tool > 0    [
            create-foodjiaoyi-link-with one-of turtles with [food > 11]
            set food food + sum [food] of humans / sum [tool] of humans
            set tool tool - 1
            ask foodjiaoyi-link-neighbors [set food food - sum [food] of humans / sum
[tool] of humans set tool tool + 1]
            set kk kk + 1
            ]
        ask foodjiaoyi-links [die]
        ]
    end
    to tool-buy-wrzb（用工具购买污染指标：当右边的人的污染指标小于 5 并且工具储备
大于 5 时，买入污染指标，价格是污染指标总量与工具总量之比）
    ask humans [
        if wrzb < 5 and tool > 5   and xcor >= 2    [
            if count turtles with [wrzb > 5 and tool < 5 and xcor >= 2  ] > 0 [create-wrzb-
jiaoyi-link-with one-of turtles with [wrzb > 5 and tool < 5 and xcor >= 2   ] ]
            set wrzb wrzb + sum [wrzb] of humans / sum [tool] of humans
            set tool tool - 1
            ask wrzbjiaoyi-link-neighbors [set wrzb wrzb - sum [wrzb] of humans / sum
[tool] of humans   set tool tool + 1]
            ]
        ask wrzbjiaoyi-links [die]
        ]
    end
    to food-buy-wrzb（用食物购买污染指标：当右边的人的污染指标小于 5 并且食物储备
```

大于 5 时，买入污染指标，价格是污染指标总量与食物总量之比）

```
    ask humans [
      if wrzb < 5 and food > 5   and xcor >= 2   [
        if count turtles with [wrzb > 5 and food < 5 and xcor >= 2   ] > 0 [ create-wrzb-
jiaoyi-link-with one-of turtles with [wrzb > 5 and food < 5 and xcor >= 2   ] ]
        set wrzb wrzb + sum [wrzb] of humans / sum [food] of humans
        set food food - 1
        ask wrzbjiaoyi-link-neighbors [set wrzb wrzb - sum [wrzb] of humans / sum
[food] of humans set food food + 1]
        ]
      ask wrzbjiaoyi-links [die]
      ]
end
```

to pro-zwjs（如果一个人的食物储备大于其风险系数，并且污染指标比工具昂贵时，投资研制治污技术——有百分之五十的概率可以使得治污技术参数 zwjs 下降 5%）

```
    ask turtles [
      if food > risk and sum [food] of humans / sum [wrzb] of humans > sum [food] of hu-
mans / sum [tool] of humans   [
        set food food - 1
        set zwjs zwjs * (1 - 0. 05 * random 2 )
        ]
      ]
end
```

（4）仿真结果及说明

设 riskn 等于 469，每区人数为 100 人，污染总量为 70，难度系数为 13，再生系数为 8，工具污染参数为 64，食品污染参数为 6，食品数量参数为 93，工具数量参数为 37。运行 1120 周期，结果如下。

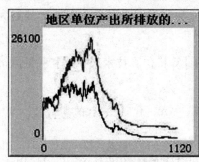

图 4-2　仿真结果图

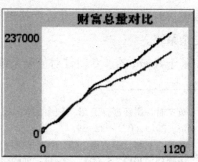

图 4-3　仿真结果图

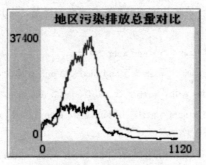

图 4-4　仿真结果图

浅色曲线为左边区域的结果，深色曲线为右边区域的结果，由上图可看出，EKC 是存在的，但左边不允许排污权交易，导致 EKC 的顶点位置出现得比允许排污权交易的右边区域迟，顶点高度也比右边高得多。

（5）结论

由于排污指标的存在和排污指标价格迟早都会高于工具的价格，因此，EKC 是存在的，但是，排污权可交易有利于 EKC 的顶点出现得比较早，高度也较低。

4.5　排污权交易对经济增长的影响：
一个基于 Netlogo 的计算机仿真实验

（1）引言

排污权交易制度目前在欧美发达国家发展得比较好[1]，国内不同省份也进行了近二十年的试验[2]。经济学认为，自由交易有利于双方，只要这种交易不损害第三方的私有产权，那么这种交易也有利于整个社会。既然如此，排污权的自由交易在不损害第三方私有产权的情形下，也必然有利于整个社会。这一理论假说目前还很难用数学进行严格的描述和证明，原因是人类社会的行为是一个复杂系统。

用基于 Agent 的、专门针对复杂系统的计算机仿真技术来描述和验证经济学

① 黄文君，田莎莎，王慧. 美国的排污权交易：从第一代到第三代的考察［J］. 环境经济，2013（07）：32-39.

② 苏丹，王燕，李志勇，等. 中国排污权交易实践存在的问题及其解决路径［J］. 中国环境管理，2013，5（04）：1-11；刘鹏崇. 排污权初始配置国内研究综述［J］. 中南林业科技大学学报（社会科学版），2010，4（03）：14-17.

假说，可能是一个比较有前景的方法。① 鉴于这一考虑，我们考察了若干计算机仿真平台，最终选择了 Netlogo，用它作为工具，目的是验证如下的一个理论假说：排污权交易有利于经济增长目标和污染物排放控制目标的同时实现。

本小节的结构如下：引言之后，是仿真程序设计的基本思路，然后是程序介绍，接着是仿真结果及讨论，最后是结论、政策含义以及进一步的研究方向。

（2）仿真程序设计的基本思路

把一个国家划分成两个区域：A 区域（左边）和 B 区域（右边），A 区域的排污权不可转让，B 区域的排污权可以转让。两个其余期初的 humans（人或者企业等生产者，以下简称"人"）数量是一样的，它们每一期随机行走一步。

第一年初整个社会的排污权总量是一个固定的量 q10，排污总量年初按照人头平均分配，任何人每排放一个单位的污染物都需要消耗一个单位的排污权，如果期末的排污权没有使用完，剩余总量为 q11，则下一年初发放的排污权总量为 dq20＝q10-q11，依次类推。

在这个虚拟社会里只有 food 和 tool 两种产品，它原来被埋藏于地下，人们把它挖出来就是产品了，"上帝"，即系统，每年初都随机埋藏一定数量的这两种产品在不同的区域上。food 相当于食品，人每行走 6 步就要消耗 1 个单位的food，tool 相当于工具，借助它，人可以提高生产 food 的效率。其中，food 埋藏于每个区域的上部，tool 埋藏于每个区域的下部。

人们生产 tool 的方法是：每个人都随机行走，然后在一个只有自己一个人的地点观察脚下是否埋藏有 tool，如果有，则观察它的污染物参数，记为 wr，检查自己的污染物排放权数量（记为 wrzb）是否足够，如果足够，即 wrzb>wr，则让自己的 tool 增加 1，然后让自己的 wrzb 减少 wr，同时让这个埋藏点的 tool 数量参数 sl 减少 1，然后再检查 sl 是否仍然大于零，如果仍然大于零，则不走，然后重复上述做法；如果 sl 已经等于零了，表明这里已经没有 tool 了，则离开，寻找下一个埋藏点。

人们生产 food 的方法与生产 tool 类似，只是在生产效率上有区别。每个人都随机行走，然后在一个只有自己一个人的地点观察脚下是否埋藏有 food，如果有，则观察它的污染物参数，记为 wr，检查自己的污染物排放权数量（记为

---

① RAILSBACK S F, GRIMM V. Agent－based And Individual－based Modeling［M］. Princeton：Princeton University，2011；廖守亿，陈坚，陆宏伟，等. 基于 Agent 的建模与仿真概述［J］. 计算机仿真，2008，25（12）：1-7.

wrzb）是否足够，如果足够，即 wrzb>wr，则让自己的 food 增加，增加的数量（记为 dfood）取决于自己手中 tool 的数量。即如果 tool 等于零，则 dfood = 2；如果 tool 在 1 和 4 之间，则 dfood = 2+2 * tool 的数量（这里 " * " 是乘积的意思，以下同）；如果 tool 的数量是 5 以上，则 dfood = 12，然后让自己的 wrzb 减少 wr * dfood，同时让这个埋藏点的 food 数量参数 sl 减少 dfood，然后再检查 sl 是否仍然大于零。如果仍然大于零，则不走，然后重复上述做法；如果 sl 已经等于零了——表明这里已经没有 food 了，则离开，寻找下一个埋藏点。

这个虚拟世界里的人们可以自由地进行食品与工具之间的交易，当一个人的 food 数量小于 50 并且 tool 大于 1 时，他就会向一个 food 数大于 100 的人购买 food，价格暂时由系统外生给定：1 个 tool 换 5 个单位的 food。

B 区域的人可以相互交换排污权，当一个位于区域 B 下部的并且 tool 数量大于 1 的人的排污权少于 5 时，它就会向区域 B 上部的并且排污权数大于 5 的人购买排污权，交易价格仍然由系统外生给定：1 个单位 tool 交换 1 个单位的排污权（wrzb）。

当一个人的 food 数量小于或等于零时，这个人死亡，从系统中消失。在我们这个虚拟世界里，人不能繁殖。

（3）仿真程序及相关说明

本仿真的程序源代码及主要说明如下（括号后为说明）。

undirected-link-breed [wrzbjiaoyi-links wrzbjiaoyi-link]（定义无方向的 link）

undirected-link-breed [foodjiaoyi-links foodjiaoyi-link]（定义无方向的 link）

undirected-link-breed [tooljiaoyi-links tooljiaoyi-link]（定义无方向的 link）

breed [humans]（定义一种 agent 的名称为 human）

humans-own [dtool dfood food   xx yy   risk wrzb tool wrpf]（定义 human 的参数，dtool 是增加的工具，dfood 是增加的食品，food 是食品，xx 和 yy 都是坐标参数，risk 是冒险参数，wrzb 是污染指标，tool 是工具，wrpf 是污染排放）

patches-own [wr sl nd]（定义 patches 的参数，其中，wr 为生产一个产品所排放的污染物数量，sl 为该物品可开采数量，nd 为开采难度系数）

globals [step wrzbzs cc kk k]（定义全局变量，其中，step 为度量 turtles 行走的步数，wrzbzs 是污染指标总数，）cc 为度量是都离开所在地的参数，kk 和 k 都是作为程序测试的参数。

to setup

clear-all

create-humans humann [set xcor 2 + random 27 set ycor -2 + (-1) * random 21（创造

数量为 humann 的 human，并让他们随机地分布在横坐标为 2 和 27 之间、纵坐标为-21 和-2 之间）

set food 100（给每个 human 100 单位的初始食品）

set wrzb wrzbs（给每个 human 都统一免费发放数量为 wrzbs 的排污权指标）

set risk random riskn（让每一个 human 的冒险系数随机分布在 0-riskn 之间的整数上）

```
if pxcor > 0 [
  if pycor > 0 [
    set color white ]
  if pycor <= 0 [
    set color white + 1 ] ]（这是定义 humans 颜色的程序模块）
]（创造上述 humans 的程序模块到此结束，以下三个模块与本模块类似，不再说明）
```

```
create-humans humann [ set xcor 2 + random 27 set ycor 2 +  random 21
  set food 100
  set wrzb wrzbs
  set risk random riskn
  if pxcor > 0 [
    if pycor > 0 [
      set color white ]
    if pycor <= 0 [
      set color white + 1 ]  ]
]
```

```
create-humans humann [ set xcor -2 + ( -1 ) * random 27 set ycor -2 + ( -1 ) * random 21
  set food 100
  set wrzb wrzbs
  set risk random riskn
  if pxcor <= 0 [
    if pycor > 0 [
      set color red ]
    if pycor <= 0 [
      set color red + 1 ]  ]
]
```

```
create-humans humann [set xcor -2 + (-1) * random 27 set ycor 2 +  random 21
    set food 100
    set wrzb wrzbs
    set risk random riskn
    if pxcor <= 0 [
      if pycor > 0 [
        set color red]
      if pycor <= 0 [
        set color red + 1]  ]
    ]
  set cc 0（设 cc 的初始值为 0）
  setup-food（程序模块名称）
  setup-tool（同上）
  set wrzbzs sum [wrzb] of humans（令 wrzbzs 的值等于所有 humans 的 wrzb 的总和）
  reset-ticks（计算时针）
end（setup 程序模块结束）
to setup-food（这是一个名为 setup-food 的程序模块，以 end 结束，以下同）
  ask patches [（要求 patches 做如下事情）
    if pxcor > 0 [（如一个 patches 的横坐标大于零，则做下面的事）
      if pycor > 0 [（如果纵坐标大于零则）
        set wr random wrf（让 wr 的值随机取 0-wrf 之间的整数）
        set pcolor green（让这块 patches 的颜色为绿色）
        set sl random sl1（让参数 sl 的值在 0-sl1 之间的随机取值，含 0）
        ]
      ]
    if pxcor <= 0 [（如果此地的横坐标小于等于零，那么）
      if pycor > 0 [（如果此地的纵坐标大于零，那么）
        set wr random wrf（让参数在 0-wrf 之间的随机取值）
        set pcolor blue（让此地颜色变为蓝色）
        set sl random sl1（让参数 sl 的值在 0-sl1 之间的随机取值，含 0）
        ]
      ]
    ]
  end
```

```
to setup-tool
  ask patches [
    if pxcor > 0 [
      if pycor <= 0 [
        set wr random wrx (让 wr 的值随机取 0-wrx 之间的整数)
        set pcolor green + 1 (让此地颜色变为"green + 1")
        set sl random sl2 (让参数 sl 的值在 0-sl2 之间的随机取值, 含 0)
        set nd random ndx (让参数 nd 的值在 0-ndx 之间的随机取值, 含 0)
      ] ]
    if pxcor <= 0 [
      if pycor <= 0 [
        set wr random wrx
        set pcolor blue + 1
        set sl random sl2
        set nd random ndx
      ] ]
  ]
end
to go
  food-reproduce (植物繁殖模块)
  tool-reproduce (工具生产模块)
  move-turtles (人行走模块)
  product-food (食物生产模块)
  product-tool (工具生产模块)
  check-die (死亡检测模块)
  reproduce-wrzb (新增排污指标模块)
  buy-food (食物交易模块)
  buy-wrzb (排污权交易模块)
  tick (检测系统时钟)
end
to move-turtles (turtles 移动模块)
  ask turtles [ (要求 turtles 做下列事情)
    if cc = 0 [
      right random 360 (turtles 原地随机转圈)
```

if color = white [if pxcor > 0　　[fd 1] if pxcor <= 0 [setxy random 21 random 21
] if pycor <= 0 [setxy random 21 random 21]] （让白颜色的 turtles 在右上区域移动）

if color = white + 1 [if pxcor > 0　　[fd 1] if pxcor <= 0 [setxy random 21 (random21)＊(−1)] if pycor > 0 [setxy random 21 (random 21)＊(−1)]] （让颜色为
"white + 1" 的 turtles 在右下区域移动）

if color = red　　[if pxcor > 0 [setxy (random 21)＊(−1)　　random 21] if pxcor <= 0 [fd 1] if pycor <= 0 [setxy (random 21)＊(−1)　　random 21]] （让颜色为
"red" 的 turtles 在左上区域移动）

if color = red　+ 1　　[if pxcor > 0 [setxy (random 21)＊(−1)　　random 21] if
pxcor <= 0 [fd 1] if pycor > 0 [setxy (random 21)＊(−1)　　(random 21)＊(−1)]]
（让颜色为 "red" 的 turtles 在左上区域移动）

]

if cc = 1 [setxy xx yy right random 360] （如果 cc＝1 则让次 turtles 在原地转圈）

set step step + 1 （增加 step 参数的值 1 个单位）

if step = 6 [set food food − 1 set step 0] （若 step 的值达到 6 就让它吃一个单位是
食品，然后把 step 的值恢复为 0）

]

end

to product-food （食物生产模块）

ask turtles （要求 turtles 做下列事情）

[

if count humans-here <= 1 （如果在这个地方的 humans 数量小于等于 1，则）

[if color = red [（如果 turtles 的颜色为 red，则）

if pcolor = blue [（如果一个 turtles 脚下地块的颜色为 blue，则）

if wrzb > wr [（如果一个 turtles 手中的污染指标大于脚下地块的污染参数 wr，
则）

if tool = 0 [set food food + 2 set dfood 2] （若工具为零，则让自己的食物参数
增加 2，让食物增量参数的值为 2）

if tool > 0 and tool < 5 [set food food +　2 + tool ＊ 2　set dfood　2 + tool ＊ 2]
（如果工具大于零小于 5，则让食物增加 2+tool＊2，让食物增加值增加 2+tool＊2）

if tool >= 5 [set food food + 12　set dfood 12] （如果工具大于或等于 5，则
食物增加 12，让食物增量值为 12）

set wrpf dfood ＊ wr （让污染排放量等于生产的食物数量乘以污染参数 wr）

set wrzb wrzb − wrpf （扣除该人的污染指标）

```
        set sl sl - dfood（减少该地块的食物数量）

        if sl = 0 [set cc 0 set pcolor black]（如果食物数量为零，则让 cc 的值为零
并让该地块的颜色变为黑色）

        if sl > 0 [set cc 1 set xx xcor set yy ycor]（如果该地块食物数量仍然大于零，
则让 cc 等于 1，并把该地块的坐标参数计入该 turtle 的 xx 和 yy 参数中）

        ] ] ]

    if color = white [

      if pcolor = green [

        if wrzb > wr [

          if tool = 0 [set food food + 2 set dfood 2]

          if tool > 0  and tool < 5 [set food food + 2 + tool * 2  set dfood 4]

          if tool >= 5 [set food food + 12 ]

        set wrpf dfood * wr

        set wrzb wrzb - wrpf

      set sl sl - dfood

      if sl = 0 [set cc 0 set pcolor black]

      if sl > 0 [set cc 1 set xx xcor set yy ycor]

        ] ] ] ]

]

end

to product-tool（生产工具的模块）

  ask turtles [

    if count humans-here <= 1 [

    if color = red + 1 [

      if pcolor = blue + 1 [

        if wrzb > wr   and   food > nd [

          set tool tool + 1

          set dtool 1

          set wrpf dtool * wr

          set wrzb wrzb - wrpf

          set food food - nd

          set nd 0

          set sl sl - 1

          if sl = 0 [set cc 0 set pcolor black]
```

```
              if sl > 0 [ set cc 1 set xx xcor set yy ycor ]
        ] ] ]
     if color = white + 1 [
        if pcolor = green + 1 [
           if wrzb > wr and food > nd [
              set tool tool + 1
              set dtool 1
              set wrpf dtool * wr
              set wrzb wrzb - wrpf
              set food food - nd
              set nd 0
              set sl sl - 1
              if sl = 0 [ set cc 0 set pcolor black ]
              if sl > 0 [ set cc 1 set xx xcor set yy ycor ]
           ] ] ]
        ]
     ]
  end
  to food-reproduce （食物资源再生模块）
     ask patches [
        if pxcor > 0 [
        if pycor > 0 [ if random 10 > repru [
           set wr random wrf
           set pcolor green
           set sl random sl1
           ] ]
        ]
        if pxcor <= 0 [
        if pycor > 0 [ if random 10 > repru [
           set wr random wrf
           set pcolor blue
           set sl random sl1
           ] ]
        ]
```

```
    ]
end
to tool-reproduce（工具资源再生模块）
  ask patches [
      if random 10 > repru [ set wr random wrx set sl random sl2 set nd random ndx ]
      if pxcor > 0 [ if pycor <= 0 [set pcolor green + 1] ]
      if pxcor <= 0 [ if pycor <= 0 [set pcolor blue + 1] ]
  ]
end
to check-die
  ask turtles [ if food <= 0 [die] ]
end
to reproduce-wrzb（新增排污指标模块）
  ask turtles [
      if sum [ wrzb ] of humans < wrzbzs [ set wrzb wrzb + ( wrzbzs - sum [ wrzb ] of hu-
```
mans) / count humans]（如果所有人剩余的污染指标总数小于外生的、有政府或法律确定的污染指标总数，则令其差额按照人均分配到每人）
```
      ]
end
to buy-food（买食物模块）
  ask turtles [
      if food < 50 and tool > 0   [（如果一个人的食物小于 50 并且其工具大于 0，则）
          create-foodjiaoyi-link-with one-of turtles with [food > 100]（与食物大于零的
```
某一个人建立一个名为"foodjiaoyi-link"的链接）
```
          set food food + 5（增加自己的食物 5 个单位）
          set tool tool - 1（减少自己的工具 1 个单位）
          ask foodjiaoyi-link-neighbors [set food food - 5 set tool tool + 1]（要求链条的
```
对面那个人的食物减少 5 个单位，增加那个人的工具 1 个单位）
```
          set kk kk + 1（增加 kk 1 个单位，kk 是一种测试参数，让编程者观察程序的
```
进程）
```
          ]
      ask foodjiaoyi-links [die]（取消让上面建立的链接）
          ]
end
```

to buy-wrzb（购买排污指标的模块）
    ask humans [
        if wrzb < 5 and tool > 5　and xcor >= 2　　[（如果排污指标小于 5 并且工具大于 5 并且横坐标大于 2——即纵坐标轴右边的人才能进行排污权买卖）
            if count turtles with [wrzb > 5 and tool < 5 and xcor >= 2　] > 0　　[create-wrzbjiaoyi-link-with one-of turtles with [wrzb > 5 and tool < 5 and xcor >= 2　]]（先考察该区域里污染指标大于 5 的人是都存在，如果存在，就与其中的一个人建立一个链接）
            set wrzb wrzb + 1（增加自己的排污指标数）
            set tool tool － 1（减少自己的工具，即用工具买指标）
            ask wrzbjiaoyi-link-neighbors [set wrzb wrzb － 1 set tool tool + 1]（要求对方减少 1 个排污指标，增加 1 个工具）
        ]
        ask wrzbjiaoyi-links [die]（取消上面的链接）
    ]
end

（4）仿真结果及其讨论

这个仿真程序的鲁棒性能很好，无论进行多少次实验，结果都基本类似，以下是其中一次运行结果，各地区初始人数分别为 100，运行 1400 个周期。

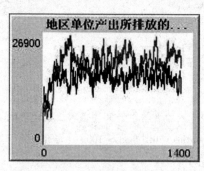

图 4-5　仿真结果图

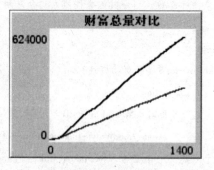

图 4-6　仿真结果图

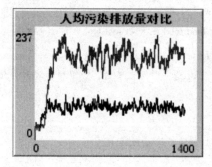

图 4-7　仿真结果图

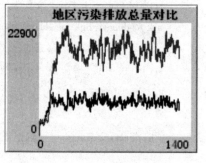

图 4-8　仿真结果图

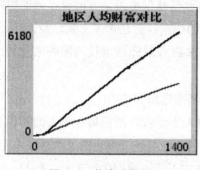

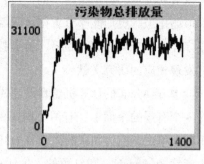

图 4-9　仿真结果图　　　　　　　　图 4-10　仿真结果图

上述各图中，浅线为 B 区域的运行状况，深线为 A 区域的运行状况。结果表明，施行排污权可交易制度的 B 区域的状况普遍好于不允许排污权交易的 A 区域：B 区域的总财富水平和人均财富水平都高于 A 区域，而 B 区域的污染物排放总量、人均污染物排放量、单位产出所排放的污染物数量等指标都小于 A 区域。同时，我们看到最后一个图表的整个社会的排污总量最终基本趋于稳定，这显然是因为我们外生地控制了排污权总量的缘故。

（5）结论

本研究获得的结论是，在排污权总量一定的前提下，排污权可交易有利于经济增长和减少污染物排放量，即有利于实现经济增长和环境保护双重目标的实现。当然，本研究没有考虑排污权交易的交易成本，也没有允许排污权交易双方自由定价，这些，都只能留待进一步的研究。

4.6　基于 Agent 的计算机仿真实验：排污标准与排污权交易对经济增长的影响对比研究

（1）问题的提出及相关文献综述

目前在环境保护上的主要政策手段仍然是排污标准，这可能是因为排污标准比排污权交易更容易实施。其实深究起来，之所以更容易实施，是因为如果按照排污标准进行管理，环境保护部门只需要监测排放者的排放标准就可以了，而如果实施排污权交易，则需要监测排污量，前者显然比后者容易得多。但是，从经济增长的角度看，哪一种政策手段更有利于经济增长呢？

排污标准不是一个市场化的排污工具，而排污权交易是一个市场化工具。

后者可以节约成本，特别是在不同的排污者在减少排污量方面有不同的边际成本时，市场化工具更加能够节省排污所需的成本，这是很多文献已经论述了的，也是很多经济学者容易理解的。① 但直接拿两者对经济增长的影响来比较，则还没有发现相应的研究文献。

（2）基于 Agent 的计算机仿真设计的基本思路和规则

在一个有限的平面上，有两个国家的人生活着，他们每一个人的初始食物都是 100 个单位，左边国家的人又分为红色和粉红色，红色的人生活在左上部，他们生产食物（food），粉红色的人生活在左下部，他们生产工具（tool）；右边国家的人也与左边国家一样，也分上下两部分，上部分的人（白色）生产食物，下部分的人（灰色）生产工具。

食品和工具是随机地投放到这一平面的——食品投放到左右上部而工具投放到左右下部。

个人则分别同时自由地移动，每人所移动的方向是随机的，但不能跳跃，只能是一步一步地走，当移动到有食品的地方时，他首先检查自己有没有足够的排污指标，如果满足，则挖取该地方一定数量的食品，如果移动到有工具的地方，则挖取工具。

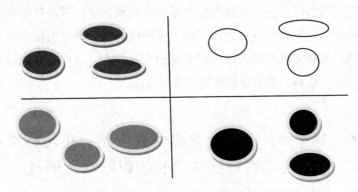

图 4-11　基于 Agent 的计算机仿真设计图

挖取食品的规则是：如果没有工具，则每次可以挖取 2 单位的食品；如果工具大于 0 小于 5，则每次挖取的食品的数量等于 2+2 * 工具数量，同时工具损耗 80%；如果工具大于 5，则每次挖取的食品数量等于 12，工具损耗 80%；排污指标则相应地按照所排放的排污量扣减，排污量 wrpf = dfood * wr * zwjs；其

---

① STERNER T. 环境与自然资源管理的政策工具 ［M］. 张蔚文，黄祖辉，译. 上海：上海人民出版社，2005：211-216.

中，dfood 指这次的产量、wr 是污染系数、zwjs 是其治理污染的技术。

当下部的人移动到有工具的地方时，首先检查自己的食物储备和排污指标是否够。如果够，则按照下列规则挖取工具：每次挖取 1 单位的工具（tool），同时排放的排污量 wrpf = dtool * wr * zwjs。其中，dfood 指产量、wr 是指此人的污染系数、zwjs 是他的治理污染的技术。

左边国家与右边国家的区别是，左边国家不允许排污权的交易，右边国家允许排污权的交易。

治理污染的技术是可以改进的，改进的幅度因人、因时而异，取决于个人的冒险系数，还取决于排污权的价格。排污权的价格越高，人们越有积极性投资改进治理污染的技术。

另外，食品与工具之间的交易是可以自由跨越国家交易的，交易价格是食品总量与工具总量之间的比例。换言之，我们假设这个仿真世界里的人是具有完全信息的，每个人都知道当前时刻的食品总量和工具总量。

本仿真实验假设治理污染的技术（zwjs）不能改进，在程序里之所以保留这个指标，目的是以后放松这一假设时留有一个程序的接口。

（3）仿真结果分析

给定如下参数：riskn = 469，human = 100，wrf = 6，wrx = 64，wrzbs = 50，sl1 = 93，sl2 = 37，repru = 8，ndx = 18，pwzbs = 100，运行 5360 个周期，结果如下。

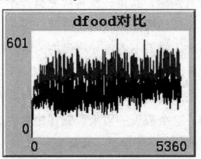

图 4-12　当期新增最终产品（GDP）

浅色为左边世界的当期新增最终产品的总量，深色为右边世界的当期新增最终产品的总量。这表明，采取排污标准的世界，有着比较高的最终产出。

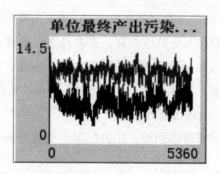

图 4-13　当期单位最终产品的生产所排放的污染物总量

浅色为左边世界的当期污染物排放量与新增最终产品总量之比，深色为右边世界的当期污染物排放量与当期新增最终产品总量之比。这表明，在最终产出相同的情况下，采用排污权交易会有比较低的污染排放量。换言之，排污权交易在经济增长与环境保护的协调上做得比较有效率。

但从上图也看出，两个世界的最终产出最后都处于一种稳定的区间，不能增长了，为什么会是这样呢？这是因为，我们的仿真模型里没有技术进步。

值得指出的是，我们上述结论是在这样一个条件下获得的：排污标准和排污权总量都是固定。

（4）结论与政策含义

本文通过计算机仿真实验，获得一些常规分析得不到的结果：第一，排污权交易更有利于经济增长与环境保护之间的协调，即在相同的产出水平下会有较少的污染排放量；第二，如果不考虑环境保护的话，排污标准比排污权发放和交易更有利于经济发展。

当然，上述结论是在没有技术进步，包括减少污染物排放量的技术上也没有进步的前提下获得的，这个假设一般来说只在短期内成立。所以，在有技术进步的情况下，情况会如何，还需要进一步研究。

4.7　基于 Agent 的计算机仿真实验：排污收费与排污权交易对经济增长的影响对比研究

（1）问题的提出

排污收费和排污权交易都被一些人称之为市场化政策工具，但其实两者还是有明显区别的，即前者的收费不是市场交易的结果，而后者的排污权交易所形成的排污权价格是市场交易的结果。一般的数理推理或逻辑推理也能够得出两者的若干区别，但我们期待通过基于 Agent 的计算机仿真实验，能够发现一些新的区别。

（2）基于 Agent 的计算机仿真设计的基本思路

在一个有限的平面上，有两个国家的人生活着，他们每一个人的初始食物都是 100 个单位，左边国家的人又分为红色和粉红色，红色的人生活在左上部，他们生产食物（food），粉红色的人生活在左下部，他们生产工具（tool）；右边国家的人也与左边国家一样，也分上下两部分，上部分的人（白色）生产食物，下部分的人（灰色）生产工具（见图 4-11）。

食品和工具是随机地投放到这一平面的——食品投放到左右上部而工具投放到左右下部；个人则分别同时自由地移动，每人所移动的方向是随机的，但不能跳跃，只能是一步一步地走，当移动到有食品的地方时，他首先检查自己有没有足够的排污指标，如果满足，则挖取该地方一定数量的食品，如果移动到有工具的地方，则挖取工具。

左边与右边的区别只有一点：左边实施排污收费，右边实施排污权交易。排污收费的标准是按照排污权数量与食物数量之比作为三位，用食物支付。

（3）程序及其说明

```
directed-link-breed [red-links red-link]
undirected-link-breed [wrzbjiaoyi-links wrzbjiaoyi-link]
undirected-link-breed [foodjiaoyi-links foodjiaoyi-link]
undirected-link-breed [tooljiaoyi-links tooljiaoyi-link]
breed [humans]
humans-own [dtool dfood food  xx yy  risk risk2 wrzb tool wrpf zwjs pwzbjg]
patches-own [wr sl nd pwbz]
globals [step wrzbzs  cc kk k  ]
to setup
  clear-all
  create-humans humann [set xcor 2 + random 25 set ycor -2 + (-1) * random 18
    set food 100
    set zwjs 1
    set risk random riskn
    set color white + 1
```

```
        set wrzb wrzbs
      ]
   create-humans humann [set xcor 2 + random 25 set ycor 2 +   random 18
      set food 100
      set zwjs 1
      set risk random riskn
      set color white
      set wrzb wrzbs
      ]
   create-humans humann [set xcor −2 + (−1) * random 25 set ycor −2 + (−1) *
random 18
      set food 100
      set zwjs 1
      set risk random riskn
      set color red + 1


      ]
   create-humans humann [set xcor −2 + (−1) * random 27 set ycor 2 +   random 21
      set food 100
      set zwjs 1
      set risk random riskn
      set color red


      ]
   set cc 0
   setup-food
   setup-tool
   set wrzbzs sum [wrzb] of humans
   reset-ticks
  end
 to setup-food
  ask patches [
     if pxcor > 0 and pycor > 0 [
        set wr random wrf
```

```
            set pcolor green
            set sl random sl1
        ]
    if pxcor <= 0 and pycor > 0 [
            set wr random wrf


            set pcolor blue
            set sl random sl1
        ]
    ]
end
to setup-tool
  ask patches [
    if pxcor > 0 and pycor <= 0 [
            set wr random wrx
            set pcolor green + 1
            set sl random sl2
            set nd random ndx
        ]
    if pxcor <= 0 and pycor <= 0 [
            set wr random wrx


            set pcolor blue + 1
            set sl random sl2
            set nd random ndx
        ]
    ]
end
to go
  food-reproduce
  tool-reproduce
  move-turtles
  product-food
  product-tool
```

```
        check-die
        reproduce-wrzb
        tool-buy-food
        food-buy-wrzb
        tick
    end
    to move-turtles
      ask turtles [
        if cc = 0 [
          right random 360
          if color = white [if pxcor > 0    [fd 1] if pxcor <= 0 [ setxy random 21 random 21
] if pycor <= 0 [setxy random 21 random 21] ]
          if color = white + 1 [if pxcor > 0    [fd 1] if pxcor <= 0 [ setxy random 21 (ran-
dom 21) * (-1) ] if pycor > 0 [setxy random 21 (random 21) * (-1) ] ]
          if color = red    [if pxcor > 0 [setxy (random 21) * (-1)    random 21 ] if px-
cor <= 0 [fd 1] if pycor <= 0 [setxy (random 21) * ( -1)    random 21] ]
          if color = red   + 1    [if pxcor > 0 [setxy (random 21) * (-1)    random 21 ] if
pxcor <= 0 [fd 1] if pycor > 0 [setxy (random 21) * ( -1)    (random 21) * (-
1) ] ] ]
          if cc = 1 [setxy xx yy right random 360]
          set step step + 1
          if step = 6 [set food food - 1 set step 0]
        ]
    end
    to product-food
      ask turtles
      [
        if count humans-here <= 1
          [if color = red [
            if pcolor = blue [
              if tool = 0 [set food food + 2 set dfood 2]
              if tool > 0 and tool < 5 [set food food +   2 + tool * 2   set dfood   2 +
tool * 2 set tool tool * 0. 8]
              if tool >= 5 [set food food + 12   set dfood 12 set tool tool * 0. 8]
```

```
                set wrpf dfood * wr * zwjs
                set food food - wrpf * pwsfx / 100
                set sl sl - dfood
                if sl = 0 [ set cc 0 set pcolor black ]
                if sl > 0 [ set cc 1 set xx xcor set yy ycor ]
            ] ]
      if color = white [
        if pcolor = green [
        if wrzb > wr [
            if tool = 0 [ set food food + 2 set dfood 2 ]
            if tool > 0  and tool < 5 [ set food food + 2 + tool * 2   set dfood 4 set tool
tool * 0. 8]
            if tool >= 5 [ set food food + 12   set tool tool * 0. 8]
          set wrpf dfood * wr * zwjs
          set wrzb wrzb - wrpf
        set sl sl - dfood
        if sl = 0 [ set cc 0 set pcolor black ]
        if sl > 0 [ set cc 1 set xx xcor set yy ycor ]
          ] ] ] ]
    ]
  end
  to product-tool
    ask turtles [
      if count humans-here <= 1 [
      if color = red + 1 [
        if pcolor = blue + 1 [
        if  food > nd [
            set tool tool + 1
            set dtool 1
            set wrpf dtool * wr * zwjs
          set food food - nd - wrpf * pwsfx / 100
            set nd 0
            set sl sl - 1
            if sl = 0 [ set cc 0 set pcolor black ]
```

```
            if sl > 0 [ set cc 1 set xx xcor set yy ycor ]
          ] ] ]
      if color = white + 1 [
        if pcolor = green + 1 [
          if wrzb > wr and food > nd [
            set tool tool + 1
            set dtool 1
            set wrpf dtool * wr * zwjs
            set wrzb wrzb - wrpf
            set food food - nd
            set nd 0
            set sl sl - 1
            if sl = 0 [ set cc 0 set pcolor black ]
            if sl > 0 [ set cc 1 set xx xcor set yy ycor ]
          ] ] ]
      ]
    ]
  end
  to food-reproduce
    ask patches [
      if pxcor > 0 [
      if pycor > 0 [ if random 10 > repru [
        set wr random wrf
        set pcolor green
        set sl random sl1
        ] ]
      ]
      if pxcor <= 0 [
      if pycor > 0 [ if random 10 > repru [
        set wr random wrf
        set pcolor blue
        set sl random sl1
        ] ]
      ]
```

```
        ]
    end
    to tool-reproduce
      ask patches [
            if random 10 > repru [ set sl random sl2 set nd random ndx]
            if pxcor > 0 [ if pycor <= 0 [set wr random wrx set pcolor green + 1] ]
            if pxcor <= 0 [ if pycor <= 0 [ set pcolor blue + 1] ]
        ]
    end
    to check-die
        ask turtles [ if food <= 0 [ die] ]
    end
    to reproduce-wrzb
        ask turtles with [ color = white or color = white + 1] [
            if sum [ wrzb] of humans < wrzbzs [ set wrzb wrzb + ( wrzbzs - sum [ wrzb] of hu-
mans ) / count humans ]
                ]
    end
    to tool-buy-food
        ask turtles [
            if food < risk and tool > 0    [
                if count turtles with [ food > risk   and food > sum [ food] of humans / sum
[ tool] of humans ] > 0 [ create-foodjiaoyi-link-with one-of turtles with [ food > risk and food >
sum [ food] of humans / sum [ tool] of humans] ]
                set food food + sum [ food] of humans / sum [ tool] of humans
                set tool tool - 1
                ask foodjiaoyi-link-neighbors [ set food food - sum [ food] of humans / sum
[ tool] of humans set tool tool + 1]
                set kk kk + 1
                ]
            ask foodjiaoyi-links [ die]
                ]
    end
    to food-buy-wrzb
```

```
        ask humans with [color = white or color = white + 1]        [
            if food > risk   and wrzb < dfood * wr * zwjs [
                if   count turtles with [food < risk   and wrzb < dfood * wr * zwjs] > 0
                  [create-wrzbjiaoyi-link-with one-of turtles with [food < risk   and wrzb < dfood
* wr * zwjs] ]
                set wrzb wrzb +   sum [food] of humans / sum [wrzb] of humans
                set pwzbjg   sum [food] of humans / sum [wrzb] of humans
                set food food   - 1
                ask wrzbjiaoyi-link-neighbors [set wrzb wrzb - sum [wrzb] of humans / sum
[food] of humans   set food   food + 1]
            ]
            ask wrzbjiaoyi-links [die]
        ]
    End
```

（4）仿真结果分析

pwsfx = 14 时的运行结果：

这是在 riskn = 469，humans = 100，wrf = 6，wrx = 64，wrzbs = 50，sk1 = 93，sl2 = 37，repru = 8，ndx = 18，zwjjxx = 10，pwsfx = 14 时，运行 13100 个周期所得到的结果。

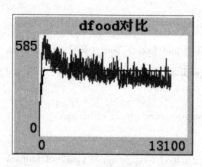 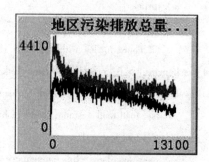

图 4-14　当期新增最终产品（GDP）　　图 4-15　当期污染物排放总量

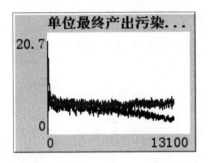

图 4-16　当期单位最终产品的生产所排放的污染物总量

仿真结果有几个特征：①开始实施排污收费的左边的最终产出高于实施排污权交易的右边的最终产出，但随着时间的推移，每期的最终产量都最终稳定在一个水平，即都没有经济增长了，实施排污权交易的右边国家的总产出水平（浅线），稍微高于实施排污收费的左边国家（深线）。②每期排污总量则相反，蓝线稍微低于红线。上述两个特征的合并就是特征③，即单位最终产出所排放的污染量，左边实行排污收费的国家要低于右边实施排污权交易的国家（浅线要高于深线）。④实施排污权交易的右边世界，其最终产量的波动明显逐渐减少，但实施排污收费的左边世界，其最终产量的波动始终比较大，难以稳定下来，这是其他分析方法没有发现的。

参数 pwsfx = 14，这表明是每 100 个排污量要缴纳 14 个单位的最终产品（food）的排污费。如果调高这个参数，即意味着增加排污收费标准，反之，如果调低它，则意味着要减少排污收费标准。下面我们先调低这个指标，看看获得什么结果。

pwsfx = 6 时的运行结果。

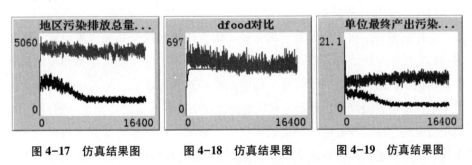

图 4-17　仿真结果图　　　图 4-18　仿真结果图　　　图 4-19　仿真结果图

我们发现与上次仿真实验没有太多的区别，同时我们发现了一个新的特点：开始总是左边的最终产量大于右边，但到了最后，右边的最终产量几乎不变地保持一条水平线，而左边国家的最终产量都围绕右边国家的最终产量而上下波动。就算我们把排污收费标准降低到 pwsfx = 1，结果仍然基本不变（见下面的三个图）。

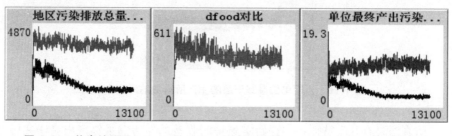

图 4-20 仿真结果图　　图 4-21 仿真结果图　　图 4-22 仿真结果图

pwsfx = 22 时的运行结果。

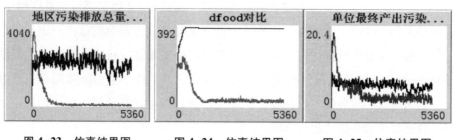

图 4-23 仿真结果图　　图 4-24 仿真结果图　　图 4-25 仿真结果图

这个结果表明，运行的结果是这个排污收费标准太高，使得左边世界里，生产中间产品（tool）的人都活不下去，只剩下生产 food 的少量人活了下来。左边世界变成了一个农业社会，污染量也非常少，单位产品排污量也很低——低于右边的工业社会。

（5）结论与政策含义

上述实验结果获得若干重要的结论：①实施排污权交易的国家，在有技术进步的前提下，经济会最终稳定在一个平稳的水平上，波动很小，而实施排污收费的国家的最终产出则围绕这个稳定水平做剧烈的波动。②无论排污收费标准多低，最后其最终产出也稳定在实施排污权交易的国家之稳态水平附件上下，但单位最终产品所排放的污染量就明显比实施排污权交易的国家大得多。③如果排污收费标准过高，则这个国家会退回农业社会，只有少数人存活并生产少量的产品，污染水平也很低。

　　这个仿真实验的政策含义是，如果其他因素允许实施排污权交易，则总体而言，在协调经济增长和环境保护上，排污权交易要比排污收费有比较好的结果。

第五章 产权界定与交易制度设计

5.1 大气环境资源产权界定与交易设计

5.1.1 大气排污权交易的效果与财政转移支付的比较研究

（1）目前的财政转移和大气排污的现状

中央政府对地方政府的财政转移支付状况：政府的开支有两种，一种是货币支出之后获得相应的商品与劳务的，另一种是货币支出之后没有获得相应的商品与劳务的，后者就是财政转移支付。转移支付按照资金的去向，可分为政府对个人的转移支付和政府对政府的转移支付。本节所讨论的是财政对政府的转移支出，在中国，主要就是中央政府对地方政府的转移支付，主要由财力性转移支付和专项转移支付构成。其中，财力性转移支付是指为弥补财政实力薄弱地区的财力缺口，均衡地区间财力差距，实现地区间基本公共服务能力的均等化，中央财政安排给地方财政的补助支出。目前财力性转移支付包括一般性转移支付、民族地区转移支付、县乡财政奖补资金、调整工资转移支付、农村税费改革转移支付等。专项转移支付是指中央财政为实现特定的宏观政策及事业发展战略目标，以及对委托地方政府代理的一些事务进行补偿而设立的补助资金。

财政转移支付的数据在统计年鉴中没有单独的项目，但是我们从地方财政预算收入与预算支出的比例上可以看出中央对地方的财政转移支付的力度。

表 5-1 地方财政支出/收入比率分析①

地区	2014 年地方一般公共预算收入（亿元）①	2014 年地方一般公共预算支出（亿元）②	比率②/①
北京	4027. 16	4524. 67	1. 123539
天津	2390. 35	2884. 70	1. 206811
河北	2446. 62	4677. 03	1. 911629
山西	1820. 64	3085. 28	1. 694613
内蒙古	1843. 67	3879. 98	2. 104487
辽宁	3192. 78	5080. 49	1. 591243
吉林	1203. 38	2913. 25	2. 420889
黑龙江	1301. 31	3434. 22	2. 639048
上海	4585. 55	4923. 44	1. 073686
江苏	7233. 14	8472. 45	1. 171338
浙江	4122. 02	5159. 57	1. 251709
安徽	2218. 44	4664. 10	2. 102423
福建	2362. 21	3306. 70	1. 399833
江西	1881. 83	3882. 70	2. 063258
山东	5026. 83	7177. 31	1. 427800
河南	2739. 26	6028. 69	2. 200846
湖北	2566. 90	4934. 15	1. 922221
湖南	2262. 79	5017. 38	2. 217342
广东	8065. 08	9152. 64	1. 134848
广西	1422. 28	3479. 79	2. 446628
海南	555. 31	1099. 74	1. 980407
重庆	1922. 02	3304. 39	1. 719228
四川	3061. 07	6796. 61	2. 220338
贵州	1366. 67	3542. 80	2. 592286
云南	1698. 06	4437. 98	2. 613559

① 数据来源：《中国统计年鉴——2015》，国家统计局网站。

续表

地区	2014 年地方一般公共 预算收入（亿元）①	2014 年地方一般公共 预算支出（亿元）②	比率②/①
西藏	124.67	1185.51	9.509184
陕西	1890.40	3962.50	2.096117
甘肃	627.67	2541.49	4.049086
青海	251.68	1347.43	5.353743
宁夏	339.86	1000.45	2.943712
新疆	1282.34	3317.79	2.587294

从上表可以看出，西藏得到的中央财政转移支付比率最高，其次是青海、甘肃、宁夏、黑龙江、云南、新疆等西部、边疆、少数民族聚居区集中的省份。

各地区大气污染情况。

根据国家统计局《中国统计年鉴——2015》的表 8-15，2014 年全国和各省市的废弃排放量中的主要污染物排放数量如下。

表 5-2　2014 年全国和各省市的废弃排放量的主要污染物排放数量　单位：万吨

地区	二氧化硫	氮氧化物	粉尘
全　国	1974.42	2078.00	1740.75
北　京	7.89	15.10	5.74
天　津	20.92	28.23	13.95
河　北	118.99	151.25	179.77
山　西	120.82	106.99	150.68
内蒙古	131.24	125.83	102.15
辽　宁	99.46	90.20	112.07
吉　林	37.23	54.92	47.51
黑龙江	47.22	73.06	79.35
上　海	18.81	33.28	14.17
江　苏	90.47	123.26	76.37
浙　江	57.40	68.79	37.97
安　徽	49.30	80.73	65.28

地　区	二氧化硫	氮氧化物	粉尘
福　建	35.60	41.17	36.79
江　西	53.44	54.01	46.23
山　东	159.02	159.33	120.81
河　南	119.82	142.20	88.21
湖　北	58.38	58.02	50.40
湖　南	62.37	55.28	49.62
广　东	73.01	112.21	44.95
广　西	46.66	44.24	40.29
海　南	3.26	9.50	2.32
重　庆	52.69	35.50	22.61
四　川	79.64	58.54	42.86
贵　州	92.58	49.11	37.79
云　南	63.67	49.89	36.68
西　藏	0.42	4.83	1.39
陕　西	78.10	70.58	70.91
甘　肃	57.56	41.84	34.58
青　海	15.43	13.45	23.99
宁　夏	37.71	40.40	23.92
新　疆	85.30	86.28	81.39

（2）替代财政转移支付的大气排污权交易制度设计的基本思路

某个地区的大气污染排放物有可能影响到任何地区，这是大气污染物与其他污染物的显著区别。因此，应该在尽可能大的范围内建立大气污染排放交易。在一个国家内，就应该在国家层面建立交易中心，所有地区的污染物排放权可以自由交易。国家先确定某一时期的大气排污量；按照各省市的面积分配初始排污权，各省市可以分配到各个地区，各个地区再分配下去，直至分配到个人。

最终的目标是让各省市的交易主体在市场上买卖排污权，由于经济落后地区工业比较落后，排污需求量比较低，通常是地区宽广，获得的排污权比较多，这样，经济落后的地区就能够从出售排污权中获得一笔收入，而经济发达地区则为购买排污权而支付一笔费用，替代原来的财政转移支付。

但是，要达到最终由各个交易主体在市场上自由买卖大气污染物排放权，可能还有很长的路要走。作为初步的尝试，可以只分配到各省市政府，不再往下分，然后由各省市政府作为交易主体，在市场上自由买卖排污权。

如果各省市政府的自由交易尚难以做到，那还可以先由中央政府首先确定某一个财政转移支付额度（53383.2亿元），然后按照各省市所分配到的排污权对这个额度进行分配。

（3）最初级方案的测算

按照上述思路进行测算，2014年各省市所获得的二氧化硫排放指标和财政转移支付额度结果如下。

表 5-3　2014 年各省市所获得的二氧化硫排放指标和财政转移支付额度

地区	面积（万平方公里）	二氧化硫（万吨）	财政收入	财政支出	支出-收入（转移支付估计数）	排放二氧化硫分配	按照二氧化硫指标分配财政转移支付	与实际相比
全国	960.00	1974.42	75831.99	129215.20	53383.20	1971.54		
北京	1.68	7.89	4027.16	4524.67	497.51	3.4502	93.28	-404.00
天津	1.13	20.92	2390.35	2884.70	494.35	2.3207	62.74	-432.00
河北	18.77	118.99	2446.62	4677.03	2230.41	38.5478	1042.00	-1188.00
山西	15.63	120.82	1820.64	3085.28	1264.64	32.0992	867.90	-397.00
内蒙古	118.30	131.24	1843.67	3879.98	2036.31	242.9520	6569.00	4532.00
辽宁	14.95	99.46	3192.78	5080.49	1887.71	30.7027	830.10	-1058.00
吉林	18.74	37.23	1203.38	2913.25	1709.87	38.4862	1041.00	-669.00
黑龙江	45.48	47.22	1301.31	3434.22	2132.91	93.4019	2525.00	392.40
上海	0.63	18.81	4585.55	4923.44	337.89	1.2938	34.98	-303.00
江苏	10.26	90.47	7233.14	8472.45	1239.31	21.0709	569.70	-670.00
浙江	10.20	57.40	4122.02	5159.57	1037.55	20.9477	566.40	-471.00
安徽	13.97	49.30	2218.44	4664.10	2445.66	28.6901	775.70	-1670.00
福建	12.13	35.60	2362.21	3306.70	944.49	24.9113	673.50	-271.00
江西	16.70	53.44	1881.83	3882.70	2000.87	34.2967	927.30	-1074.00
山东	15.38	159.02	5026.83	7177.31	2150.48	31.5858	854.00	-1296.00

续表

地区	面积（万平方公里）	二氧化硫（万吨）	财政收入	财政支出	支出-收入（转移支付估计数）	排放二氧化硫分配	按照二氧化硫指标分配财政转移支付	与实际相比
河南	16.70	119.82	2739.26	6028.69	3289.43	34.2967	927.30	-2362.00
湖北	18.59	58.38	2566.90	4934.15	2367.25	38.1781	1032.00	-1335.00
湖南	21.18	62.37	2262.79	5017.38	2754.59	43.4972	1176.00	-1579.00
广东	18.00	73.01	8065.08	9152.64	1087.56	36.9665	999.50	-88.10
广西	23.60	46.66	1422.28	3479.79	2057.51	48.4671	1310.00	-747.00
海南	3.40	3.26	555.31	1099.74	544.43	6.9826	188.80	-356.00
重庆	8.23	52.69	1922.02	3304.39	1382.37	16.9019	457.00	-925.00
四川	48.14	79.64	3061.07	6796.61	3735.54	98.8648	2673.00	-1062.00
贵州	17.60	92.58	1366.67	3542.80	2176.13	36.1450	977.30	-1199.00
云南	38.33	63.67	1698.06	4437.98	2739.92	78.7180	2128.00	-612.00
西藏	122.80	0.42	124.67	1185.51	1060.84	252.1930	6819.00	5758.00
陕西	20.56	78.10	1890.40	3962.50	2072.10	42.2239	1142.00	-930.00
甘肃	45.44	57.56	627.67	2541.49	1913.82	93.3198	2523.00	609.30
青海	72.23	15.43	251.68	1347.43	1095.75	148.3380	4011.00	2915.00
宁夏	6.64	37.71	339.86	1000.45	660.59	13.6365	368.70	-292.00
新疆	166.00	85.30	1282.34	3317.79	2035.45	340.9130	9217.00	7182.00
合计	961.40						53383.00	

（4）结论

按照本书提供的方案，按照各省市的土地面积分配大气排污权初始额度，然后据此分配各省市的财政转移支付金额，结果虽然还比较粗糙，但标准比较清晰，可以排除很多的寻租空间，也有利于各省市积极降低排污量，是一个可供中央政府选择的基础性的、框架性的分配方案。事实上，对于各省市政府，都可以采用这个框架对待下一级地方政府的财政转移支付。

将来条件一旦成熟，可以把排污权的定价交由市场来完成，即建立完全市场化的大气排污权交易市场。关于这一点，我们将在下一小节进行分析。

5.1.2　大气排污权市场交易机制研究

（1）大气排污权交易市场的基本特征与现状

所谓真正的大气排污权交易市场，笔者认为有两个基本的特征：一是交易主体是个人或者完全自负盈亏的法人；二是交易价格完全由市场交易主体中的卖者与买者双方自由协商决定。按照这一定义，诸如集合竞价这样的定价方式，又或者是政府搞的集中招投标这样的方式，都不是真正的交易市场。比如，我国的股票市场每日的开盘价就不是一种真正的交易市场的定价方式，有很多由大庄家操控的空间。

按照上述特征所形成的交易市场定义，目前我国尚没有一个真正的大气排污权交易市场。

（2）大气排污权交易市场的主要规则

大气排污权每期（建议为每年）的初始发行总量。由于排污权的发行量对价格的影响很大，因此，何时发行新的排污权，发行量是多少，必须由一个预先确定的规则来产生，尽可能地降低不确定性。这种规则，可能依据环境容量，还要考虑经济、社会等因素，由一套确定的法定程序来制定，不允许随意更改，发行量最好是稳定的。

大气排污权的初始分配。大气排污权总量由全国人大按照某一个确定的规则确定，然后按照各省市面积分配到各个地区省市，然后把各省市的额度直接分配到个人（自然人）。这个分配办法保证了人口稀疏地区的每一个居民获得的大气排污权比人口稠密地区的每一个居民所获得的大气排污权要多。人口越稠密，居民获得的大气排污权越少。这一分配原则的内在逻辑是：大气环境容量越大的地区，可以排放的大气污染量就越多。

大气排污权的有效期限。大气排污权的期限是人为确定的，理论上期限可以很小，也可以很大，从大于 0 的一个正数到无穷大都可以。如果很小，则价格可能更多受到需求方的影响，排污权持有者则处于被动地位，不利于对排污者的激励和惩罚。因此，我建议尽可能让期限大一些，最好让它达到无穷大。

价格的形成。排污权的交易价格由市场自由决定，明确规定政府不可以干预，这样，更有利于降低不确定性。

衍生品。允许市场自主开设排污权期货合约交易和排污权的其他衍生品的交易，以便企业利用衍生工具降低价格波动风险。

（3）大气排污权价格模型及价格的影响因素分析

由于初始排污权是分配给个人，因此，供给方是极其分散的，一个人何时卖掉他手中的排污权，我们很难预测。但由于初始排污权总量是稳定的、可预期的，因此，供给方的总供给量是稳定的、可预见的，基于这一判断，我们认为排污权价格的长期趋势性变化可能主要是来自需求方。至于短期的波动，影响因素太多，也没有研究的价值。

为了研究大气排污权价格的长期趋势性，我们需要构建它的价值定价模型。由于大气排污权的主要需求者是企业和机动车车主，因此我们分别讨论。

①基于企业的大气排污权的定价模型

企业有两种选择，一种指自己减少排污，另一种是购买排污权，因此，排污权的价值就必然等于自己减少排污所导致的损失。自己减少排污，无非是通过两种途径，一种是减少产量，另一种是通过技术创新来减少排污。企业肯定选择这二者中的小者，因此，排污权的价值 P 等于这二者所付出代价之最小者，即：

$$P = \min\left(\frac{R}{X_0}, \ \frac{C}{(x_0 - x_1)Q}\right) \tag{1}$$

其中，R 是一个单位产品所实现的利润 C 是为减少排污而进行的技术创新所支付的费；Q 是企业的产量，x_0 是企业技术创新之前一个单位产品的排污量，x_1 是企业技术创新之后一个单位产品的排污量。

由（1）式，我们有如下显而易见的四个推论。

推论1：产量越大，企业越愿意采用通过技术创新来减排，换言之，越大的企业，越愿意通过技术创新来减少排污量。

推论2：企业单位产品利润率越高，越愿意采用通过技术创新来减排。

推论3：技术创新对于减排的效果越好，即企业技术创新之后一个单位产品的排污量越小，企业就越愿意采用技术创新来减排。

推论4：技术创新成本越低，企业就越愿意采用技术创新来减排。

②基于个人的大气排污权的定价模型

个人的大气排污权是免费分配而来的，会计成本是零，因此，理论上个人所持有的大气排污权的价格可以很低，直至趋向零，这是会计成本定价法的结论。但是，由于所有个人的大气排污权的会计成本都是零，在这个成本上竞争是分不出胜败的。因此，个人所持有的大气排污权的定价，不会在会计成本上面展开。

那么，在什么层面上展开竞争呢？在经济学的成本上展开。一个人总有两个选择，一是持有大气排污权，二是卖掉它。持有大气排污权的经济学成本，其实就是另一个选择的收益，即卖掉大气排污权的各种收益中的最大者，即：

$$R = \max\ (x_1,\ x_2,\ \cdots,\ x_n)$$

其中，x_i，$i=1,\ 2,\ \cdots,\ n$ 为卖掉大气排污权所预期得到的相斥的各种收益。比如，x_1 可以代表银行存款利息，当我卖掉大气排污权把钱存在银行，所获得的所有利息，是卖掉大气排污权所获得的一种收益；x_2 是开酒店所获得的利润，$\cdots$，x_n 是治病获得的健康，如此等等，它们是相斥的——只能选择其中之一，这些相斥的收益中的最大者，就是持有大气排污权的经济学成本了。这个成本一旦上升，大气排污权的收益就减少了，亦即其价值减少了，也就是其价格会下降。比如，一个人得了重病，毕竟健康最大，他会尽快卖掉大气排污权，拿钱去治病，即使降低一些价格也在所不惜。

排污权的价格 P 由下面的收益折现公式决定：

$$P = \frac{D_i}{(1+r)^i}$$

其中，P 是大气排污权的价值，$r=f(R)$ 是 R 的增函数，代表持有者要求的预期收益率；D_i 是排污权在第 i 期卖出的预期价格。在这个定价公式中，D 其实是空中楼阁，没有分析的价值，主要有价值的东西都是来自 $r=f(R)$ 中，其实是来自对具体的 x_1，x_2，$\cdots$，x_n 的分析中，它们越大，大气排污权的价值就越小。

影响个人对大气排污权定价预期的因素 x_1，x_2，$\cdots$，x_n 多如牛毛，数不胜数，而且因人而异，在此仅举出三个比较典型的例子。一是福利的增加，比如治病不要钱——全是政府掏腰包，那么人们就不急于卖掉排污权筹集治病的经费，从而大气排污权价格就会趋向于上升。二是中央银行打开印钞机打印钞票，增加货币发行量，则市场利率会下降，从而大气排污权的价格会上升。三是科技的发展会导致其他收益更高的机会出现，从而提高 R 而降低排污权的价格。

③市场定价模型

个人的行为，以及企业的行为，汇合在一起，形成的市场价格可以由马歇尔的大剪刀模型描述。

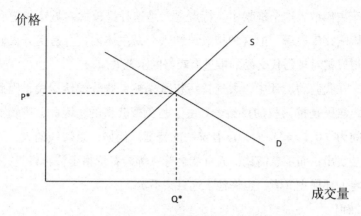

图 5-1　马歇尔的大剪刀模型

需求函数 D 其实是受 $R = max$（x_1，x_2，…，x_n）的影响，R 越大，D 曲线就越向下移动，从而均衡价格 p^* 就越低；也受企业行为的影响，企业的定价 P 构成了企业的需求函数 D，企业定价 P 下降，需求函数 D 向下移动，均衡价格 p^* 也跟着下降。供给曲线 S 受政府主导，主要由初始排污权影响，如果每期发放的初始排污权比上一期增加，则供给曲线 S 向右移动，均衡价格 p^* 降低。

（4）大气排污权交易主体行为分析

以二氧化硫为例，它的排放主要是来自工业，煤炭发电厂和工业锅炉占了 60% 左右，其他工业占 20%，居民生活所排放的占 20% 左右。因此，二氧化硫排放权的需求者主要是企业，而供给者则是全体居民，当然还有各种各样的投机者，如果考虑这一群体，我们就很难说谁是买者，谁是卖者了，因为买者也可以变成卖者，卖者也可以变成买者。

需要排放二氧化硫的企业。这类企业对二氧化硫排污权的需求是稳定的，而且也是需求的绝对主体。因此，只要对他们的二氧化硫排放量进行有效的度量，二氧化硫排放权的市场交易就有了坚实的基础；随着二氧化硫排放权价格的上升，他们就会更加积极地寻找降低二氧化硫排放的技术和手段。二氧化硫排放权的期货甚至是期权等更深层次的衍生品市场的发展，对这类交易主体而言，有利于他们规避二氧化硫排放权价格的波动，都会受到他们的欢迎。他们是这个市场的主力军。

机动车主。机动车所排放的二氧化硫在整个二氧化硫排放量中所占的比例虽然不高，但是有两个特点使得我们可以把它作为重点。特点之一是其排放量的度量可以与燃料的使用量结合起来，通过对加油站的检测度量，可以用较低的成本把车主们纳入这个框架中。特点之二是这种排放源对城市街道和道路两旁的人类影响比较显著，把这种排放源纳入交易主体内，容易提升人们的关注度，处理得好则对排污权交易的推进有较好的示范效应。

居民。在我们的设计中，大气排污权首先被免费分配给居民，因此，在二级市场上，居民是排污权的供给者。由于是免费获得的，因此，逻辑上，他们的卖出区间为（0，+∞）内，没有统一的特征。比如，急需钱的人，可能很低的价格也会卖出；而不急需钱的人可能会等一等，看价格走势再做进一步判断；而对于坚定的环保主义者，也许他永远只买不卖。

（5）政府

所有排污权本质上都是一种产权，政府在保护产权上具有优势，但不同类型的产权需要不同类型的政府发挥作用。在大气排污权这个具体的品种上，可能需要中央政府出面才行，原因是大气的漂移方向没有规律，漂移的区域很可能是全球性的。因此，管辖权越大的政府越能发挥作用。

具体而言，中央政府在推进大气排污权交易这一事情上新增加的主要职责可以用四个字描述：度量确认，即度量确认排污者的排放数量，其他的事情其实都可以交给市场和政府原来的职能机构。度量确认的重点在确认而非度量，换言之，具体的度量可以由个人、市场、非政府组织来完成，但最终确认应该是政府主导制定的某种机制。这种度量确认机制的建立可能是一个长期的、不断完善的过程，不可能一蹴而就。

就目前而言，笔者想得到的初步方案是，政府首先直接担负起那些重点排污单位的大气污染排放的度量确认工作，如电力厂，而对于机动车等小型排污单位，则通过研究机动车技术指标来确定机动车燃料使用量与二氧化硫排放量之间的关系，来度量机动车的二氧化硫排放量，通过机动车档案和加油量记录，自动计算机动车的二氧化硫排放量。

5.1.3　大气排污权初始分配的一个新思路及其数理逻辑分析

针对日益严峻的环境问题，世界各国都在积极进行环境保护制度的创新，力图降低制度运行与监管成本，以提高制度效率。20世纪60年代由美国首次提出将"排污权交易机制"引入环境保护政策框架。排污权交易是指污染物排放在总量控制的前提下，各污染源内部之间通过货币交换的方式相互调剂排污量，从而达到污染物排放总量控制的目的。排污权交易的核心就是依法制定污染物排污权，并允许这种权利像商品那样进行买卖，以此来对环境实行保护，达到遏制环境污染的目的。如美国政府为了改善大气污染，政府限制污染者废气的排放总量，并发放排污许可的质量和数量限额。为了鼓励那些治理污染比较好的企业，政府一方面允许那些排污低于规定标准的企业把它们的许可证放在排污市场上进行交易以取得一定的经济收益，另一方面借此鞭策那些未能达标的企业努力达标，这对遏制美国环境污染问题很有成效。随后德国、澳大利亚、英国等西方发达国家，为应对不断恶化的环境状况也实行排污权交易制度，这在实现污染减排方面已取得明显的成效。可见，将排污权交易引入环境保护政策框架，不仅可以充分发挥政府在环境管理中宏观指导的积极作用，有效遏制"市场失灵"，还可以通过市场竞争激励排污企业不断更新生产理念，实现节能减排目标。①

（1）我国排污权交易的制度现状

①排污权交易存在制度缺陷

改革开放以来，我国经济快速增长，各项建设取得巨大成就，但也付出了巨大的资源和环境代价，经济发展与资源环境的矛盾日趋尖锐。为此，我国在环境保护政策上借鉴西方发达国家经验，实行了排污权交易制度，但实践起步相对较晚。20世纪90年代后开始有部分城市，如江苏、上海、深圳、天津等陆续开始试点尝试。各城市排污权交易制度的实施都具有鲜明的地方特色，采用了不同的实施模式，因此各个城市的排污权分配制度也不同。目前，我国的排污权交易实际操作主要通过无偿分配、拍卖和定价出售三种方式将初始排污权分配给相关企业，但这些分配方式都存在制度缺陷，尤其是排污权初始分配模式的合理性问题，严重限制了排污权交易在市场经济环境中对排污行为治理效果的优化。② 排污权的初始分配问题一直是排污权交易制度中最为困难的一个部分，同时也是确保此制度的实施能够有效实施的基础环节。③ 国内学者对排污权初始分配的研究表现在两个方面：一是利用其他学科的理论探讨排污权初

---

① 晋海，张洪燕. 论排污权初始分配程序规则的建构 [J]. 华东交通大学学报，2013（02）：117–121.

② 高鑫，潘磊. 从社会资本角度探索创新排污权初始分配模式 [J]. 生态经济，2010（05）：34–37.

③ 宁素琴，梁善涛，陈欣华. 广西二氧化硫（SO2）排污权初始分配模式及价格形成机制研究 [J]. 市场论坛，2010（02）：86–87，81.

始分配问题，如高鑫①、颜蕾②等；二是利用已有的排污权初始分配方法来探讨某一区域进行排污权初始分配问题，如吴征帆③、宁素琴等④。目前对排污权初始分配模式尚没有人提出有效的方法，在现实中人们仍未找到排污权市场化的有效途径。也尚未出现污染物排放在总量控制的基础上以单位土地面积来对排污权初始分配模式的研究。可见，我国排污权市场机制的建立和实施仍极具挑战性。

②节能减排机制出现扭曲现象

节能减排是国内独有的一种任务安排，出自我国"十一五"规划纲要。我国快速增长的能源消耗和过高的石油对外依存度促使中央政府提出了节能减排对策。中央在 2006 年年初提出：到 2010 年，单位 GDP 能耗比 2005 年降低两成、主要污染物排放减少一成。并设立两个目标：一要保持经济增长，二要完成节能减排任务。节能减排任务包括节能和减排两大技术领域——减少能源浪费和降低废气排放，二者既有联系又有区别。一般来说，节能必定减排，而减排却未必节能。表现在近年来，一些地方政府为完成"单位 GDP 能耗"任务，采取了简单易行的节能减排做法：用电量/GDP。按照这一思路：只要分子的降幅大于分母的降幅，就达到"减排"的目标了。于是，"停电减排"被地方政府大规模运用。但是，基于上有政策下有对策：某些企业为了自身利益而采用柴油机发电，虽然能耗与排放会成倍增长，但不用计入政府能耗统计数据；另一种做法是把企业迁往不限电的地区，总的能耗并未减少，甚至增加了成本，但是不会影响"减排"大计；更有一些地方政府为达到"减排"目标，竟耗资600 万元安装千盏路灯，为了"节能减排"从来不开，600 万元的 GDP，0 度电耗，出现了不可思议的节能减排成就。可见，我国实行的节能减排机制仍无法避免因地方政府片面追求减排结果而造成的能耗激增现象。为此，我国在实行节能减排任务中应如何注重社会效益和环境效益均衡仍值得探讨。

---

① 高鑫，潘磊. 从社会资本角度探索创新排污权初始分配模式 [J]. 生态经济, 2010 (05)：34-37.

② 颜蕾，巫腾飞. 基于影子价格的排污权初始分配和交易模型 [J]. 重庆理工大学学报 (社会科学版), 2010, 24 (02)：53-56.

③ 吴征帆，向晓东. 一种排污权初始分配结构设计框架 [J]. 环境科学与技术, 2012, 35 (01)：201-205.

④ 宁素琴，梁善涛，陈欣华. 广西二氧化硫（SO2）排污权初始分配模式及价格形成机制研究 [J]. 市场论坛, 2010 (02)：86-87, 81.

③排污权交易市场仍不完善

排污权交易是一种运用经济手段来控制污染的环境政策，其目的在于促使经济、社会和环境协调发展。排污权的交易存在较强的外部性，交易成本很高，因而排污权目前仍难以在我国市场化。一般来说，发达地区能较有效地发挥市场动态和高效的作用，使公平和效率在排污权初始分配的过程中能较好地体现；而欠发达地区，排污权的初始分配在市场经济中较难得到有效发挥，只能通过简单的行政计划来完成配置。也许只有在不考虑市场交易成本的条件下，排污权初始分配的市场分配方式才可以实现计划分配方式的整体最大效益①。

（2）实行以单位土地面积来分配排污权初始指标的制度设想

①以单位土地面积替代单位 GDP 能耗来分配排污权初始指标

为实现经济增长与环境保护协调发展，我国实行的排污许可证制度，主要是按照行政区来分配排污许可证指标。各省市地方政府出于本地发展的考虑，不愿意向外省出售指标；持有排污权的企业，从自身未来发展考虑，即使有富余的排污指标也不愿出售；由于信息不完全对称，在节能减排指标约束下，某些高能耗地方政府更有积极性模仿低能耗地市或企业②。为此，针对中央政府所提出的：既要经济增长，也要节能减排，这两个目标如何兼顾是一个值得探讨的问题。一般来说，经济发展水平较好的地区是工业较发达的省市，但减排压力较大；而经济发展水平较低的地区大多属于后发展的西部地区，不少西部地区存在山多人多耕地少，自然景观、自然资源丰富但缺少资金开发，其减排压力较小等现状。因一个地区的污染物排放量取决于其人口、人均 GDP、单位 GDP 能耗和能源结构四个因素，而人口和人均 GDP 这两个因素对经济欠发达地区控制环境污染物排放量增长起反作用。为此，在污染物总量控制框架下，省级政府可针对中央分配给本省的节能减排任务来统筹分配本省的排污权初始指标：首先，以单位土地面积替代单位 GDP 能耗向次一级地方政府按其管辖土地面积的大小来分配排污权初始指标，这意味着管辖的土地面积越大则获得的排放权指标越多；其次，由次一级地方政府实施人均分配排污权，即向每个持有合法身份证的公民发放一个单位的排污权，并设有效期限；最后做出规定：当

---

① 王先甲，肖文，胡振鹏. 排污权初始权分配的两种方法及其效率比较 [J]. 自然科学进展，2004，14（01）：81-87.

② 黄玲花. 信息不对称条件下地方政府对能耗偏好性研究 [J]. 广西师范学院学报（自然科学版），2012，29（03）：51-56.

地居民可以持有效身份证到指定的环保主管部门所设的办事处或排污权交易机构进行确权和买卖指标，允许指标自由交易，允许企业可以直接向当地居民个人收购，并允许企业之间可以通过合并计算减排任务，只要总目标达到地方政府针对排污企业所设立的减排目标，就算双方都完成减排任务了①。按照这种分配模式，政府明确有效期限将使得排污权更容易流通，也为排污企业提供较为稳定的排污权交易平台，排污权证的价格也会随市场供求关系在有效期内不断变化。这一制度安排不仅能有效而合理地促进欠发达地区的经济增长和资源的优化配置，也可以使得居民（特别是贫困地区的居民）获得一份收入，享受到地方政府实施政策机制所带来的政策福利，并促使排污企业必须加强节能减排工作。

②均衡公平与效率问题

目前，地方政府在节能减排初始任务分配中，主要基于历史排污量，对于低能耗产业比重比较大的地市，地方政府给予的任务是要求它们达到一个比较小的单位产出能耗指标，并且产出越高，地方政府分配给的指标越小；而对于高能耗产业比重比较大的地市，给予的任务是要求它们达到比较大的一个单位产出能耗指标，并且产出越大，分配给的单位产出能耗指标越大。这显然不利于奖励先进，惩罚后进。各地市或企业分配到的初始任务，其实是各地市及各企业的一种资产：分配到手的指标值越大，未来可以降低的潜力就越大，降低了的那部分指标值，就可以卖给别的地市或企业。所以，初始指标值的分配，本质上就是资源的分配，从而必然是一种利益的分配。利益的分配问题，蕴含潜在的公平与效率问题。以单位土地面积替代单位 GDP 能耗来分配排污权初始指标制度设想，使得排污企业只能从市场上公开购买排污权指标。避免了企业与政府针对排污权指标分配问题讨价还价的现象，也避免了相关政府部门的寻租行为，极大地减轻了环保主管部门直接参与分配企业排污量的分配压力。实施这一分配模式，将极大地降低制度运行与监管成本，在提高制度效率的同时，促进地方资源的优化配置。

③便于奖励先进，惩罚后进

若实行以单位土地面积来分配排污权初始指标有以下优点。首先，地方政府为保证总目标的实现，对未完成的企业要惩罚，对超额完成的企业要奖励，

---

① 黄玲花. 节能降耗任务下能耗指标可转让机制研究 [J]. 中国经贸导刊, 2012 (05)：32-35.

但不知道惩罚额度多大才合适。然而，只要采取以单位土地面积来分配排污权初始指标制度设想，就减少了制定惩罚的难度。因为，排污权初始指标分配到居民个人，排污企业只能从市场上公开地购买排污权指标，因此排污企业必须清楚自身的排放需求和减排能力，认真核算自身所需购买排污权的数量以及自身投入治污技术的成本，才能有效降低投资成本以提高投资收益，否则将会亏损。其次，无须制定奖励金额。例如，A 企业可能发现了一个高能耗的项目有利可图，也有足够的资金，但由于有节能减排任务的限制不能进行这个项目，从而失去了扩大经济的一个机会；而 B 企业发现了一个低能耗的项目有利可图，但又苦于缺乏资金而不能开展，同样也失去了发展经济的一个机会。如果两者通过合并计算减排任务，只要总目标达到地方政府规定的减排目标，就算双方都完成减排任务，则双赢可期。最后，若实施这一分配机制将能自动激励各排污企业在生产过程中重视节能降耗以超额完成节能减排任务，而超额完成部分可以通过转让而获得额外收益。

（3）以单位土地面积来分配排污权初始指标的数理模型——以某个省为例

①模型基本假设

假设1：中央政府分配给某个省的节能减排目标是：总能耗量为 E_0，单位能耗量平均产出为 π_0，总产出为 $Y_0 = \pi_0 \times E_0$，单位产出平均利润为 L_0。

假设2：省级政府根据自身环境容量、环境价值的生态文明尺度等综合因素考虑，对本省污染排放量规定一个上限 W，ε_0 为单位污染排放量所需能耗。总能耗量与污染量成正比，即 $E_0 = \varepsilon_0 \times W$，$Y_0 = \pi_0 \times \varepsilon_0 \times W$。在排污权初始分配过程中省级政府以单位土地面积为标准向本省 i 个地区分配排污权指标值 $w_i(i = 1, 2, \cdots, n)$，$\sum_{i=1}^{n} w_i \leq W$。

假设3：某地区 i（其中 $i = 1, 2, \cdots, n$）的总产出为 Y_i，污染排放量为 w_i，污染综合治理能力为 θ_i，总能耗量为 $E_i = \varepsilon_0 \times W_i$，则其总产出 $Y_i = \pi_0 \times E_i = \pi_0 \times \varepsilon_0 W_i$，$\sum_{i=1}^{n} Y_i \geq Y_0$，$\sum_{i=1}^{n} E_i \leq E_0$。

假设4：若 $W_i - w_i - \theta_i > 0$ 时，表示某地区 i 大气环境污染严重，需要加强地方综合治污能力，加大实施节能减排工作力度；若 $w_i + \theta_i - W_i > 0$ 时，表示某地区 i 大气环境状况良好，有能力转让排污权指标（$i = 1, 2, \cdots, n$）。

假设5：如果中央政府把节能减排分解到各省市作为必须完成的目标，并要求各省市尽可能保持经济可持续增长。那么对于某个省，其总收益 L 应不能低于中央政府给予的目标，即满足如下式子：

$$L = \sum_{i=1}^{n} Y_i L_0 = \sum_{i=1}^{n} \pi_0 \times \varepsilon_0 \times W_i \times L_0 \geqslant Y_0 \times L_0 = \pi_0 \times \varepsilon_0 \times W \qquad (1)$$

其中，$\sum_{i=1}^{n} W_i \leq W (i = 1, 2, \cdots, n)$。

②模型的分析

按照模型假设，对某地区的初始排污权进行定价时，其目标函数和约束条件可以表示为：

$$\max L = \sum_{i=1}^{n} Y_i L_0 = \sum_{i=1}^{n} \pi_0 \times \varepsilon_0 \times W_i \times L_0$$

$$s.t \sum_{i=1}^{n} W_i \leq W \qquad (2)$$

对该区域的目标函数和约束条件引入拉格朗日乘子 λ，构造拉格朗日函数如下：

$$Z = \sum_{i=1}^{n} \pi_0 \times \varepsilon_0 \times W_i \times L_0 + \lambda \left(W - \sum_{i=1}^{n} W_i \right)$$

$$s.t \sum_{i=1}^{n} W_i \leq W \qquad (3)$$

由（3）式对 W_i 求一阶导数并令其为零求得：$\lambda = \pi_0 \times \varepsilon_0 \times L_0$。

拉格朗日乘子 λ 是单位排污量的影子价格，它表示某地区 i 在污染排放总量为 W_i 及最优利润条件下当地一个单位排污权的估计价格。但这一价格并不是当地一个排污权的市场交易价格，而只是反映了该地区 i 的排污企业生产能力的盈亏平衡点[①]。它虽与市场价格无直接关系，却是地方企业在市场中实现排污权有偿转让或增加购买时必须考虑的因素。由 $\lambda = \pi_0 \times \varepsilon_0 \times L_0$ 可知，影子价格 λ 表示排污权增减 1 单位时，企业总利润的增减量。因此，影子价格与市场价格不能直接比较，还需考虑企业 i 的单位能耗成本 c_i。

若某地区 i 的排污权市场价格为 p_0，如果企业 i 的单位能耗成本为 c_i，当市场价格 $p_0 < \pi_0 \times \varepsilon_0 \times c_i$ 时，则说明企业 i 继续生产将是亏本的。此时企业 i 应该是减少生产而不是购买排污权来扩大生产，只有采取减少生产对策才能保证自己的总收益；当市场价格 $p_0 < \pi_0 \times \varepsilon_0 \times c_i$，但差价低于影子价格 λ 时，说明企

---

① 李慧. 资源影子价格分析与经营管理决策 [J]. 系统工程理论与实践，2003，23（04）：22-26.

业 i 转让排污权不如自己组织生产合算，也可以认为企业 i 对资源的利用水平高于市场的总体水平，可考虑购买排污权来扩大生产；只有当排污权市场价格 $p_0 - \pi_0 \times \varepsilon_0 \times c_i$ 高于其影子价格 λ 时，企业 i 转让排污权就会比自己组织生产收益更大。

基于经济欠发达地区排污权的初始分配在市场经济中较难得到有效发挥，只能通过简单的行政计划来完成配置。因此，经济欠发达的地区在排污权初始分配问题上，若由省级政府来明确排污权市场价格的方式，则一个单位排污权初始价格可确定为：

$$p_0 = \pi_0 \times \varepsilon_0 \times L_0$$

那么，当各地方政府主管部门以 p_0 定为排污权市场的初始价格时，各地区的企业将通过购买方式才获得排污权。由此，各地区企业的目标与地方政府的目标将趋于一致，并能够有效地使社会总收益得到增加。这时有 $L = \sum_{i=1}^{n} Y_i L_0 \geqslant Y_0 \times L_0$。

（4）实行以单位土地面积来分配排污权初始指标的可行性分析—以广西为例

①可实现兼顾经济增长与环境保护

"十二五"规划期，广西的经济增长与环境保护二者并不能实现"双赢"的发展模式，经济增长和环境保护之间的发展悖论，将是困扰广西进一步发展的强约束条件。根据广西壮族自治区国民经济和社会发展统计公报，2014 年广西生产总值（GDP）达到 15672.97 亿，全区人均 GDP 为 33212.48 元，低于全国平均水平。而广西陆地区域总面积为 23.67 万平方千米，占全国国土总面积的 2.5%，在全国各省区市国土总面积中排名第 9 位。山多地少是广西土地资源的主要特点，山地、丘陵和石山面积占总面积的 69.7%，平地占 27%，水域面积占 3.3%。耕地面积 442.54 万公顷，人均耕地 0.09 公顷。可见，广西人口基数大且在今后一定时间环境污染物排放量将持续增加，满足人们不断增长的物质和文化需要也要求人均 GDP 迅速增加。因此，人口和人均 GDP 这两个因素对广西控制环境污染物排放量增长起反作用①。为实现经济增长和环境保护协调发展，考虑以各地市土地面积大小来统筹分配广西的排污权初始指标，这对广

---

① 黄玲花，吉建华，王玲. 环境承载力下降与经济转型双重压力下广西经济社会发展的路径分析［J］. 广西师范学院学报（自然科学版），2015（02）：92-98.

西许多因山多耕地面积少、经济落后，但自然景观丰富、生态旅游资源得天独厚的地市来说将是获得一笔不小的收益。因此，在环境容量资源有限的条件下，自治区政府实施以单位土地面积替代单位 GDP 能耗向次一级地方政府（14 个设区市）按其辖区土地面积大小来分配排污权初始指标，再由各地市政府实施人均分配排放权机制：即向每个持有合法身份证的公民发放一个单位的排污权。可见，土地面积越大所获得排污权初始指标值就越多。而各地市分配到的初始指标，其实是各地市的一种资产，分配到手的指标值越大，未来可以降低的潜力就越大。为此，各地市如何实施人均分配排放权机制值得探讨。在这里只设想为：由自治区政府设立以 $\frac{1}{\varepsilon_0} \times \frac{E_0}{W}$ 确定为各地市统一发放一个单位排污权的发放标准值，并以影子价格 $\pi_0 \times \varepsilon_0 \times L_0$ 作为一个单位排污权的市场初始价格。同时，明确规定排污权的有效期限，以及排污权的价格将由市场供求关系在有效期内随机变化。这一规定将使得排污权的二级交易市场供给充足且流通活跃。也许对排污有迫切需求的企业来说，购买排污权的交易成本可能提高，但是不会因购买不到排污权而停产。这既督促企业自身在生产过程中加强节能降耗工作，又能鞭策和鼓励经济落后的地方政府灵活利用现有分配机制来盘活地方经济：如大力吸引外资以扶持发展地方生态产业，建设生态旅游项目，提高地方服务行业品质等战略对策。

②增强政府的地位和作用

广西的地域经济、环境和社会发展程度相比国内许多省市较为落后且地域复杂，若自治区政府以 $p_0 = \pi_0 \times \varepsilon_0 \times L_0$ 确定为排污权市场初始价格时，可为区域内排污权市场交易各方提供一个清晰透明的交易平台，以有利于各地市或企业降低交易成本，促使各地市或企业更加重视自身的节能减排效率，以提高污染治理能力，也使得各交易主体可以在较为均衡的交易价格 p_0 下获得各自的收益。一旦政府的执行力增强，将极大地维护排污权交易市场的正常运行。一方面政府生态环境部门在排污权交易中要担负着重要的监管职能，加强对纳入交易体系的排污企业的排污监控，实现对企业排污行为的在线监测，使企业的排污行为随时处于政府部门的监管控制之下。同时，环保主管部门要加强对超量排污行为的处罚力度，对超量排污处以高于市场价格的罚款，使得超量排污企业没有违法排污的空间。另一方面，自治区政府可以借鉴国内外先进节能减排管理标准，结合实情，正确评估区域内企业的节能减排潜力，科学制定和分解节能减排目标。同时加快建立和完善节能减排工作体系，完善节能减排的市场机制。这既能有效而合理地增加社会的总收益，也能为生态环境部门在排污权的初始分配问题上提供了依据。

③完善排污权交易市场

以单位土地面积来分配排污权初始指标制度设想，因信息不对称，拥有可转让排污权的个人或企业单独与急需购买排污权的企业进行交易时成本太高。若有第三方中介机构向排污者或转让者提供信息、行情，充当交易顾问，向市场提供不同区域的污染物排放量之间的交换比率，或代理排污权市场的买卖，则排污权交易成本相对而言会降低，这将催生第三方中介机构的成长。随着第三方中介机构的发展壮大及完善，第三方中介机构还可以依靠自己专业的优势，培育排污权交易市场和弥补市场失灵。如在提供市场服务信息、活跃排污权市场、调节不合理的价格交易制度、维护市场秩序、加强排污权市场业内监督、营造良好的市场氛围、为企业提供节能减排的配套服务等方面发挥积极作用。

（5）结束语

本节探讨了以单位土地面积代替单位 GDP 能耗来分配排污权初始指标的问题。通过构建一个拉格朗日函数，得到一个单位排污量的影子价格。影子价格反映了企业在污染排放总量控制及最优利润条件下单位排污权的估计价格，但这一价格并不是排污权的市场交易价格，而是企业生产能力的盈亏平衡点。它虽与市场价格无直接关系，却是企业在市场中实现排污权有偿转让或增加购买时必须考虑的因素。

当排污权的市场机制不是很完善时，政府主管部门可将影子价格定价为排污权的市场价格，为区域内交易各方提供一个清晰透明的交易平台，以利于企业降低交易成本，也使得各交易主体在较为均衡的交易价格下获得各自的收益。

当排污权的市场机制较完善时，影子价格就可能不再是排污权的市场价格，就需要在充分考虑到环境污染外部性的前提下，来确定企业在市场中实现排污权有偿转让或增加购买因素。当企业的能耗成本高于排污权的市场价格时，说明企业对资源的利用效率低于市场的整体水平，此时企业继续生产将是亏本的。为保证自己的总收益，企业在采取减少生产对策的同时，应该认真审视自己的产品结构和资源消耗方式。当企业的能耗成本低于排污权市场价格，说明企业对资源的利用水平高于市场的总体水平。这时，若能耗成本与排污权市场价格的差价低于影子价格，说明企业自身增加对排污权的利用不仅会获得更多的利润，对整个社会的资源配置也是一种帕累托改进；若企业的能耗成本与排污权市场价格的差价高于影子价格，说明企业转让排污权就会比自己组织生产收益更大。

排污权作为环境公共产品，具有很强的外部性特征，同时也具有较强的稀缺性，这种稀缺资源在初始分配上将是利益的分配，其涉及多方利益。要协调、平衡各方的利益冲突，保证分配的公正，这时政府起着重要的作用。而将排污权这种稀缺资源进行市场化运作，以减少交易费用这一制度安排，处理好市场和政府的地位和作用是关键。基于不同区域具有不同的经济发展模式，不同发展模式所造成的环境污染程度也不相同。由此，探讨由省级政府以单位土地面积替代单位 GDP 能耗向次一级地方政府按其辖区土地面积大小来分配排污权初始指标，再由次一级政府实施人均分配排放权机制。这一制度安排，不仅能降低政府的制度运行与监管成本，提高制度效率，还能使地方居民享受到地方政府实施政策机制所带来的政策福利，有效地提高居民的生活水平。另外，由于排污企业只能从市场上购买排污许可证，从而能有效而合理地促进欠发达地区的经济增长及资源的优化配置。① 当然，该制度设想还只是一个初步框架，但它是一个开放的平台，在促进地方经济增长与生态环境保护协调发展过程中，需要通过不断的体制机制创新来改进和完善。

5.2 河流环境资源产权界定与交易设计

5.2.1 河流环境资源产权的特点

河流环境资源的产权其实就是向河流排放污染物的权利，它与大气排放权有所不同。

（1）排入河流的污染物与排入大气的污染物有明显的不同，大气污染物可以随处漂流——随气流而无规则地移动，污染的影响力衰减的速度也比较慢，污染几乎可以影响到任何地方。而排入河流的污染物则不同，它的污染是有方向的，不会影响其他方向的环境，这种定向的污染，让我们有可能找到上下游

---

① 农卓恩，刘宁杰，黄玲花，等. 排污权交易促进经济增长的计算机仿真实验 [J]. 广西财经学院学报，2015，28（03）：21-27.

之间的排污量之间的换算办法，从而有利于排污权交易机制的设计。

（2）在同一方向上其影响力也会随着新河水的补充而慢慢地、有规则地衰减。

（3）排入河流的污染物，其污染源要比排入大气的污染物复杂得多，这种复杂倒不是指污染源的数量，而是指污染排放的度量难度（可以称之为度量费用）要大得多，主要是因为河流污染物可以在地下暗地里向河流排放，监管起来难度很大。而大气污染物，必然排放到天空，监管和度量自然容易得多。

（4）目前度量河流水质量的指标主要是两个，一个是化学需氧量（COD），另一个是氨氮排放量。它们的影响因素都有很多，影响因素和影响方式的寻找都是技术上的问题，并非本课题的研究范畴。按照现有的技术，可以找出各种污染物排放量与这两个指标之间的各种函数关系，依据各种函数关系就可以发放河流排污物排放量的排放权。

我们在设计河流环境资源产权界定方式和交易规则时，必须考虑上述特点。

5.2.2 河流环境资源产权的界定

（1）界定机构

由于河流通常是跨行政区域的，因此，跨省的河流段，由中央政府界定其环境资源产权。跨县市的河流段，由省政府界定其环境资源产权，以此类推，跨行政区域的河流段，由上一级政府界定其环境资源产权。具体分为两类。

第一类：河流段两旁为不同行政区域的，比如，长江 A 河段，北岸归安徽，南岸归江苏，则这一河段的河流环境资源产权由中央政府管辖，中央政府在流入长江 A 河段的连接位置设立监测点。

第二类：河流由河段组成，上游河段在 A 行政区域内，下游河段在 B 行政区域内，则连接处的环境监测点由 A、B 这两个行政区域的上一级政府管辖。

（2）界定方式：自下而上，按照河流流域分层界定，直至个人。

最高一级的政府管辖的监测点在河流的下游，由它首先确定自己管辖的各个监测点的排污指标，比如化学需氧量或者氨氮排放数量等，然后制定监测点指标与排污量之间的函数关系（简称函数关系），通过监测点指标之间的函数关系来分配给下一级政府所管辖的监测点的指标，然后由下一级政府在依此规则给再下一级政府分配监测点指标，最后，基层政府把监测点指标换算成排污权分配给本监测点流域的自然人。

5. 2. 3 交易机制设计中的若干重要问题

（1）交易的基本原则

原则1：排污权交易不能导致同一地点的排污量发生变化。

原则2：任何监测点的检测指标在任何时候都不能被突破。

（2）排污权合约的基本要素

排污权合约基本单位为"张"，1张合约，其实就是一份由政府发行的标准化合约，这份合约的甲方是政府，乙方是合约的持有者。合约上的基本要素如下。

污染物名称：这是污染物的化学名称，比如"氨氮化合物"。

排污量：每一张合约的标的物就是污染物的可排放量，为方便起见，所有排污合约的排污量统一为1，即每一张合约只可以排放一个单位的污染物。

排污地点：即排污的流域，注明具体地理位置范围。

排污时间：排污时间应该没有限制，即排污者只要手持排污权，就可以在不导致任何监测点的指标被突破的前提下，按照排污权上的数量进行排污，排污后排污权上的可排污数量自动被扣减。

交易主体性质：可以考虑把排污权交易者分为两类，一类是排污者——相当于期货市场中的套期保值者，另一类是投机者。排污者（只有进入政府的环境保护机构监控范围的企业或单位才能注册这类性质的交易席位，只有拥有这个席位的交易者才能使用手中的排污权进行排污），投机者（他们无权排污）。

是否被批准排污：只有两项，即是或者否。

（3）对行使排污权的一个重要限制

由于原则2的限制，政府要控制排污者的排污总量。排污者可以随便购买排污权，但要增加排污，在自己有足够排污权的情况下，还需要获得政府的批准，但政府不能采用传统的审批制度。政府必须建立一个可排污的自动排队机制，政府每天公布每一个监测流域的当日可排污量，然后由想排污的单位与个人在交易系统上自主排污权申报，按照时间顺序依次获得政府排污监管系统的批准——把排污权合约上的"是否被政府批准排污"一栏由"否"改为"是"，只有该栏为"是"的排污权才可用于排污。

（4）不同地区排污权之间的兑换

A是B的上游，一张在A排放1单位X污染物的排污权证（简称A），一张在 B 排放 1 单位 X 污染物的排污权证（简称 B），两者如何兑换呢？

假设在上游 A 区域排放 1 单位 X 污染物，导致 B 监测点的监测值上升了 1，而在 B 区域排放的 1 单位 X 污染物导致 B 监测点的监测值上升 10，则显然一张 B 可以兑换成 10 张 A，即下游 B 地的排污者如果要通过买上游 A 地的排污权来达到在下游 B 地排放 1 单位污染物的目的，他就必须买 10 张 A 地的排污权证。

一般来说，上游 A 区域排放 1 单位 X 污染物，导致 B 监测点的监测值上升了 A_1，而在 B 区域排放的 1 单位 X 污染物导致 B 监测点的监测值上升 B_1，则显然二者的兑换比是 $A_1 : B_1$，即 1 张 B 区域的排污权证可以换取 B_1/A_1 张 A 区域的排污权证。A_1 和 B_1 的值可能随着某些因素而变化，并非是一个常数，但在某时段可能是比较稳定的，因此，监管部门要定时公布兑换比。

（5）不可以拿下游的排污权证到上游去排污

这个规则的道理其实是显而易见的，因为按照上述所指出的排污权交易原则 1——排污权交易不能导致同一地点的排污量发生变化。上游某人买到下游的排污权证就意味着下游排污的减少，但减少了下游的排污，并不会导致上游污染指标的降低。因此，如果上游的这个人按照所买到的下游排污权来排污，就会增加上游的排污量，这是违反原则 1 的。只有下游可以到上游去购买排污权证，这个结论其实是很有意义的，也符合事实上的需求，因为事实上都是下游地区的经济比较发达，对排污有较大的需求，上游则属于落后地区，没有多少工厂，可以通过出售剩余的排污权而获得收益。当然，上游地区要有剩余排污权，其前提是初始的排污权是按照地区面积或者人头分配的。

（6）关于一权多卖问题

由于上游排污的减少会影响下游的一系列观测点的指标下降，因此，上游的一张排污权证可以同时或者不同时卖给下游的多个买家，但上游的一张排污权证在下游的每个观测点只能卖给一个买家，即在同一个观测点不能一权多卖。但是由于上游排污的减少对下游各个观测点的影响是不同的，因此，各下游观测点买家所买到的排污量也是不同的，具体各是多少，由排污管理部门核定后在权证上标明。在电子技术十分发达的现在，对这个问题的处理是不难的。在权证上列举出可能影响的观测点，每一个点一旦被买去，就注销即可，未被注销的观测点越多就可以有更多的买家，所有的观测点都被注销了，这张权证也就作废了。

5. 2. 4　河流排污权证的内在价值

内在价值是一个理论上的估值。有很多估算方法。

治理成本估值法：一方面，上游必须保证流到下游的水质符合监测指标的要求，换言之，只要水质不超标，我就可以排污；另一方面，只要我拥有排污权证，我就可以排污。所以，这两方面是等价的，因此，如果把水质超标的水治理成合格的水，要花费 X，而购买排污权证花费 Y，则二者是等价的，即应该 X＝Y。

根据上述等价关系，排污权的价值 Y 就可以这样来估算：监管部门设立一个水质治理项目，该项目旨在把某观测点的水质进行治理，使之变成合格，公开招标该项目，中标价格就是上游排污权的总价值。

排污收益估值法：花费 Y 去购买排污权证就可以排污，排污的目的其实是为了完成某种生产，产出某种产品，获取某种收益 X。如果 Y 大于 X，人们是不会购买排污权的，而小于 X，则人们争相购买，从而推高价格直至 X 为止，换言之，排污权证的价格 Y＝X。这种评估方法适合工业污染物排放权证，对于生活排污则不适用。

5.3　非点源污染的环境资源产权界定与交易设计

5. 3. 1　非点源污染的特征及目前常用的集中控制方法

（1）非点源污染的定义和种类

水体的污染可以分为点源污染和非点源污染。非点源污染是指没有固定排污口的污染，准确地说，非点源污染是指污染物从非特定地点，在降水的冲刷下，以广域的、扩散的、微量的形式，通过径流过程进入地表或地下的水体所引起的污染。

非点源污染可以分为以下几类。

可分为土壤侵蚀和流失：是指土壤或其他地面组成物质在自然引力作用下或在自然营力与人类活动的综合作用下被剥蚀、破坏、分离、搬运和沉积的过程。它导致许多污染物进入水体。对水体产生影响主要是悬浮颗粒物，其在水中会释放出一些溶解态污染物。其强度取决于降雨强度、地形地貌、土地利用方式和植被覆盖率等四种因素，其中后两种显然与人类有直接关联。

地表径流：大气降水落到地面后，一部分蒸发变成水蒸气返回大气，一部分下渗到土壤成为地下水，其余的水沿着斜坡形成漫流，通过冲沟，溪涧，注入河流，汇入海洋。这种水流称为地表径流。地表径流导致的非点源污染主要来自三个方面：①城镇。主要指雨水及所形成的径流流经城镇地面，如商业区、街道、停车场等，聚集原油、盐分、氮、磷、有毒物质及杂物等污染物，随之进入河湖，污染地表水或地下水体。②矿区、建筑工地。不合理人为活动破坏原有土壤结构和植被面貌，使土表裸露，水土流失增加。降雨条件下散落在矿区地表的泥沙、盐类、酸类物质和残留矿渣等，随地表径流进入水体，形成非点源污染。③林区。降雨使地表植物残枝、落叶及形成的腐坏植物，随地表径流进入水体形成，在森林采伐区，因破坏地表植被，地表径流和土壤侵蚀增加，因而区域非点源污染增加。

农田化肥、农药施用、农村粪便与垃圾：农业使用的化肥和农药，未被植物吸收的，就可能进入水体造成污染，粪便和垃圾也会随风或径流进入水体造成污染。

大气干、湿沉降及其他类型：糟糕的是，大气污染也可以转化为非点源污染，即大气污染导致的大气中的有毒、有害污染物，可通过雨水直接沉降到地表或水体，造成污染。根本无法确定污染源，也是一种用传统方法无法确定责任人的非点源污染。

（2）非点源污染的特征

根据上述分类，其实我们很容易看出非点源污染的三个特征，一是空间上的分散性；二是时间上的随机性；三是影响因素的复杂性。比如化肥，如果使用量得当，它可能全部被农作物所完全吸收，使用不当也可能造成很大的残留，造成严重污染。因此，化肥残留的污染，责任者是谁，在理论上有可能是化肥生产者，也有可能是农作物种植者，但我们事先或者事后都很难确定谁是真正的责任人，这就是复杂性的一个例子。

（3）目前集中常用的控制技术方法

控制方法可以划分为工程技术、管理技术两大类。

工程技术：有工程修复；前置库和沉砂池工程技术；拦砂植物带技术和绿化技术；人工湿地与氧化塘技术；生物净化及少废农田工程技术；农田径流污

染控制和农业生态工程技术；村落废水处理；农村垃圾与固体废弃物处理处置技；林、草、农、林间作技术；截砂工程、截洪沟、土石工程、沟头防护、谷坊工程等。这种技术层面的东西，不属于本课题研究的范畴。本课题研究的是，通过怎样的制度安排，来促进各个微观积极研制这些技术。

管理技术。目前常用的管理技术有：自然负荷管理；大气负荷管理；降雨负荷管理；交通形式负荷管理；土壤负荷管理；农田径流负荷管理等。

（4）若干评论

目前对于非点源污染的研究，主要仍集中在弄清楚非点源污染的来源上，即主要研究由什么物质造成非点源污染。

对于北部湾地区，则没有发现关于非点源污染研究的相关文献，因此，也无从获得有关该地区非电源污染的相关数据。因此，本节的研究大多是属于理论层面的。

目前针对非点源污染的控制技术，都是基于技术层面的，没有看到从环境资源产权的界定与交易这个角度去处理非点源污染问题的文献。

对于制度层面的安排，则是本课题所重视的。换言之，上述各种控制技术，都需要人去研制和执行，对于非点源污染这个复杂的问题，如何在制度上创新，以激励人们去研制和执行各种控制技术，是本节的重点。

5.3.2 基于环境资源产权交易的非点源污染控制思路

（1）分清主次，以限制化学物品非点源污染为重点

按照化学物品划分污染比重。比如，化肥、农药、清洗剂等，之所以应该把重点放在化学物品上，是因为基于如下判断：在没有化学物品之前的世界，虽然也有非点源污染，但并不成为问题。因此，限制化学物品所导致的非点源污染，是解决问题的关键所在。

（2）间接确定污染源

逻辑上，不能确定污染源的污染，环境资源的产权就难以私有化。因此，是不可能采用基于环境资源产权交易的治理思路的。然而，非点源污染虽然不能直接确定污染源，但某些非点源污染可以考虑间接法来确定污染源。比如由化肥、农药等化学物品所产生的非点源污染，就可以采用这种方法。

（3）污染物品报表制度

采用类似于增值税的征收办法的思路来确定化学物品所导致的非电源污染

责任人。以化肥为例，生产厂家在销售化肥时，同时按照生态环境部门的规定填写氮、磷的含量。购买者是农业生产者，他们用这些化肥生产农产品，会有部分氮、磷流失到水体，形成污染。一般流失比例是可以测出来的，生态环境部门可以按照最稳妥的测量结果确定农业生产者所流失的氮、磷数量。有了这个测量基础，就可以对由化学物品导致的非点源污染实施环境资源产权的界定与交易。所有生产厂家都要填报污染化学物品报表，核算污染化学物品的来源和转移到产品中的数量。买入的物品中的污染化学物品，减去已经转移到产品中的污染化学物品，剩余的量，经过确定排污口排出的，就作为点源污染，剩下的就作为非点源污染。无论何种污染，厂家必须为此出示相应的排污权方可排污。

（4）人人参与

每人（包括法人）都要按照"来源-去向"的余额向监管部门出示（支付）排污权票据，因此，人们购买商品时，商家必然要向购买者索取相应的排污权票据，否则商家就要自行承担相应的支付排污权责任。这样一来，全民就都参与到排污权的交易中了。

（5）初始排污权总量的确定与分配

这需要由某区域的全体公民通过协商来确定，通常需要通过一个政治程序来确定。某区域通常是指某流域，但也可能是一国的全体国民。这要看具体的污染物而定。如果某污染物只可能在某区域产生污染，当然没有必要由这个区域之外的人们来干预。

（6）各种排污权证（票据）的交易

由各种商业主体自行建立各种交易市场，政府可以不管，政府只需要盯住生产厂家，审计它们的污染物品报表，并按照报表的指示向它们索要相应的排污权证就可以了。

5.3.3 若干关键问题

在非点源污染领域实施环境资源产权交易制度，有许多关键问题仍需要探讨，下面以化肥和对应的氮排放量关系为例，探讨若干关键问题。

（1）如何对待氮排放量与化肥使用量之间的不同比例关系

化肥使用于农作物，被农作物吸收一部分，剩下的会形成非点源污染。但是，不同的作物，对化肥的吸收程度是不相同的，对化肥的不同使用方法，也可以导致不同的吸收，从这个意义上看，我们应该分别对上述各种差异进行区分，以确定监管对象的非点源排放量。然而，从监管成本的角度考虑，那样做可能成本太高，最大的难点在于，对于化肥的购买者，我们无法确定他会把化肥用于种植何种作物，也无法知道他究竟如何使用，而这些，都会影响到污染物的残留量。从降低成本角度，可以考虑使用统一的标准，而为了使得阻力尽可能的小，可以采用最低标准，即不同的作物，其比值（氮排放量/化肥使用量）是不同的。氮我们选择最低者，这样可能来自农业种植者的阻力会低一些，便于新制度的推行。

（2）排污权费用由谁承担：与商品的价格弹性有关

设置排污权制度后，原来免费的排放权变成有价的了，购买这些排污权的费用不免要进入商品的成本，这个成本最终由谁承担呢？表面上看可能由顾客和生产厂商承担。政府盯住生产厂商，厂商的污染物品报表余额栏必须有相应的排污权证做对冲，否则就违反政府的规定，因此厂商要购买排污权；而顾客在购买含有可污染物品的化学物品时就要支付相应的排污权证，所以顾客也要付费。但事实上，情况可能没那么简单：竞争下，可能费用全部由顾客承担，也可能全部由厂商承担，当然也有可能各自承担一定份额，这取决于相关物品的价格弹性，或者说取决于竞争的情况。

第一，产品生产者能否把排污权制度导致的成本转嫁给消费者。

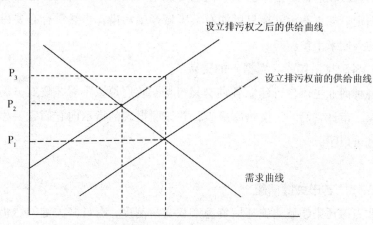

图5-2 设立排污权前后的供给与需求曲线图

如上图，原来某物品的均衡价格在P_1，但设立排污权会使得该物品的成本上升（P_3-P_1），使得其供给曲线上移，为了测算设立排污权对供给方的影响所导致的价格影响是否会转嫁给消费者问题，我们可以假设需求曲线不变，这样，均衡价格就会上升到 P_2，我们看到，消费者承担的价格上升只有 P_2 - P_1，小于供给方的成本上升量 P_3 - P_1，即供给方一般情况下并不能全部把成本的上升转嫁给消费者，除非需求曲线是完全垂直与横坐标轴的，而需求曲线垂直与横坐标轴，就意味着这个商品完全没有价格弹性，即无论价格是多少，消费者都购买相同的数量。显然，这样的商品几乎是不存在的。不过，沿着这一视角我们不难发现，价格弹性越小的商品，生产者越是能够把排污权的支出转嫁给消费者。一般来说，日常生活必需品的价格弹性比较低，因此，这类商品的生产者就更多地把排污权证的支出转嫁给消费者，反之，对于奢侈品，则主要由生产者承担。这种性质在制定具体的排污权交易政策中要予以重视。

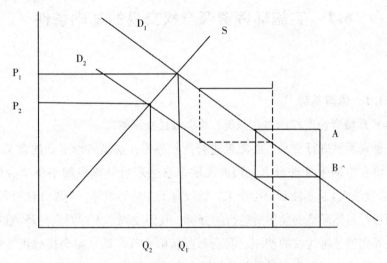

图 5-3　实行排污权交易制度前后的需求曲线图

上图中，实行排污权交易制度，消费者购买商品，需要缴纳排污权，假设排污权价格的大小等于 AB，那么，将使得需求曲线从原来的 D_1 下降到 D_2，导致的后果是：均衡价格将由 P_1 下降到 P_2，同时，销售量也由 Q_1 减少到 Q_2。也就是说，要求消费者购买商品时缴纳排污权证，一般情况下是会导致生产者的销售收入减少的，只有一种特殊情况不会导致生产者的损失，那就是需求曲线是垂直于横坐标轴的，即价格弹性为零的物品。

可见，实施排污权交易制度，无论是生产者缴纳排污权证还是消费者缴纳，都会存在转嫁现象，各自承担的份额，则取决于商品的价格弹性。价格弹性越低，越由消费者承担，价格弹性越高，越由生产者承担。

第六章　环境资源产权交易的基础与制度保障

6.1　实施环境资源产权交易的基础条件

6.1.1　思想基础

（1）环境资源产权的概念深奥，难以被民众理解

一种资源要进行交易，必然要进行产权界定，这是科斯定理的含义。由于自然环境在空间上无法分开，因此无法把自然环境分割成细小单位分给个人（自然人或法人）。不能划分给个人，就没有了交易的主体，当然无法进行交易。但是通过对自然环境的使用所进行的分析，我们发现，人们对自然环境的使用，本质上其实就是排污权的使用。我们呼吸新鲜空气，就一定会排放出二氧化碳这种废气，这与工厂生产时排放废气没有本质的区别，仅仅是排放量上的区别。我们可以排放废气，为什么人家就不能排放？所以说，争议的焦点不是能否排放，也不是谁能够排放谁不能够排放，而是谁可以排放多少的问题。这个道理对一般民众是很难讲得清楚的，所以说，自然环境资源产权交易的思想基础是十分薄弱的。既然底层民众的内心深处没有形成对环境资源产权交易制度的需求，那么，所能依靠的，就只剩下精英阶层了，靠他们去推动这个制度的建设，是可行的吗？本文把精英阶层分为三部分：一是研究这个问题的学者，二是相关的企业家，三是主管部门的政府官员。下面对这三类人的思想基础，即对环境资源产权的可能态度，逐一进行理论上的推测。

（2）研究学者

研究产权的学者，特别是研究环境资源产权的学者，由于他们知道环境资源产权的交易是可以推动环境保护技术的发展的，是可以推动经济结构向着有利于环境保护的方向发展的，因此，他们是支持环境资源产权交易的主力。可是，这些人的力量很薄弱，他们的影响可能是缓慢的，因为他们一般只能呼吁，或者在课堂上通过教学影响他们的学生，间接影响决策者，这个效果是很缓慢的。当然，不排除个别学者的影响力很大，如果他（她）能够接近高级别的官员的话，是可能推动环境资源产权的交易工作快速发展的，但从概率的角度上讲，这种可能性是比较低的。

（3）企业家

环境资源虽然只是公共空间，但转化为排污权之后，就会表现为各种各样的排污权。而每个企业通常只涉及某几种排污权，因此，当我们推进某一种排污权的私有化和交易制度时，受到负面影响的企业家通常更为稀少，从而来自企业家反对的力量是微弱的。另外，为节省排污权而导致的对技术创新的需求增加，可能获得好处的企业更多。因此，只要环境资源产权交易这一政策采用分散推进的办法，来自推进企业家阶层的阻力可能是很小的，相反，由于企业家很容易理解交易的巨大作用，可能赞成的力量更强大。

（4）政府官员

与环境资源产权交易有关政府部门，主要指各级政府的环境保护部门，这些机构的官员，无论是领导还是一般工作人员，都对环境资源产权交易有关制度有重要影响。总体而言，他们很可能是对排污权交易持不积极的态度，理由有三。

第一，惯性的力量。他们已经习惯于原来的排污标准、排污收费等传统做法。制定排污标准，监督排污者是否按标准排污，超标就禁止或者收费，这些传统做法已经形成习惯，惯性往往变成新制度的阻力。

第二，排污收费的本质是政府对环境资源进行定价，而环境资源产权交易的本质是市场定价。因此，由排污收费改成排污权交易，本质上就是由政府定价改为市场定价，从这个角度上讲，环境资源产权交易的推进会使得政府定价的权力被削弱或取消。

第三，实施环境资源交易制度，会使得政府的环境保护部门的工作更加精确化，工作量更大。实施环境资源产权交易，首要的前提就是对环境资源的产权进行精确的界定，否则交易就无从谈起，这是科斯定理的核心。但对产权的界定和保护是政府最基本的职责，这个任务很多会落在环境保护部门的头上，特别是产权的界定上，更是非生态环境部门莫属。另外，实施环境资源产权交易后，环境资源产权价格提高，偷排现象可能就更加严重，如果不严加制止，环境资源产权的价值会大打折扣，因此，环境稽查部门的任务也必然更重。

6.1.2　数据基础

（1）对个人排污量的测算

环境资源产权的本质是排污权，这是本研究前面各部分所阐述的主要观点，另一方面，产权交易的主体是个人，包括自然人和法人。因此，对基于个人的排污量必须有一个权威的、清晰的测算，如果这一点做不到，整个环境资源产权交易的基础就坍塌了。

进行权威测算的主体显然是政府，这是政府的基本职责，也是政府区别于其他机构的一个标志。无论采用什么具体的方式，最终是由政府确定个人的排污量。换言之，在政府的某个部门里应该存有个人（自然人和法人）的排污数据，姓名（法人单位名称），某某污染物排污权数量，某某污染物已排污量，未使用排污权，等等。当人们进行排污权交易时，排污权的过户就要通过这个政府机构来增减交易双方的个人排污权账户数据，否则交易就不算完成。

（2）对河流截面的监测数据

截面河水质量监测数据。在主要流域的交界处，设立政府监测点，收集河流水质量数据，这是河流环境资源产权界定的基础。监测点一般设立在行政区域交界处，监测点由交界处的有关各方的同一个上级设立。比如，在两省交界处的水域，由中央政府建立监测点，而在两乡镇的交界处，则由县级人民政府设立监测点，如此等等。监测数据主要用于推断上游污染物排放量。

各监测点的河水质量数据与上游各排污点的排污量的关系函数。这个函数关系可以用于推测上游排污量，推测过程由政府公布，推测所用到的这一系列关键的函数和数据，应当由政府向社会公布。由于这个函数可能是多变量的，经常变动的，因此，工作量可能较大，政府要有专门的专业机构来承担。

（3）非点源污染数据

按照本研究所获得的治理非点源污染的思路，政府需要建立起一套完善的化学物品报表制度，这套制度目的是获得污染水体的主要工业化学物品的去向。

污染水体（河流、地下水）的主要化学物品是哪些，政府应当时公布相关监测数据。

通过化学物品报表体系，获得个人（自然人、法人）的化学物品排放量数据，并提交给环境资源产权交易机构。

产权交易机构根据环境资源产权数据库，及时公布个人（自然人、法人）的账户余额清单，对账户余额为负数的个人，要及时通知他们购买排污权。并把相关数据转给政府的稽查机构。

要获得上述数据，可能需要政府付出较大的人力财力，但是，这是政府的职责所在，是环境资源产权界定所必需的。

6.1.3 保障制度基础

（1）环境资源产权确认与登记机构

这个机构可以设立在各级政府的环境保护部门之内，负责环境资源产权的确认和登记事宜。这是目前实施环境资源产权交易制度所需要的保障制度中最薄弱的。政府应该大规模扩大这类机构，给予足够的人力、物力、财力。

（2）环境稽查机构

这个机构目前是有的，也是设立在政府的环境保护部门（部、厅、局）内，类似于行动队之类的性质，即对违反环保的行为进行查处，就包括侵犯环境资源产权的行为——无相应的排污权就排放污染物的行为。

（3）环境裁判机构

裁判权集中在法院，但如果实施环境资源产权交易制度，这类案件就比较多，而且这类案件比较特殊，专业性和时效性都很强，所以建议法院单独设立环境法庭。

（4）环境资源产权交易市场

交易市场可以由民间自由建立，政府只要抓住交易的核心（产权变更的登记和稽查及其裁判）这三个环节就可以了，其他的交给民间去做。起初可能有很多的市场，但市场竞争下，优胜劣汰机制会使得搞得好的市场越做越大，而劣质的市场会逐渐萎缩、消失。

6.2 环保管理部门与地方政府的关系重构

6.2.1 历史、现状以及问题的提出

众所周知，过去的环境保护部门是作为政府的内设机构，称为"环保局"，对外没有独立的执法权，前几年各地相继改为政府组成机构，中央政府一级改称为生态环境部，省自治区一级改为环保厅，有了独立的执法权，但由于是地方政府的组成部门，因此还是缺乏独立性。

十八届五中全会明确，省以下环保机构监测监察执法垂直管理，主要指省级生态环境部门直接管理市（地）县的监测监察机构，承担其人员和工作经费，市（地）级环保局实行以省级环保厅（局）为主的双重管理体制，县级环保局不再单设，而是作为市（地）级环保局的派出机构。

目前我国的大多数经济权力是落在了县市一级，所以，县市一级的环保局从县市地方政府中独立出来，作为省环保局的派出机构，归省环保局垂直管理。似乎解决了大部分的独立性问题，但是还有许多问题尚没有解决，特别是一些基本的理论问题，核心的理论问题没有解决，就去制订具体的治理方案，结果就只能是"头痛医头，脚痛医脚"，效果不会好。下面分别阐述若干关键的理论问题。

6.2.2 若干关键的理论问题

（1）界定和保护环境资源产权是各级政府的最基本的职责

在稀缺资源的世界里，如果资源无主，则必然产生"公地悲剧"，因此，总要想办法让稀缺资源有主人，最佳的结果是让稀缺资源成为私产，竞争下，私产最终一定会落到效益最高的地方，给人类提供最大的贡献。如果由于界定为私产的成本很大，或者保护私产的成本很大，也要想办法让它成为有一群人的共同财产——那是公共财产而非私产，只要这群人的人数不太多，协商费用不大，这个公共财产还是可以接近最佳使用效果的。

让尚无主人的稀缺资源成为有主人的资源，特别是让它们成为私产，最好的办法是由政府出面，对资源产权进行界定，同时政府要保护已经有主人的各

种私有财产和共有财产。

明确了界定和保护环境资源产权主要是政府的职责所在，那么，下一个问题便是，这里的政府，究竟指哪一级别的政府？是不是只有中央政府或者省级以上政府才能界定和保护产权？

（2）构建更有效的激励机制，让地方政府有更大的积极性进行环境保护

认为生态环境部门作为地方政府的组成部分，没有独立性，容易屈服于地方政府的压力而不能很好地履行职责，所以要垂直管理。这个说法，其实似是而非，至少是不准确。

如果生态环境部门是政府的组成部分，那它本身就是地方政府，说它屈服于地方政府，等于说是它屈服于自己，或者说屈服于自己的某一部分，就好比说，腿屈服于大脑，或者腿屈服于手，这显然是一种无聊的说法。

事实上，如果地方政府积极保护环境，那么就不存在地方生态环境部门独立性问题，所以，问题的核心其实是，为什么地方政府没有积极地保护环境？

一种说法是，因为考核政府官员时用的是 GDP 指标，而这个指标没有环境保护因素，所以有许多人就去研究"绿色 GDP"，试图把环境保护的东西加入 GDP 这个核算体系中去。但是结果是不成功的，找不到合适的绿色 GDP 核算办法，目前所谓"绿色 GDP"还是难以取代原来的 GDP。

既然绿色 GDP 不管用，组织部门就直接想用分配任务的办法来处理。2006年中央政府就开始把节能减排指标层层往下分配，中央分到省市，省市分给县市，县市再分给乡镇。如果做法，虽然有一定效果，但还是过于粗糙，难以动员全体民众加入环保行动中。

其实，"地方政府对环保没有积极性"这个说法也是过于简单、片面，或者是说不准确的。准确地说，应该分为两种情况：第一种是地方政府为了追求本地区的经济增长而忽视本地区的环境保护；第二是地方政府所代为追求本地区的经济增长而损害别的地区的自然环境。

有两点要说明，第一，这里所讲的损害某人的利益，一定是此人利益确实被损害了，而不是其他人的看法；第二，"损害"是指对共有产权或别人的无偿占有。比如，我进入你的店铺强行非法拿走了你的货物，那是损害，但如果我在你店铺旁边开一家店铺，把你的顾客吸引到我这里，使得你的销售下降，这不是损害，而是竞争。

进一步的，"地方政府"这个词是一个抽象的东西，地方政府是一种制度，

制度本身是不能直接忽视什么或者损害什么的，忽视或者损害的行为，一定是由人，即自然人或者法人，来完成的。

我们可以把地方政府这种制度划分为两类，一类是由契约产生的契约式地方政府，即由本地的居民通过某种协商形式来产生他们的代理人和相应的授权，这些代理人就是政府官员，他们依据所得到的授权来行动，这就是契约式的地方政府。另一类是由上一级政府主导的非契约型政府，这类政府的官员产生和授权都是由上一级政府主导来完成的。我国地方政府本质上是属于后一种。

①契约型政府中环境保护部门与政府关系的分析

对于契约型政府，其行为本质上是由公开的投票机制来决定的，通过公开的某种投票机制来决定某种行为规则，然后由政府去执行，所以本质上政府只是一个执行机构，权力比较小，真正决定政府行为的，是其背后的利益集团博弈的结果。

投票机制的核心是票数多的集团获胜，但获胜的利益集团的人数不一定很多，但其力量却可以很强大，其经济学原理是这样的。

假设某地区有两个利益集团，一个利益集团 A 的人数为 X 人，另一个利益集团 B 的人数为 Y 人，该地区的总人数为 X+Y 人，而且 X<Y。一旦实施某一环境保护法令 F，利益集团 A 的每一个人的损失为 S，而该地区的每一个人获得的好处为 H，并且 XS<（X+Y）H，但 H<S。要让 F 获得通过成为法律，必须全体是赞同票数大于反对票数，假设每一人要投票需要付出 C 的成本，而且 H<C<S，那么，显然，在严格的理性人假设世界里，虽然法令 F 可以使得这个世界的总的好处（X+Y）H 大于总的损失 XS，但不会有人去投赞成票，而投反对票的人却达到 X 人，这样，法令 F 不会被通过。

很多法令具有这样的性质。例如，一项提高某化肥厂排放标准的法令，对该地区居民总体上有很大的好处，但对每一个人的好处却不大，而且对化肥厂的每一个股东也有很大的损失。这样，这些股东努力反对这项法令，还可能由于成本大于收益的缘故，导致大多数普通居民不会努力去支持这项法令。

由于契约型地方政府的核心是利益集团之间的博弈，整个地方政府的行政部门都是执行部门，因此，生态环境部门自然不例外。这样一来，纯粹作为执行部门，生态环境部门就比较容易保持独立性。

另一方面，生态环境部门保持独立性很可能也是各利益集团博弈的结果，就是说，在各利益集团没有一家独大的情况下，执行部门的独立性是各方的最佳选择，这个结果是通过如下的推理而获得的。

　　假设 A、B 两人所面临的状况都是执行部门独立和不独立两种，而且一旦选择就不能更改。在投票获胜时，如果执行部门独立则 A 的收益是 X_1，如果不独立则 A 的收益是 Y_1，投票失败时，如果执行部门独立则 A 的收益是 X_2，不独立则收益是 Y_2；B 也有完全相同的支付函数。但他们谁也不知道投票的结果，或者说，投票获胜的概率都是 N，失败的概率是 1-N，那么，无论 A 还是 B，选择"让执行机构独立"的期望收益 $=X_1 * N + X_2 * (1-N)$，选择"让执行机构不独立"的期望收益 $=Y_1 * N + Y_2 * (1-N)$，

　　当 $X_1 * N + X_2 * (1-N) > Y_1 * N + Y_2 * (1-N)$ 时，选择"让执行机构独立"，由于没有一个利益集团能够一家独大，即不知道投票是失败还是成功，亦即成功的概率为 50%，即 $N=0.5$，那么上式子变成

$$x_1 * 0.5 + x_2 * 0.5 > Y_1 * 0.5 + Y_2 * 0.5$$

　　即 $x_1 + x_2 > Y_1 + Y_2$，这个式子的含义是"所有状态下独立的收益之和大于不独立"，亦即整体上独立优于不独立，因此，结论是：只要整体上独立优于不独立，则无论谁，也无论什么时候，都会选择让执行机构（我们这里主要是指环保厅、局）独立。注意，这个结论的前提假设是博弈双方都预计在未来长期内投票不可能获得超过对方的胜率，而这个假设是符合现实的实际情况的。

　　②非契约型政府中的生态环境部门与政府关系

　　相对于契约型政府，在非契约型政府中，生态环境部门与地方政府之间的关系则要复杂得多。

　　由于非契约型政府的官员通常是由上级任命的，而不是由本地区的利益集团的公开博弈——投票机制——来决定的，因此，地方政府的执行部门的独立性就是由上级所任命的官员来决定的，官员让它独立它就独立，不让它独立它就难以独立。但我们如何推断官员的取向呢？具体推断某地区的官员的行为是不可能的，因为经济学是不能推断具体某个人的行为的——它只可以用于推断人群的行为，人群的人数越多，经济学就越可能推测其行为，作为官员，就算是集体领导层，人数还是太少，难以推断其行为。虽然不能推断某一个官员的行为，但官员作为一个群体，其行为还是可以推断的。

　　在上级决定下级官员的升迁这个总框架下，经济增长必然成为一个权重最大的考核指标，原因如下。

　　第一，地方政府最主要的职责，列举出来，无非是产权保护、社会治安、

环境保护、卫生防疫、公共秩序、公共交通等涉及全体居民的公共事务，但这些事都要钱，经济发展了，才能有钱把这些事情做得更好，所以，地方政府的官员一定会把经济发展放在首位。

第二，经济发展的根源是科技进步，而相对于古代社会来说，在现代社会，有可能产生的科技进步领域是很多的，我们可以用下图来说明这一点。

图6-1　古代与现代人们所掌握的知识示意图

古代社会所掌握的知识可以用里边的圈子表示，而现在社会人们所掌握的知识可以用外面的圈子来表示，其边界就是可能的科技进步突破方向（科技进步就是知识的扩展，即上述圆圈向外扩张）。可见，现代社会可能的科技进步机会要比古代社会多得多，这就是古代社会经济增长速度很慢的原因。由此我们就知道为什么同时由上级决定升迁的中国，古代的一个地方官员不会把主要精力放在经济发展上——机会很少的事情何必去做呢？而现代社会的中国，以及世界其他的地方，地方官员则必然把主要精力放在经济发展上。

既然一定要把经济发展放在首位，而环境保护在一定程度上与经济发展有冲突，因此，生态环境部门就有可能面临来自官员的压力。所以，我们可以认为，构建一个独立的生态环境部门是必要的。最简单的办法是让这个部门的人都来自这个地区之外，这是最简便的保证独立性的办法，这就是目前之所以准备采用垂直管理的原因。但这样简单的处理，虽然把监督费用降低了下来，但是，信息费用可能又上升了——因为某些情况下由本地人去收集相关信息，要比由外地人来收集便利得多。这是下一节要讨论的问题。

6.2.3　成本低者论

由哪一级政府来履行界定和保护产权的职责，要看谁来做成本较低。界定和保护产权是需要付出代价的，代价者成本也，最主要的成本是来自信息费用。有些事情让下级政府去做，所付出的信息费用要比上级去做小得多，这就是为什么要分级管理的原因。现在一股脑把下级的环保管理部门收归上级管理，含义是说由上级来进行环保管理，所付出的信息费用要低？这显然是不对的，按照经济学的逻辑，必然是谁成本低就交给谁做。

（1）大气环境产权管理总局。由于任何地方的大气污染都会影响到其他地方，而且不能在各行政区域的边界处建立监测点，因此，要由中央政府成立大气环境产权管理总局，只负责大气环境产权的管理，包括各种污染大气的排放物的排放权总量的制定、发放、转让，以及对偷排的稽查。在各个地区设立分支机构（分局），人财物都全部直属总局管理。各地当然根据需要也可以设立这样的机构来管理当地的大气环境产权，但与中央设在各地的分局互不相关。

（2）水环境资源产权管理总局。设立这个局来管理水环境资源。水资源有三种，第一种是河流，第二种是地下水，第三种是海洋。

①河流水环境资源：在省与省之间的交界水域设立水环境资源管理分局，负责监测水质指标、界定各省（市）之间的水环境资源产权使用情况。

②地下水环境资源：地下水资源可能也由流域分布，对已经探明流域分布的区域，按照地下水流域分布区域设立地下水环境资源管理分局，专门管理地下水环境资源产权。

③海洋水环境资源：第三种在逻辑上是全地球人类共有的，但海洋还很大，环境资源容量还很大，接近于是一种非稀缺资源，因此可以不考虑全球海洋问题，而是考虑近海水环境的影响。但近海水环境也是全国互通的，很难区分边界，所以，理应由中央政府来管辖。可以在国家水环境资源产权管理总局下设立海洋水环境资源产权管理分局来管理海洋水环境资源产权。

各地方政府也可以设立水环境国土资源管理局，管理低一级的行政区域交界处的水环境资源产权交易。比如，省局在县市河流交界处设立水资源管理分局。

（3）非点源污染管理分局。非点源污染是一种特别的污染，污染的对象也不确定，对那些不能由上述其他管理局确认的污染物去向，应当由中央的环境资源产权管理总局下设一个非点源污染环境资源产权管理分局，该局负责非点源污染物的报表系统的制定、接受申报人的非点源污染申报，制定非点源污染环境资源产权交易制度等，该分局可以在各地区设立分支机构，直属中央分局管辖。地方政府不再设立这类机构。为什么地方不再设立这个机构，只由中央总局设立？原因是非点源污染的申报系统就好像现在的增值税申报系统一样，其上家与下家都可能是跨省市的，所以，由中央总局管理比较好。

6.2.4　小结

本节讨论环境保护机构与地方政府的关系，主要的结论是，要看总成本最小来确定管理关系，应当分别不同的污染物来设立环境国土资源管理局。对于大气污染物，由中央政府设立大气环境资源管理总局，并在各个地方设立直属总局的各级分局。对于水污染物，则分河流、地下水、海洋等污染物去向，分别建立专业的环境国土资源管理局。对于非点源污染，则由中央政府在总局下设立非点源污染分局，专门管理全国的非点源污染环境资源产权，它可以在全国各区域（不一定是按照地方行政区域）设立各级分支机构。总之，环境资源产权的界定和保护在现代社会已经是政府最重要的工作，是其他商业机构所不能替代的，政府应该给予足够的人力、物力、财力来进行管理。

6.3　环境产权司法裁决体系之重构

6.3.1　重构环境产权纠纷司法裁决体系的必要性

本节所称的裁决体系是指管辖权有关的规定。我国《民事诉讼法》第二十九条规定："因侵权行为提起的诉讼由侵权行为地或者被告住所地人民法院管辖。"对于公诉机关提起公诉的环境污染案件，审判管辖权似乎更为模糊。我国《刑事诉讼法》第2章规定："刑事案件由犯罪地的人民法院管辖。如果由被告人居住地的人民法院审判更为适宜的，可以由被告人居住地的人民法院管辖。""几个同级人民法院都有权管辖的案件，由最初受理的人民法院审判。在必要的时候，可以移送主要犯罪地的人民法院审判。""上级人民法院可以指定下级人民法院审判管辖不明的案件，也可以指定下级人民法院将案件移送其他人民法院审判。""专门人民法院案件的管辖另行规定"。也就是说，我国法律中并没有单独的专门处理环境污染纠纷的法庭。2015 年 6 月 1 日，最高人民法院发布《最高人民法院关于审理环境侵权责任纠纷案件适用法律若干问题的解释》，也未对裁决体系进行新的规定。

现阐述三点，以说明重构环境资源产权司法裁决体系之重要性。

第一，环境产权纠纷可能倍增。如果我国政府一旦按照本课题所设想的办法建立起庞大的环境产权体系，则相应的产权纠纷将比现在多得多，现有的非专业化的法庭是无能力应对的：（1）在我所给出的环境产权世界里，普通的人都拥有环境的私有产权——其实就是排污权，而它们是有价格的，而任何侵犯环境产权的行为，包括偷排的行为，都可能导致排污权价格的下跌，这就导致很多人关心环境产权的侵权问题，从而导致诉讼案件的倍增。（2）实施了我们给出的环境产权制度后，人们对环境产权的维权意识也会倍增。（3）很多原来是公共环境的地方，可能由于实施了我们的环境产权计划后变成了私有的，因此，纠纷案件也会倍增。

第二，纠纷的主体变得更多。现有的环境污染纠纷其实就是环境产权纠纷的一种表现，但现在的纠纷大多出现在私人和私人之间，以及公诉机关与私人之间。按照我们所设计的新的环境产权制度框架，会出现地方政府之间的纠纷。

第三，地方保护可能更加严重。如果实施本课题前面所提出的水环境资源产权框架，则上游侵害下游地区的水环境资源产权时，地方政府所承担的责任会更多，因此，法庭受到的地方政府的压力可能会更大。现在的法庭，人事关系、财力、子女亲属等都与本地各种利益集团有千丝万缕的联系，对独立裁决十分不利。

综上所述，我们的环境产权司法体系不能简单依附于普通的裁决系统，而应该作为特殊情况，即应该归入"专门人民法院"来处理，需要重构其裁决体系。

6.3.2 对目前的环境法庭的评价

首先，目前的环境法庭，是建立在现有的法院体系基础上的一种专门法庭①，它并没有解决上述三个问题的能力，特别是地方在政府的干预问题。环

---

① 刘超. 反思环保法庭的制度逻辑——以贵阳市环保审判庭和清镇市环保法庭为考察对象 [J]. 法学评论，2010，28（01）：121-128.

境案件与其他案件的根本区别是，环境污染与地方经济发展之间，往往有矛盾。有时候，地方政府为保护经济发展而牺牲自然环境，从而对法庭进行干预，要求法庭的判决倾向于保护污染者，这种地方政府干预问题，与其他案件的干预有明显的区别。即这种干预往往来自整个公权体系，而其他的干预大多只是局部的公权，比如某各部门，甚至来自政府官员个人。

其次，据报道，环保法庭遇到案件少的窘况，其根本原因是环境侵权诉讼案件本身就很少，"从各地法院调研所获资料显示，环境侵权类案件几乎可以忽略不计①"，在笔者看来，环境侵权诉讼案件之所以少，原因之一是环境产权没有私有化，从而没有原告，原因之二可能是法院没有能够摆脱地方政府的影响，在办理环境诉讼案件时没有声誉，从而吓退了潜在的原告。换言之，现有的环保法庭如果不摆脱现有的体系，进行更加彻底的制度创新，是难以摆脱案件的困境的。

其三，现有的一些环境法庭为了摆脱案件少的困境，采用了一种被法学家们称之为"强职权主义"的做法②，笔者也认为这种做法有违反法庭的基本精神，关键是，按照上面我们对案件少的原因的分析，这种做法无助于解决案件少的问题。

总而言之，在现有法院内部设立环境法庭，不能解决环境产权保护问题，必须有更加创新的制度安排才行。

6.3.3 新环境资源产权裁决体系的若干构想

经济学的核心是需求定理，即人们趋利避害，或者说是选择我们认为成本最低的途径去实现自己的目标。我们可以利用这一思路，来讨论重构环境资源产权裁决体系的问题。

（1）设立环境资源产权巡回法庭摆脱地方势力的影响

当诉讼双方来自不同的行政区域时，现行的法律规定由被告所在地管辖，这时，我们就常常发现地方保护势力的影响是挥之不去的，其影响无孔不入。常驻一个地方的法院法官，无论是基层法院的法官，还是中级甚至高级法院的

---

① 刘超. 环保法庭在突破环境侵权诉讼困局中的挣扎与困境 [J]. 武汉大学学报（哲学社会科学版），2012，65（04）：60-66.

② 刘超. 反思环保法庭的制度逻辑——以贵阳市环保审判庭和清镇市环保法庭为考察对象 [J]. 法学评论，2010，28（01）：121-128.

法官，都很难不受其影响，这种影响会对裁决的公正性产生不利的影响。

某种势力要影响一个法官，是要付出一定代价的，理论上来说，这个代价的难度取决于两个方面：第一，找到这个法官的难度；第二，说服他的难度。任何提高这两个难度的措施，都对于优化环境资源产权裁决体系有帮助。

对于第二个难度，我们可以用提高法官一生的收益来实现，这些收益包括薪水、社会地位等，这不是我们的重点。我们的重点是在第一个难度，即通过制度重构，来提高第一个难度。具体地说，我们建议设立巡回法庭，巡回法庭不在一个固定的地方常驻，法庭的法官也是在全国（全省、自治区、直辖市）的法官中临时选派的，这样一来，试图影响法官的势力要找到这个法官并对他施加影响，就变得比较困难了。人们可以选择在固定地点的法庭打环境资源产权官司，也可以选择到巡回法庭打官司。这样，不大可能受地方保护势力影响的官司，就可以选择在固定法院解决，而担心受到地方保护势力影响的官司，就可以选择到巡回法庭起诉。

（2）巡回法庭体系的权限安排设想

考虑到地方保护问题通常不会出现在乡镇之间，因此，理论上环境资源产权巡回法庭可以在中级人民法院、高级法院、最高法院设立。但考虑到大部分跨县纠纷是在本市（州、地区）之间的，比如，以北部湾（广西）经济区为例，邕江流域涉及上游的百色市、崇左市、中游的南宁市、下游的玉林市等，河流的污染大多跨市（州、地区），需要高级法院的巡回法庭来处理才更容易减少地方保护势力的干扰。

另外，由于中级人民法院管辖范围太小，法官数量也不多，所以地方保护势力找到法官的难度不大，因此，从这一角度考虑也不宜在中级人民法院设立巡回法庭，建议只在高级、最高级的法院内设立，其全称分别是"最高法院环境资源产权巡回法庭""××高级法院环境资源巡回法庭"。高级巡回法庭只负责本省（自治区、直辖市）内部的环境资源产权纠纷，最高巡回法庭理论上可以裁决国内所有环境资源产权纠纷。各巡回法庭没有固定地址，高级巡回法庭法官在本省（自治区、直辖市）内的法官队伍中随机抽取、临时组建。

（3）建立裁决与执行分离的制度

巡回法庭只负责裁决，不设立执行部门，这样可以提高裁决的效率和公正性，毕竟有时候执行的难度可能影响到裁决的选择。执行工作可由司法或政府各相关部门来完成。比如，如果法庭裁决某人触犯刑法，则由公安机关执行抓人；如果裁决某人赔钱，则由人民法院的执行庭来执行；如果裁决某环境资源产权的归属，则由生态环境部（厅、局）的环境资源产权登记机构按照裁决登记变更所有权人，如此等等。

(4) 网上巡回法庭

巡回法庭与固定地点法庭相比，可能面临许多新的问题。比如，巡回路线、巡回时间、巡回时的办公地点，等等。对于这些问题，我们建议建立网上巡回法庭来加以解决。起诉人先通过互联网或者法院系统的内部网络，在网上起诉。能在网上解决的，就在网上解决，不能的，再根据各种案件的发生地点，合理安排巡回路线和巡回时间。这样，就可以提高巡回法庭办案的效率。至于巡回时的办公地点，可以临时租借。为了保证巡回法庭的独立性，最好规定不准租用当地法院的办公地点。

(5) 产生主审法官的新机制

对于巡回法庭法官的选择，前面我们指出了要临时选派，具体而言，为了保证选派的公正性，在信息技术日新月异的今天，我们建议采用当事人随机抽取制度，即建立法官数据库——法官来自全国或全省（自治区、直辖市）范围内，由当事人双方各随机抽取一名法官，然后再由法院指派一名法官，共由三名法官组成合议庭来组成。其中法院指定的法官为主审法官，但案件的判决由"少数服从多数"原则决定。

(6) 建立新的陪审团制度

建议完善陪审制度，如果是河流污染纠纷，则在该流域之外的地区陪审员数据库随机抽取5~7陪审员组成陪审团，如果是非河流污染纠纷，则采用当事人所在县之外的陪审员组成陪审团。陪审员数据库由有资质的合法公民选择自愿加入。资质是指一定的条件，包括受年龄、受教育程度、纳税额、专业限制，等等。

考虑到公诉机关的强势地位，如果起诉方为公诉机关，则采用陪审团制度；如果起诉方是非公诉机关，则由起诉方选择是采用陪审团制度或者选择仅仅三名法官组成的合议庭制度。陪审团以多数票裁决当事人谁有理或者有罪，然后由法官合议庭给出具体的判决结果。

上述新框架，其实核心是"巡回"二字。把固定位置的法院，改为流动的"巡回法庭"，加大地方政府在环境侵权案件上干预法庭判决的成本，从而达到减少这种干预的目的。

6.3.4　与新框架相关的若干问题的讨论

与新框架有关的问题，可能有如下几个。第一，巡回法庭与原有法院体系之间的管辖关系；第二，巡回法庭的职权，比如有没有"提前介入"的权力；第三，如果执行体系是地方公安机关或原有的各级法院执行庭，那么，采用怎样的制度才能保证这些原有的执行体系有效率地执行巡回法庭的判决？第四，由于巡回法庭的法官还是来自全国或全省（市、自治区）的原有法院系统，那么，还需要什么制度上的保障，来保证地方政府势力不能够通过原有的法院系统来对巡回法庭进行干预？第五，二级审判制度的问题，即如果案件是跨省市自治区的，则由最高人民法院组建的巡回法庭进行一审，那么，二审是谁来组织？下面，对这些问题逐一进行初步的讨论。

（1）巡回法庭与原有法院系统的关系

巡回法庭在高级法院和最高法院设立。巡回路线按照案件堆积情况设计，最好没有固定的巡回路线。巡回法庭巡回结束即解散。然后再根据案件的堆积情况，另行设立新的巡回法庭和巡回路线。

如果是最高法院设立的巡回法庭，当然隶属于最高法院，受最高法院管辖。各巡回法庭的法官从各高级法院抽调。巡回路线范围内的高级法院法官不属于抽调之列，以保证法官不受地方政府（省市）的干预。

如果是高级法院设立的巡回法庭，则隶属于高级法院，受高级法院管辖。法官临时从各中级人民法院抽调，巡回区域即管辖区域，该区域所在的各个中级人民法院的法官不在抽调之列。

（2）巡回法庭的职权

巡回法庭是依照案件的堆积情况设立巡回路线，不宜处理紧急的案件，即不宜处理那种需要法庭提前介入的案件，提前介入的权力应该赋予行政执法机构。比如，如果一个工厂向河流排放污水导致渔业的损失，被损害者应当向环保局执法机构举报，要求立即阻止工厂继续向河流排污，环保执法机构应当有这样的机制来处理这类紧急问题，这种问题要求法庭来制定是不妥当的，因为法庭是一个追求公正更甚于追求效率的地方。这种显而易见的紧急危害，应当具有更高效率的行政执法机构来执行而不是法庭，就好像我们遇到抢劫，应该向公安局报案而不是向法院报案一样，遇到严重的环境污染问题，应当向环保局报案而不是向环境巡回法庭报案。如果环保局认为不需要立即阻止，那么，就只有按照法律程序慢慢地向环境巡回法院起诉，等候法庭按部就班的裁决。总之，不应当赋予环境巡回法庭提前介入的权力，我们的重点应该放在环境巡回法庭的公正性上，只赋予它依法裁决的权力就可以了。

（3）执行问题

对于执行问题，按照前面的阐述，环境巡回法庭没有执行的职能，而是依据裁决的具体情况交给相应的地方司法机关（公安局或普通法院的执行庭）来执行。这样一来，就需要解决一个问题，即如果地方司法机关的执行不利，怎么办？事实上，执行的问题不仅仅在环保案件上，在其他很多案件上都有执行难这一问题。目前正是由于这个担心，才由判决的法院或判决法院所在地的公安机关来执行法院的判决，当然也存在很多委托被告所在地的司法机关来执行的案例。

由于环境巡回法庭是由最高法院或高级法院组建的，因此，可以这样规定：环境巡回法庭的判决由组建它的法院负责执行，最高法院的执行庭可以依据判决的情况要求相应的司法机关或行政执法机关执行环境巡回法庭的判决。

（4）如何保证原有的法院系统对巡回法庭的干预

环境巡回法庭是由最高人民法院或各省市自治区的高级法院组建的，如果说，地方保护势力通过组建它的法院来影响某一个环境巡回法庭的判决，这是可能的，从这一角度而言，我们原来的一个措施（在该法院管辖范围内随机抽取法官）可能就会失效，因为所有法官都受该法院管辖，如果干预是来自这个法院的内部或上一级，则干预是无法避免的。

不过，我们可以借助构建环境巡回法庭体系的机会，给这一机制加上一些新的内容，来尽可能地减少这种干预的力度。比如，加强环境巡回法庭法官的独立性，或者允许当事人选择采用陪审团裁决制度。为了加强法官的独立性，我们是否可以在全国范围内建立环境巡回法庭法官资格库，获得环境巡回法庭法官资格的法官，具有某种地位或利益，使得这种地位或者利益构成他（她）接受干预而失去公正性的巨大成本。这种地位或利益，无非是终身制、某种很高的荣誉，很高的固定薪水，或者某种具有一定期权性质的薪水。又比如，如果在这个位置上工作到退休就获得一笔很高的退休金这样一种期权工资，等等。这种机制其实在所有法官队伍都可以实行，但在新建立的环境巡回法庭内先实行，可能阻力会低一些，等待效果显现出来后再在其他司法系统甚至公务员系统推广。

（5）小结

由于环境保护与经济发展之间的矛盾往往容易导致地方保护主义，作为保护私有产权的最后一道屏障的法院，面临地方政府干预的困境，为此，本节提出建立环境巡回法庭的新机制，并且以这个新机制，推动原有司法系统的制度创新，提高我国司法体系的公正性和效率。

6.4　基于降低交易费用的排污制度安排：政府的作用与边界

6.4.1　引言

交易费用，或者称交易成本，按照巴泽尔的定义，是指取得产权、保护产权以及交换产权的代价。按照科斯的定义，是为了达成交易而产生的费用，包括寻找、签约以及执行合约的费用。按照张五常教授的定义，交易费用是一人世界中没有的费用。

保护环境，促进经济持续稳定地增长，发展循环经济是一个好的做法。在这里，必须充分发挥市场在资源配置中的决定性作用，政府的定位是关键。特别涉及多国、多地区的环境保护问题时，采用环境资源产权界定与交易机制更好。

本研究注意到了一个源自亚当·斯密的经济学思想——交易能够使交易各方获利，并借鉴国外的排污权交易制度，提出一个新的思路：把目前简单地把节能降耗指标层层分解到下级政府和企业的方法，改造成为一种可转让的节能降耗任务体系，以此为切入点，推进各种有利于节能降耗的制度安排的产生和改进，促进节能降耗和经济增长方式的转变。在采用交易方式使排污交易费用降低的前提下，由政府主导，在完善的交易市场向社会公开拍卖排污权，让其在社会上自由流通和买卖，发达国家和地区的实践证明，这种方式比采用排污收费和发放排污标准的效率都高。但是，排污权交易市场在中国处于起步阶段，其原因是多方面的，其中，检测体系不够完善是主要的约束条件。在两地之间的污染有关联的条件下，通过不同地区排污权兑换的方式，异地排污权交易是可以产生的，异地交易的动机是利益的比较，如果从外地购买排污权，然后兑换成为本地排污权使用后来使用，其成本低于直接从本地购买，则异地交易就会发生，企业排污权交易的积极性与其治理污染的能力或者成本有关联。另外，把排污权交易范围扩大到投机者，有利于排污权交易市场的发展。

把环境和自然资源产权、排污权等进行市场化运作，以减少交易费用这一制度安排，曾有学者提过，但缺少具体的操作程序。排污权交易制度的基本理论，排污权的初始分配、排污权的界定及法律性质，资源环境产权交易市场的构建等问题都亟待进一步研究。我国的社会经济制度、自然环境和社会发展程度比发达国家更为复杂，在排污权交易的大范围推广中会遇到更多的实际困难，如何构建相对完美可行的制度及制定具体的实施细则都极具挑战性。

政府与市场的关系是一个有趣的问题，在环境问题上，政府的作用似乎更加被人们重视，但政府与市场的边界常常是随不同的地点和不同的时间而不断变化的，那么，是什么因素影响政府与市场的边界呢？本节将解释这些问题。

6.4.2 水环境是"公共牧场"时：一个简单的模型描述

假设这个社会有 N 个人，他们为了获得某种利益需要排污，排污量（X_i）与利益之间的关系由下面的函数描述：

$$U(X_n) = KX_n - 0.5X_n^2 \quad 其中，n = 1, 2, \cdots, N$$

水环境的容量为 H，当排污总量（G）超过这个容量时，水质开始下降，水质下降将损害到所有人的利益，排污量与这种损害之间的关系假设由下列函数描述：

$$C(G) = 0.5G^2 - HG \quad 其中，G = X_1 + X_2 + \cdots + X_N$$

如果水环境的产权没有界定，即水环境是公共的，那么，每个人的净收益函数如下：

$$R(X_n) = U(X_n) - C(G)$$

每人的目标是使 R（X_n）最大。这样，对目标函数中的 X_n 求导，容易得到如下的等式：

$$K - X_n - G - H = 0, \quad n = 1, 2, \cdots, N$$

即：

$$\begin{cases} K - 2X_1 - X_2 - \cdots - X_N + H = 0 \\ K - X_1 - 2X_2 - \cdots - X_N + H = 0 \\ \cdots \\ K - X_1 - X_2 - \cdots - 2X_N + H = 0 \end{cases}$$

解上述联立方程组，得：

$$X_1 = X_2 = \cdots = X_N = \frac{K+H}{N+1}$$

排污总量为 $N \times \dfrac{K+H}{N+1}$

考虑到 $H - N \times \dfrac{3+H}{N+1} = \dfrac{HN+H-3N-NH}{N+1} = \dfrac{H-3N}{N+1}$ 所以，当 $N = \dfrac{H}{3}$ 时，

H-3N<0，即排污总量大于环境容量。

例如，假设 K=3，H=6，N=3，那么，纳什均衡是每人将排污 2.25 单位的污染物。排污总量 2.25×3=6.75，超过水环境容量 0.75 个单位。

可见，在人们争取各自利益最大化的目标下，把模型中的人数增加到一定的数量，水质量将降到 0——即完全不能使用。这种状况在现实生活中已经出现。

这些制度安排，目前主要是以政府为主导的污水处理机制。这种机制的基本要素主要包括：第一，产生政府；第二，政府通过税收或者直接收污水排放费等方式筹集资金；第三，政府建造污水排放的基础设施，如排水系统；第四，政府出资建造污水处理厂，对污水进行净化处理后再排放。

产生政府是第一步，这一步有"路径依赖"，即这一步不属于本节讨论的范围，它是由一个国家的其他制度（以宪法为首的法律体系）决定的。关键是，政府管什么事情？即政府的边界在哪里？

6.4.3 政府的排污收费制度为什么不能制止污染的恶化

政府征收排污税或者排污费，是最先容易产生的制度安排，如果政府决定把排污总量控制在某个水平，例如，H^0 的水平内，那么，政府可以通过收费（税）额来达到这个目的。这一点，可以通过在上述模型中引入排污单位的价格来说明。

假设政府规定的排污单位价格（税率或者费率）为 P，那么，排污量（X_i）与利益之间的关系函数还是：

$$U(X_n) = KX_n - 0.5X_n^2 \quad 其中，n=1, 2, \cdots, N$$

但排污总量与各人利益之间的关系函数变为：

$$C(G) = 0.5G^2 - HG + X_nP \quad 其中，G = X_1 + X_2 + \cdots + X_N$$

这样，得到的等式改变为：

$$K-X_n-G-H-P=0, \quad n=1, 2, \cdots, N \quad 即：$$

$$\begin{cases} K-2X_1-X_2-\cdots-X_N+H-P=0 \\ K-X_1-2X_2-\cdots-X_N+H-P=0 \end{cases}$$

$$\cdots$$

$$K-X_1-X_2-\cdots-2X_N+H-P=0$$

解上述联立方程组，得：

$$X_1 = X_2 = \cdots = X_N = \frac{K+H-P}{N+1}$$

排污总量为 $N \times \dfrac{K+H-P}{N+1}$

可见，理论上，由 $N \times \dfrac{K+H-P}{N+1} = H^0$ 就可以获得排污收费（税）的单位价格：

$P = K + H - H^0(N+1)/N$ 当人数比较多是，$(N+1)/N \approx 1$，所以，$P \approx K+H-H^0$

但为什么政府不能够仅仅通过这一制度安排来解决水环境污染问题呢？关键的问题就在于那个 K，K 是什么呢？它是个人收益函数 $U(X_n) = KX_n - 0.5X_n^2$ 中的一个常数，我们对这个函数求导，就得到个人排污的边际收益函数：

$$U'(X_n) = K - X_n$$

如果 K 很大，说明第一个单位的排污对这个人的贡献很大，可见，K 所反映的是一种对排污的渴望程度。

在这个模型中，我们假设每个人的 K 是相同的，但事实上，人们对排污的渴望程度应该是不一样的。由于 K 不一样，政府就不知道应该按照什么样的 K 来确定单位排污收费 P。而往往 K 比较大的人，越有积极性来影响政府，迫使政府制订一个比较小的 P。而政府本质上是一套制度而已，不同的制度，会决定影响 P 的方式与大小，关于这一点，这里不进一步地展开讨论。

6.4.4 政府的作用与边界

在这个模型里，我们假设政府是这样的一套制度：政府的决策由社会中的全体人们投票决定，以简单多数票通过决议。让我们讨论，这样的政府下，其边界在哪里。

（1）环境产权的界定与裁判，由政府来行使显然成本比较低。环境产权的界定内容，本质上是界定谁拥有什么权利。产权通常包含使用权、收益权、转让权。水环境的使用权，通常表现为排污权。清澈的河水，你在上面划船，或在岸边观看水花，是使用了水环境，但只要不往河水中丢弃污染物，没有人会阻止你，你的使用也不会造成水环境的减少。所以，环境的使用权，本质的内容就是排污权。当你向水中排放了污染物，就造成水质量的下降，用经济学的话来说就是消费了水环境。有一些水，如鱼塘的水，鱼塘的产权已经界定，但并不意味着水环境产权也界定了。例如，鱼塘的主人是有权用鱼塘水养鱼，但有没有向鱼塘中的水倒污染物的权利呢？考虑到鱼塘中的水可能会泄露到地下水系统，从而污染地下水环境，所以，并非你拥有鱼塘的产权，你就可以为所欲为。总之，初始排污权归谁，是水环境产权界定的根本。

初始排污权的含义是说不花任何代价就拥有的排污权，其归属无非有那么四种。

第一，共同所有，也就是说归全体居民共同所有，或者说是归政府。共同所有并不是谁都可以有一份，而是名义上共有——是"大家共同决定怎样使用"的意思，具体怎么用，由政府决定，在这个模型里是由一个投票机制决定；第二，归某个人；第三，归某些人；第四，没有界定。

显然，模型所规定的政府（投票机制）不可能同意第二种——任何初始排污权归某一个人的议案都不可能获得半数通过，除非这个人买通了半数以上的投票者，但买通别人不可能没有代价，付出了代价，就不是初始排污权了。

归某一些人，这是有可能的，如果这些人在投票上有优势，例如，这些人的票数超过半数，则某些排污权就可能归这些人"共有"。这种情况在现实生活中是普遍存在的，例如，许多实行了排污权交易制度的国家，政府通常是把初始排污权免费分配给一些企业——可以看成是属于这个企业的股东们，原因是这些企业举足轻重，通常可以影响投票结果。

没有界定也是常见的，例如，农民种粮食时，使用化肥和农药，化肥和农药的残留物会排到水中，在法律上没有这方面的具体规定。属于没有界定之列。没有界定的情况比较普遍，如我在大街上吸烟，吐出的烟雾，是排污了。但法律可没有说这排污权归谁。没有界定的原因通常有两个，一是无需求，即该资源是非稀缺资源，在大街上吸烟被允许，是属于这种情况；二是界定的成本太大，或者界定后的维持成本太大，使界定无实际意义，农药与化肥残留物的问题正是属于这种情况。

最后，界定为"共有"，在现实生活中也是有的，如河流或地下水，任何人要向河流或地下水系统排污，需获得政府的批准。这就是说，法律是界定河流或地下水资源为"共有"——归政府所有。

（2）维护产权过程中的监督，如果由政府来担当的话，成本通常会比较高。在我们这个模型里，由于政府只是一个"投票程序"，因此，根本不可能担当任何监督的责任。在现实社会中，政府并非只是一个"投票程序"，它还有许多执行机构，如环保局就是一个政府的执行机构，它有一个职能就是监督职能。但在很多产权的维护中，监督费用很高，如前面所讲的农药化肥的残留物污染，使用化肥农药的农民千千万万，监督费用是天文数据。城市的居民，也是千千万万，如果界定城市居民不得向家庭住房之外的地方排放污水，并且由政府部门进行监督，则需要数量庞大的监督官员，要雇佣这庞大的政府官员，市民的税收负担就很重了，税收负担太重，市民是不答应的。市民不答应，表现在我们的模型中是这个决议不得到半数票，通不过。这正是为什么现实生活中没有哪一个城市的政府规定"市民不得向家庭住房之外的地方排放污水"的原因。

监督通常是由政府和市民共同完成的。这方面最明显的例子是刑事案件的监督，发生了凶杀案，凶手剥夺了别人的生命权——这是一种特殊的产权，通常是邻居或者目击者报案，报案者是监督者了，警察的巡逻是一种政府的监督，市民发现报案是一种民间监督。环境产权的维护方面，也有许多的民间监督和政府监督的结合，如噪声污染，仅仅依靠政府监督，则成本就非常大。

（3）产权界定的内容会影响监督费用，减少政府监督可能会增加裁决费用。以我们的政府模型为例，由于政府只是一个"投票程序"，没有任何监督能力，政府只有裁判的功能。那么，是否存在一种水环境产权界定方式，使得完全不需要进行政府的监督，政府只进行裁决，就可以成功地维护水环境的产权呢？

答案是肯定的。以前面所说的凶杀案为例，可以完全不需要政府的监督，只需要裁决就可以，条件是奖励有功者。只要奖励的金额足够大，自会有人承担起凶杀的侦破和起诉任务，政府只需要法院，不需要监督机构（公诉机构，在我国称为检察院）。但为什么全世界没有一个政府取消公诉机构呢？原因有三，一是政府认为自己做这件事情比交给民间来做要省钱一些；二是裁决费用可能比较高，因为不知道各个取证环节是否可信；三是缉拿凶手的事情涉及另一个产权问题——谁有资格抓人？界定这个权利的成本很高。

让我们考察下面的水环境产权界定方式。它由若干个部分组成。

①任何居民住所必须安装排水管道。

②排水管道必须通往一些固定的污水池；污水池的建设由政府出资；政府委托民间管理者建设和管理污水池，委托费用由政府确定。民间人士自由申请担任污水池管理者，污水池的管理者最终由政府委托或者撤销委托——即居民投票确定，管理者的职责是公布各污水处理者提取的污水的数量。政府支付给管理者一定的费用。

③居民用水数量必定等于排出的污水量。

④居民所排出的污水必须经过净化处理后才能排到污水池和污水处理设备之外的区域。

⑤污水的净化处理标准。

⑥任何人都可以向政府申请获得污水处理资格，有资格者可以从污水池免费获得污水后进行净化处理。

⑦任何人都可以监督污水净化处理者排放的水是否达到标准，如不符合标准，可以要求政府裁决，政府应当进行裁决。

⑧居民可以委托有资格的污水处理者帮助处理他排入污水池的污水，委托处理污水的费用可由双方自由协商决定。

⑨不遵守上述规定的人将重罚，罚金的90%将奖励给举报者。

如果这样的水环境产权界定方式获得通过，模型中的那个毫无监督能力的政府将可以履行产权界定和维护产权的职能。但这样一来，政府需要裁决的环节就增加了。政府一般会在监督费用和裁决费用之间进行衡量，追求总费用的最小化。例如，只要取消上述规定中的第九条，改成政府派一个人去直接管理污水池，就可以免除许多人状告污水处理者所造成的裁判费用。又如，政府直接派人监督污水处理厂的排放是否达标，也会免除许多状告污水处理厂的裁判而产生的裁判费用。

政府通常面临两种费用，一是监督费用，二是裁判费用。两种费用的大小与制度的安排有关，当制度安排倾向于减少监督费用时，裁判费用增大；当把制度安排为减少裁判费用时，监督费用则增大。两种费用此消彼长。选择适当的制度，可以使得总费用最小，但制度的选择并非个人所能，而是社会全体成员博弈的结果。

（4）科学技术会影响政府的边界。在水环境的制度安排中，科学技术的发展对监督费用的影响不可忽视。科学技术的发展，首先会影响计量工具的产生。

设想一下，如果没有电表，或者电表太过昂贵，电的使用就难以计量。电的提供者就没有办法通过市场的方式收取电费，那么，政府就可能产生这样的制度安排提案：平均分担电费。这个提案在我们的模型中进入表决程序，一旦通过，就是政府的决议了。当然，还可存在其他的提案，如"大家出钱建设电厂及供电设施并维持其运行，免费用电""按住房面积征收电的使用税""按人头征收电使用税"等提案也是有可能产生的。现实社会中，许多稀缺物品，由于计量的困难，其供给过程中往往依赖政府的参与。例如，街道，使用街道的计量很困难，在现代技术下，通常需要设一个关卡，才能确切知道谁使用了街道，以及使用的次数等，而要准确计量这个人使用这条街道的时间，单单有一个进入的关卡还不行，还必须有一个登记本，记录进入的时间和出来的时间。由于这些困难，使用街道的收费就成为问题，所以往往没有私人愿意经营街道，只好由政府来承担这个工作。20世纪70年代初期，记得村上开始用上了电灯，电费由生产队统一支付，各家各户分摊，当时用电仅限于照明，用电量很少，电表相对而言是很昂贵的，每家每户安装一个电表不划算。那个生产队，其实就是一个小的政府了。现在，电表相对便宜了，所以在农村，你很少看到过去那种统一分摊电费的情形了——政府正逐步从这个领域退出。

城市污水处理系统，在现阶段都是由政府经营，其原因正在于此，因此我推测，一旦廉价的污水排放的计量技术出现，政府将从这一领域逐渐退出。之所以用"逐渐"二字，原因是制度的惯性，即新制度代替旧技术过程中的制度障碍。

6.4.5　结论

第一，政府本质上是一套投票制度，其行为受公民的影响，政府与市场的边界划分，主要取决于对费用（交易费用）的考虑，裁判费用与监督费用呈负相关关系，此消彼长。政府考虑总费用最小。

第二，只有政府才能排污，但政府要维护排污权不被别人盗窃，监督费用很大。如果政府直接的监督对象是所有的排污者的话，通过一定的制度安排，培育出一些相互依赖、相互制约的市场交易主体，让他们相互监督，产生纠纷后由政府设立专门的法庭进行裁决，是减低政府监督费用的一个有效途径。

第七章　结论与建议

　　本研究是理论经济学下的一个课题，因此，我们除了通过实证分析获得"问题的提出"之外，其他部分采用的主要是理论分析的方法，在理论推导过程中，主要是用基于经济学基本理论的逻辑推理来获得理论假说，然后辅以数学的推导来说明理论假说的推导过程，在数学的推导难以获得的时候，我们采用基于 Agent 的计算机仿真技术来验证所获得的理论假说，经过这样的研究，我们获得如下结论和建议。

7.1　经济增长与环境保护关系研究的逻辑起点和思路

7.1.1　逻辑起点

　　人们对稀缺资源进行争夺，然后成本低者胜出，这就是经济学最为基础的分析框架。经济增长的本质是生产效率的提高，即人均产出的提高。生产的本质是对稀缺资源的使用，使用稀缺资源时对环境造成的损害，就是使用了环境产权。换言之，环境产权其实也是众多生产要素中的一种。人们在生产时，会选择投入的生产要素的比例，这个比例与人们掌握的知识有关，也与要素的价格有关，要素的价格本质上是要素总数量之间的比例关系。换言之，要素价格本质上都是相对价格，最主要的是取决于要素的总数量的关系。起初，环境产权处于比较多的情况时，环境产权就比较便宜，这时，在需求定理的约束下，人们倾向于使用较多的环境产权。产出越多，使用的环境产权就越多——表现出来就是环境库兹涅茨曲线（EKC）的上升，而环境产权的再生能力是有限的，所以，随着经济发展水平的提高，环境产权的数量就相应减少，环境产权就相对变得昂贵起来。这时，在需求定理的约束下，人们就会降低环境产权的使用量，这表现出来的就是环境库兹涅茨曲线的下降。换言之，EKC 是环境与经济增长之间关系的一种经济规律，不可避免，基本形状无法改变，但我们可以采取措施，尽量使得它的顶点下降，可以改变它的跨度。

7.1.2　研究思路

实证分析表明，我国的一些环境资源产权还处于 EKC 的上升阶段，一些环境资源产权则已经处于 EKC 下降阶段。但随着科学技术的发展和新的产品、新的生产工艺的出现，新的污染物会出现，这些新出现的污染物同样面临使得 EKC 从上升走向下降的过程。在本课题里，我们重点研究的问题是，如何使得 EKC 的顶点降低，如何使得它的跨度缩短。

降低 EKC 的顶点和缩短跨度的本质是，在尽可能快地促进经济增长的时候，要提高环境资源的利用效率。为此，我们要首先弄清楚经济是怎样增长，其次，我们认为，明晰环境资源产权，促进环境资源产权的交易，是提高环境资源的利用效率的最佳途径。所以，我们在第二章研究经济增长的基本机理，第三章研究产权的基本问题，然后在第四章则研究环境资源产权交易与经济增长的关系，第五章研究环境资源产权界定保护和交易方面的制度问题，第六章则研究制度层面的创新问题，最后是一个简短的总结和政策建议。

7.2　经济增长的若干结论

要弄清经济如何增长，我们需要一个庞大的经济学框架的支持，所以，我们要从最基础的部分开始，它就是需求定理。需求定理是经济学基础教科书中都有的定理，但这里，我们采用的是它的另一个版本，这个版本是——代价越高的事情做的人越少。本研究结果认为代价可以分为三个部分，一是信息费用。决定干什么以及如何干时，人们需要收集信息——能够减少不确定性的那些信息，获取这些信息需要付出代价，这种代价在本研究里被称为"信息费用"；二是协商费用。人们有时候要通过合作来做一件事情，合作就需要进行协商，协商所付出的代价就是协商费用；三是制造与购买费用，它被定义为除了信息费用和协商费用之外的其他代价。由于所有代价对人们的影响是一样的，所以，我们这里把代价划分为三类，目的仅在于减少对代价的估计。至于把代价归结在哪一部分，其实是不重要的，重要的是我们不能误判代价，而且，所有代价都是行为人自己对未来的一种估计，即代价是未来的，而不是过去的。

经济增长的定义是人均产出的提高，产出就是生产的产品（含服务）。生产一个产品，本质上是包含以下过程：首先要知道一个投入要素组合及要素之间的比例关系，这要花费信息费用；如果要合作生产，则还有花费协商费用；然后，要投入的各种生产要素，投入的数量是花费制造与购买费用。这三种代价（成本）中，最重要的是信息费用，只有能够承担这一信息费用，才能获取生产所必需的要素组合及其比例关系的消息。而任何一个要素本身又是一个产品，要获取它，也需要投入一个符合某种比例关系的要素组合。如此，一个社会或者一个国家（地区）的总产出，其实是一个联立方程组，这个联立方程组，随着人们知识的增加而不断扩大数量，方程里的变量及其函数关系就是我们所说的投入要素及其比例关系，这个方程的变量及其比例关系其实也会无时无刻不断地变化，影响这种改变的因素众多，难以一一列举和估计，但最重要的影响因素是知识的增加，新古典经济增长理论里叫作"技术进步"。本研究获得的一个重要结论是：分散探索与集中探索相比，前者更有利于知识的增加，从而更有利于产出的增加，即有利于经济增长。

7.3 关于产权的若干结论

前面所述的"分散探索"，其实就是市场化的探索机制，即以私有产权为基础的探索机制。产权是一组权利，一个物品的产权，是与这个物品有关的一组权利。这组权利中的所有权利如果都归属某一个人，那么我们就说这个物品是完全属于这个人的私有财产。如果所有权利都是无主的，我们就说它是一个无主的物品，如果所有权利属于一群人共有，我们就说它是共有财产。但是，现实世界里的物品，一般不属于这三种情况，而是部分权利属于私人，部分权利无主，部分权利共有。权利是可以分离的，即一个物品的权利组中，可以一个权力属于某人，另一个权利则属于别的人。分离了的权利是可以独立交易的。

我们在数学上初步证明了以下结论：权利属于私人所有，有利于分散探索，因而有利于经济的增长。另外，权利属于私人所有还有另一个好处，即有利于权利的交易。而交易会传递信息，因此，权利的交易有利于信息费用的降低，从而有利于经济的增长。

权利私有，虽然对经济增长有诸多好处，但权利由无主或者共有变成私有，是要付出一定代价的，这个代价如果很大，这个权利就会留在无主状态或共有状态。所以，我们不能简单地说，私有好，而是说，私有比较划算的就私有，不划算的留在公共领域。

私有产权的形成和保护，是社会演化的结果，这种演化的内在动力是竞争，但政府在其中可以起很重要甚至是做主要的作用。政府可以在某些容易明晰产权的地方，局部推进某些环境资源产权的私有化，推动这种产权的市场自由交易，由此可以带动其他环境资源产权的明晰化和市场自由交易制度的建立。

7.4　关于环境资源产权交易与经济增长关系的若干结论

我们在 Netlogo 计算机仿真平台上做了一个基于 Agent 的计算机仿真研究，得出的结论是，EKC 是存在的，而且，排污权可交易有利于 EKC 的顶点出现得比较早，高度也较低。

我们还在 Netlogo 计算机仿真平台上做了一个基于 Agent 的计算机仿真研究，得出的结论是，在排污总量一定的前提下，排污权可交易有利于经济增长和减少污染物排放量，即有利于实现经济增长和环境保护双重目标的实现。

通过计算机仿真实验，我们还获得了一些常规分析得不到的结果：第一，排污标准与排污权交易对比，排污权交易更有利于经济增长与环境保护之间的协调，即在相同的产出水平下会有较少的污染排放量；第二，如果不考虑环境保护的话，排污标准比排污权发放和交易更有利于经济发展。

我们还通过计算机仿真实验，就排污收费与排污权交易对经济增长的影响进行了对比研究，获得若干重要的结论。

实施排污权交易的国家，在有技术进步的前提下，经济会最终稳定在一个平稳的水平上，波动很小，而实施排污收费的国家的最终产出则围绕这个稳定水平做剧烈的波动。

无论排污收费标准多低，其最终产出也稳定在实施排污权交易的国家之稳态水平附件上下波动，但单位最终产品所排放的污染量就明显比实施排污权交易的国家大得多。

如果排污收费标准过高，则这个国家会退回农业社会，只有少数人存活并生产少量的产品，污染水平也很低。这个仿真实验的政策含义是，如果其他因素允许实施排污权交易，则总体而言，在协调经济增长和环境保护上，排污权交易要比排污收费有比较好的结果。

7.5　关于环境资源产权界定与交易制度的若干研究结论

对于大气排污权的初始分配和交易制度，我们进行的经济逻辑分析和数理经济分析，获得的结果是：以土地面积把大气排污总量指标分配到各地区政府，然后由各地区政府之间自由交易，用这个制度去代替目前的财政转移支付制度。允许各地区自行处理所分配到的大气排污权指标，允许各地自行制定大气排污指标的交易制度，让各种制度相互竞争，最后有可能会自发地、演进地形成全国性的大气排污交易制度。在这个过程中，中央政府最主要的职责是度量确认，即度量确认排污者的排放数量。而其他的交易制度，则由地方政府和市场主体去完成。这一制度更能有效地协调环境保护和经济增长之间的关系。

河流环境资源产权的界定与交易制度，我们获得的主要结论有如下七个。

水质指标是政府要控制的最终指标，政府应该制定和实时公布水质指标和各个污染物排放量之间的函数关系，并把这个函数关系作为发放污染物排放量许可的重要条件之一。

河流污染物的流向有明确的路线图，可以据此制定污染物排监测机构。河流段两旁为不同行政区域的，比如，长江 A 河段，北岸归安徽，南岸归江苏，则这一河段的河流环境资源产权由中央政府管辖，中央政府在流入长江 A 河段的连接位置设立监测点；河流由河段组成，上游河段在 A 行政区域内，下游河段在 B 行政区域内，则连接处的环境监测点由 A、B 这两个行政区域的上一级政府管辖。

至于界定方式，最高一级的政府首先确定自己管辖的各个监测点的排污指标，比如化学需氧量或者氨氮排放数量等，然后制定监测点指标与排污量之间的函数关系，通过监测点指标之间的函数关系来分配给下一级政府所管辖的监测点的指标，然后由下一级政府再依此规则给再下一级政府分配监测点指标，最后，如果技术上可能，基层政府把监测点指标换算成排污权分配给本监测点流域的自然人，如果技术上不可能分到自然人，排污权就作为基层政府所有，等于是该政府所管辖的所有人的共有产权。

交易的基本原则：排污权交易不能导致同一地点的排污量发生变化；任何监测点的检测指标在任何时候都不能被突破。

排污权交易本质上是关于排污权合约的交易，所以，政府要建立排污交易中心。该中心要负责：制定排污权合约的要素和格式；根据上述"交易的基本原则"，制定不同地区之间排污权的兑换函数关系并公布；确认登记排污权的交易结果，并向产权所有人发出可排污许可通知。

上游的排污权在下游排污，但不可以拿下游的排污权证到上游去排污。

关于一权多卖问题。由于上游排污的减少会影响下游的一系列观测点的指标下降，因此，上游的一张排污权证可以同时或者不同时卖给下游的多个买家，但为了管理上的便利，上游的一张排污权证在下游的每个观测点只能卖给一个买家，即在同一个观测点不能一权多卖。由于上游排污的减少对下游各个观测点的影响是不同的，因此，对于同一张上游的排污权证，各下游观测点买家所买到的排污量也是不同的，具体各是多少，由排污管理部门核定后在权证上标明。

关于非点源污染，由于难以确定污染源，因此，不能采用从污染源来度量污染物排放量的思路来界定产权，我们提出的新思路是：通过类似增值税的征收体系的办法来确定非点源污染的环境资源产权。即每一个厂商购进原料时，都向供货方索取一张非点源污染物质含量登记表，作为非点源污染物质进项额的依据；然后，在生产时，填写一张非点源物质去向表，说明有多少非点源污染物质已经经过确定的排污口排放了，多少非点源污染物质已经转移到产品中；最后，在销售产品时，向客户提供一张非点源污染物质登记表，作为非点源污染物质出项额的依据。这样，进项额与出项额的差，再减去已经排放的污染物质数量，就是该厂商排放的非点源污染物质数量。无论是经过确定排污口排放的污染，还是非点源污染，都需要有相应的排污权证，否则就是违法排污。

7.6 环境资源产权交易的基础条件和保障政策研究结论

我们认为，环境资源是为了实现产出而投入的众多要素中的一种，环境资源产权的市场交易是资源利用效率最大化的必要之路，但正如科斯在《社会成本问题》里所阐述的那样，市场交易的前提是产权的清晰界定。要界定环境资源的产权，需要有一定的基础条件，主要包括：思想基础、数据基础、保障制度基础。思想基础包括，普通民众对环境资源产权的认识、研究学者的共识、企业家的认同以及政府官员的积极支持态度；数据基础包括，对个人（自然人、法人）的排污量的监测、河流截面的水质数据、非点源数据；保障制度基础包括环境资源产权确认与登记机构、环境稽查机构、环境裁判机构、环境资源产权交易市场。产权确认与登记机构和环境稽查机构一般属于行政部门——环境管理部门，环境裁判机构属于法庭——我们将提出建立"环境巡回法庭"的观点和建议，至于环境资源产权交易市场，则属于私人部门，是由市场自主决定，在此章中就不予以阐述了。

关于契约型政府中的环境保护管理部门与地方政府关系，我们在数理层面的分析，获得两个结果：一方面，契约型地方政府的核心是利益集团之间的博弈，整个地方政府的行政部门都是执行部门。因此，生态环境部门自然不例外，这样一来，纯粹作为执行部门，生态环境部门就比较容易保持独立性。另一方面，生态环境部门保持独立性很可能也是各利益集团博弈的结果，就是说，在各利益集团没有一家独大的情况下，执行部门的独立性是各方的最佳选择。

非契约型政府中的环境保护管理部门与地方政府关系的重构：要看总成本最小来确定管理关系，应当以分别不同的污染物来设立环境国土资源管理局。对于大气污染物，由中央政府设立大气环境资源管理总局，并在各个地方设立直属总局的各级分局。对于水污染物，则分河流、地下水、海洋等污染物去向，分别建立专业的环境国土资源管理局。对与非点源污染，则由中央政府在总局下设立非点源污染分局，专门管理全国的非点源污染环境资源产权，它可以在全国各区域（不一定是按照地方行政区域）设立各级分支机构。

环境资源产权司法纠纷裁决体系之重构。环境资源产权的裁决体系就是法庭，它其实是保护产权的一套体系，对于普通老百姓而言，它是最后说理的地方。

如果实施本课题前面所提出的水环境资源产权框架，则纠纷主体更加多、环境产权纠纷可能倍增、地方保护可能更加严重，因此，原有的条块分割的司法裁决体系不适应了，需要重构成为更加灵活的、跨行政区域的裁决体系。

现在出现的一些环境法庭，是建立在原有司法体系基础上的，并不能解决地方政府的干预问题；我们认为设立环境资源产权巡回法庭有利于摆脱地方势力的影响，并就巡回法庭体系的权限安排设想、建立裁决与执行分离的制度、网上巡回法庭、产生主审法官的新机制、建立新的陪审团制度等问题进行了初步的分析。

巡回法庭在高级法院和最高法院设立。巡回路线按照案件堆积情况设计，最好没有固定的巡回路线。巡回法庭巡回结束即解散。然后再根据案件的堆积情况，另行设立新的巡回法庭和巡回路线。

巡回法庭是依照案件的堆积情况设立巡回路线，不宜处理紧急的案件，即不宜处理那种需要法庭提前介入的案件，提前介入的权力应该赋予行政执法机构。

对于执行问题，按照前面的阐述，环境巡回法庭没有执行的职能，而是依据裁决的具体情况交给相应的地方司法机关（公安局或普通法院的执行庭）来执行，即环境巡回法庭的判决由组建它的法院负责执行，最高法院的执行庭可以依据判决的情况要求相应的司法机关或行政执法机关执行环境巡回法庭的判决。加强环境巡回法庭法官的独立性，或者允许当事人选择采用陪审团裁决制度。为了加强法官的独立性，我们是否可以在全国范围内建立环境巡回法庭法官资格库，获得环境巡回法庭法官资格的法官，具有某种地位或利益，使得这种地位或者利益构成他（她）接受干预而失去公正性的巨大成本。

7.7　最后的陈述

环境资源与资本、劳动力等其他众多生产要素一样，都是一种稀缺的生产要素，要使得这种生产要素得到最高效率的使用，最佳途径是明晰其产权，使它能够进入市场交易，才能把它用到产出最高的地方，才能提高它的利用效率，实现环境保护与经济增长的和谐。而明晰（含界定和保护）环境资源的产权这一任务，由政府去完成是效率最高的，明晰了产权后，环境资源产权的交易，则交给市场去做，是效率较高的，政府就不要去干预交易市场的建立和交易价格的制定以及交易过程了。要实现上述设想，需要在制度上进行创新，不仅在产权界定上进行创新，也要在产权保护机制上进行创新。

7.8　研究不足与展望

　　研究不足。由于时间、精力和水平的因素，本研究仍然存在许多不足之处，主要在以下六个方面。第一，对环境污染与经济增长产生矛盾的案例研究不足，缺少较深入的调研案例。第二，在经济增长与环境污染的关系上，仅仅获得了逻辑上的一个分析框架，没有获得更加严谨的数理分析模型。第三，对环境资源产权的初始界定，可能受到来自哪些方面的阻挠，即改革的成本分析方面做的研究深度仍然略显不足，缺少一些面对不同人群的抽样调查及其分析。第四，对排污权交易的交易规则，还缺乏较为深入的分析。第五，对保障机制，特别是监管机制和司法裁决机制的研究，未能更深入地展开。第六，虽然在利用计算机仿真技术研究环境资源产权交易和经济增长关系协调发展的效应方面有创新，但仿真程序还有许多可以改进的地方。

　　研究展望。针对以上研究方面的不足，今后可以在如下方面展开进一步的研究。第一，加强与政府有关部门的联系，寻找典型案例，在深入细致调研的基础上，进行理论提升，获得经济增长与环境保护方面的矛盾要点和协调发展的更有价值的分析框架。第二，加强市场调研，做若干抽样调查，了解人们对采用环境资源产权交易方式协调经济增长与环境保护的矛盾的态度。第三，优化计算机仿真实验，重点在于改进实验的假设条件，使之与现实社会更加接近。第四，加强环境资源产权初始界定的研究，重点加强河流环境资源产权初始界定、非点源污染的环境资源产权的初始界定两个方面的研究，特别是非点源污染的环境资源产权。本研究虽然已经提出了一种类似于增值税的界定体系，但对于这个体系的研究还缺乏较为深入的分析，应该进一步加强，可以重点找一些典型案例进行模拟实验，寻找这种界定体系的各种可能的漏洞，以及这种体系的可行性和必要性。第五，对于环境资源产权纠纷的司法裁决体系，可以吸纳来自"法经济学"方面的研究成果。

主要参考文献

［1］吴健. 排污权交易——环境容量制度创新［M］. 北京：中国人民大学出版社，2005.

［2］亚当·斯密. 国富论［M］. 文竹，译. 北京：中国华侨出版社，2019.

［3］张五常. 中国的经济制度［M］. 北京：中信出版社，2009.

［4］农卓恩. 用经济学解释我们的生活［M］. 北京：机械工业出版社，2011.

［5］蓝虹. 环境产权经济学［M］. 北京：中国人民大学出版社，2005.

［6］石刚. 环境与能源约束下的经济增长—理论模型分析［J］. 生产力研究，2014（02）.

［7］陈挺，王鼎. 干预之下的和谐：经济发展与环境——环境库茨涅茨曲线的存在性证明［J］. 中央财经大学学报，2013（10）.

［8］农卓恩，陈军，翁鸣，等. 环境库茨涅茨曲线形成机制的计算机仿真实验［J］. 广西科学院学报，2008（02）.

［9］曹峰. 基于经济发展阶段的环境库茨涅茨曲线及其数值分析［J］. 经济问题，2015（09）.

［10］张丕景，胡燕京，朱琳，等. 青岛市环境库茨涅茨曲线实证分析［J］. 青岛大学学报（自然科学版），2009，22（03）.

［11］唐国丽，陈业启. 广西北部湾经济发展与环境质量关系研究［J］. 钦州学院学报，2013，28（11）.

［12］肖彦，王金叶，胡新添，等. 广西环境库兹涅茨曲线研究［J］. 西北林学院学报，2006（04）.

［13］吴志远，王远干. 基于EKC理论的钦州市经济增长与环境质量的关系

[J]. 经营与管理, 2013 (05).

[14] 佟光霁, 王海赛. 哈尔滨市经济增长与环境污染的关系研究 [J]. 经济师, 2014 (11).

[15] 陈瀚, 杨惠芳, 邱丽君. 衡阳市经济增长与环境质量关系的探讨 [J]. 科技创新导报, 2008 (13).

[16] 李鹏. 环境库茨涅茨倒 U 形曲线在西部地区的现实考证——基于空间面板数据的研究 [J]. 经济研究参考, 2014 (57).

[17] 王良健, 邹雯, 黄莹, 等. 东部地区环境库茨涅茨曲线的实证研究 [J]. 海南大学学报 (人文社会科学版), 2009, 27 (01).

[18] 张炳, 毕军, 葛俊杰, 等. 江苏苏南地区环境库茨涅茨曲线实证研究 [J]. 经济地理, 2008 (03).

[19] 柯昌文. 我国上市公司壳价值测算: 以德棉股份为例 [J]. 财会月刊, 2010 (32).

[20] 程旭兰, 孙玉光. 宁波古村落形成因素探讨 [J]. 宁波大学学报 (人文科学版), 2011, 24 (06).

[21] LANGE A, VOGT C, ZIEGLER A. On the importance of equity in international climate policy: an empirical analysis [J]. Energy Economy, 2007 (03).

[22] LOPEZ R. The Environment as a Factor of Production: The Effects of Economic Growth and Trade Liberalization [J]. Journal of Environmental Economics and Management, 1994, 27 (02).

[23] SELDEN T M. Neoclassical Growth, the J Curve for Abatement, and the Inverted U Curve for Pollution [J]. Journal of Environmental Economics and Management, 1995, 29 (02).

[24] HARROD R. An Essay in Dynamic Theory [J]. Economic Journal, 1939, 49 (193).

[25] DOMAR E. Capital Expansion, Rate of growth, and Employment [J]. Econometrica, 1946, 14 (02).

[26] ROBERT E L, Jr. On the Mechanics of Economic Development [J]. Journal of Monetary Economics, 1988, 22 (01).

[27] SOLOW R M. A Contribution to the Theory of Economic Growth [J]. Quarterly Journal of Economics, 1956, 70 (01).

[28] SWAN T W. Economic Growth and Capital Accumulation [J]. Economic Record, 1956, 32.

[29] FRANKEL M. The Production Function in Allocation and Growth: A Synthesis [J]. American Economic Review, 1962, 52.

[30] ROMER P M. Increasing Return and Long Run Growth [J]. Journal of Political Economy, 1986, 94 (05).